地球の歩き方W01　2021～2022年版

世界244の国と地域

197ヵ国と47地域を旅の雑学とともに解説

Globe

地球の歩き方編集室

目次 # CONTENTS

アジア | 012 |

東アジア

東南アジア

南アジア

中央アジア

西アジア

ヨーロッパ　084

アメリカ | 154 |

北アメリカ

中央アメリカ

カリブと大西洋の島々

南アメリカ

アフリカ | 202 |

北アフリカ

西アフリカ

中部アフリカ

東アフリカ

南部アフリカ

大洋州 ｜258｜

本書の使い方

世界の言葉でこんにちは

世界の言語で「こんにちは」にあたる言葉を紹介。旧植民地では旧宗主国の言語(英語やフランス語など)が公用語として使われている場合も多いが、できるだけ土着の言語を取り上げている。

キャッチコピー

どのような国・地域なのか、わかりやすくひと言で表現。

国・地域名

正式名称を掲載。欧文は統一して英語で表記。

国旗

公式に定められた旗の由来や意味するものを解説。各旗は本来独自の縦横比が設定されているが、本書では基本的に同じ縦横比で掲載している(ネパールやスイスなど特殊な旗を除く)。

本文

どういう国・地域なのかをわかりやすく、興味深い事実を盛り込みながら解説。

アパルトヘイト後も格差に悩むアフリカ屈指の経済大国

南アフリカ共和国

Republic of South Africa

国旗の由来

歴史的に使用されてきた旗のデザインやカラーを取り入れており、6色の意味は各民族によって異なる。

アフリカ大陸最南端にある。四季のある温暖な地域がほとんどで、年間を通じて晴天が多く、"太陽の国"と呼ばれる。その気候を生かしたワイン造りは有名。国土は山岳地から高原や平野、砂漠まで多様で、自然豊かな野生動植物の宝庫。17世紀半ばにオランダ、19世紀前半から英国の植民地となり、1910年に独立。白人の国として黒人のあらゆる権利を剥奪するアパルトヘイト(人種隔離政策)を推し進めた。1991年に撤廃され、1994年に黒人初の大統領マンデラ率いる民主政権が発足し、アフリカの平和の象徴的国家となった。金、クロム、プラチナ、バナジウム等の豊富な天然資源を有するアフリカの経済大国。

DATA

人口:約5778万人
面積:約122万㎢
首都:プレトリア(行政府)、ケープタウン(立法府)、ブルームフォンテン(司法府)
言語:英語、アフリカーンス語など11の公用語があるが、英語が最も通じる
民族:アフリカ先住民80.9%、ヨーロッパ系7.8%、カラード(混血)8.8%、アジア系2.5%
宗教:キリスト教が86%。ほかイスラム教、ヒンドゥー教、ユダヤ教など
通貨:ランド
時差:日本より7時間遅れている
GNI:US$5720/人

左)ケープタウンのウオーターフロントとテーブル・マウンテン
右)プレトリアのジャカランダ並木

250

基本情報

人口や民族構成などの基本的な情報。民族、宗教などは、実情がわかるように、それぞれの割合を示すなどできるだけ細かく掲載。

エリアマップと所在地

属するエリアの広域図。該当する国・地域に色を付けてその国・地域がどこにあるのかを示している。

コラム

その国・地域に関わる知っておきたいテーマを掘り下げて紹介。

北アフリカ｜西アフリカ｜中部アフリカ｜東アフリカ｜南部アフリカ

COLUMN

アパルトヘイトと戦った英雄 ネルソン・マンデラ

ノーベル平和賞を受賞したネルソン・マンデラ。コーサ族の首長の子供として生まれたマンデラは、学生時代から反アパルトヘイト運動に関わり、1944年にはアフリカ民族会議(ANC)に入党。武力闘争に踏み切ったことで1962年に逮捕される。以後27年間、ロベン島などの監獄に収監。2007年の映画『マンデラの名もなき看守』では、投獄されてからのマンデラと、彼の担当となった白人看守の交流が描かれている。1990年、ついに釈放され、1994年には黒人初の大統領領に就任。アパルトヘイトも完全に撤廃された。

紙幣に描かれたマンデラ

COLUMN

ゴージャスなロッジでサファリ体験

アフリカといえば、動物を求めてサバンナをドライブするサファリが有名。アフリカ随一の豊かさをもつ南アフリカでは、自然に溶け込むゴージャスなロッジに泊まり、サファリを楽しむことができる。また、国立公園のキャンプも公営とは思えないほど設備が充実している。快適にサファリがしたい人にはおすすめだ。

大自然を優雅に楽しむ

上)クルーガー国立公園で出合ったライオン
下)南アフリカワインはコスパがいいと評判

明日誰かに教えたくなる

南アフリカの雑学

▹ **都市の中心部ほど危険⁉**
ヨハネスブルグなどの大都市は、日本とは逆で、中央駅のある中心部ほど治安が悪い(昼間でも犯罪に遭う確率が高い)。観光客が歩けるのは郊外にある富裕層向けの商業エリアという場合が多い。

▹ **Goodサイン、ピースサインはNG**
親指を立てるサイン、裏返しのピースサインなどの仕草は侮辱と受け取られるので注意。

▹ **家畜の数は財産に等しい**
家畜の数を聞くことは貯金額を聞くことと同じなので、特に地方では気をつけよう。

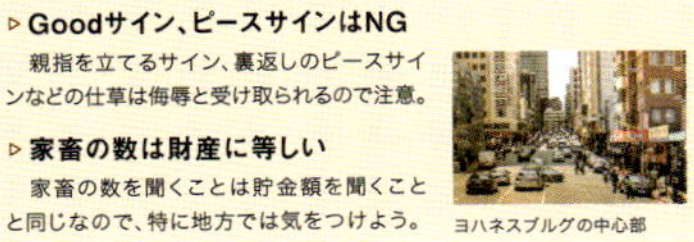

ヨハネスブルグの中心部

GUIDEBOOK
地球の歩き方
南アフリカ

251

●国の掲載順は、基本的に大きく紹介している国を先に並べ、同じ大きさの国についてはアルファベット順に並べてあります。

●国名、基本情報についてはおもに外務省のウェブサイトやCIAのWorld Factbookを参考にしています。

●本書の情報は2020年4月現在のものです。

ガイドブック

地球の歩き方ガイドブックがある国についてはガイドブックの表紙を掲載。

明日誰かに教えたくなる○○の雑学

明日誰かに教えたくなるようなその国・地域の雑学を紹介。「現地でやってはいけないNG行動」や、「知って驚く豆知識」など、現地に足を運んできた地球の歩き方だからこそ書ける生きた情報を収集。

本書のエリア分け

本書では、世界を5つのエリア（アジア、ヨーロッパ、アメリカ、アフリカ、太洋州）に分け、そこからさらに細かく分類している。

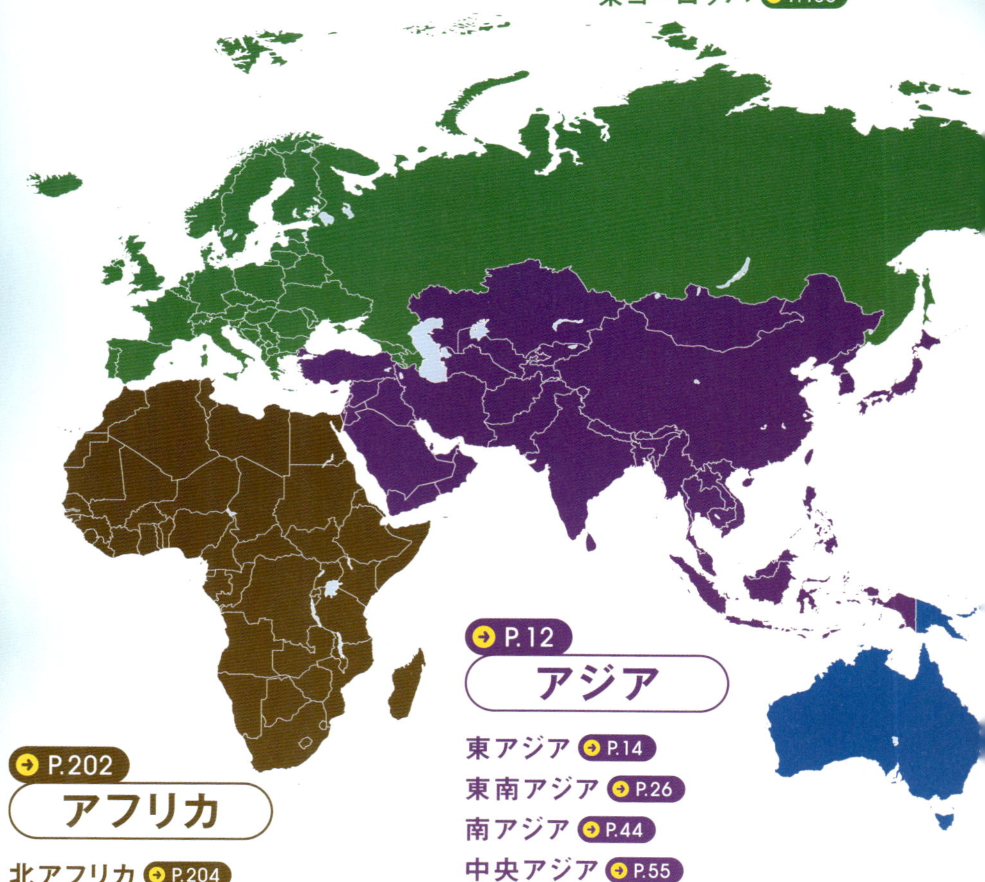

P.154
アメリカ
北アメリカ P.156
中央アメリカ P.160
カリブと大西洋の島々 P.170
南アメリカ P.184
P.258
大洋州

知っておきたい基礎知識

そもそも国って何?

「国」とは、住民・領土・主権(政府)、および外交能力(他国からの承認)をもった地球上の地域のこと。つまり、ある土地に住民がいて、その代表が独自にほかの国と外交を行い、ほかの国から認められると「国」といえる。重要なのは最後の「他国からの承認」。たとえ自ら「国」であると宣言しても、他国や国際機関からの承認がなければ、「国」として認められることはない。

ただし、この承認というのは曖昧なもので、その基準は国によって異なり、「○○という国ができた」という客観的な承認をする場合もある。さらにそれぞれの立場で「国」の定義も異なる。つまり、「国」とはどの立場からどのように呼ぶかによって異なる曖昧なものだ。

例 ※承認国数は2020年5月現在

北朝鮮

国連加盟国のほとんどが承認し、日本、フランス、韓国などは承認していない。つまり日本にとっては「国」ではないが、国連加盟国の立場としては同等。国連には1991年に韓国と共に加盟している。

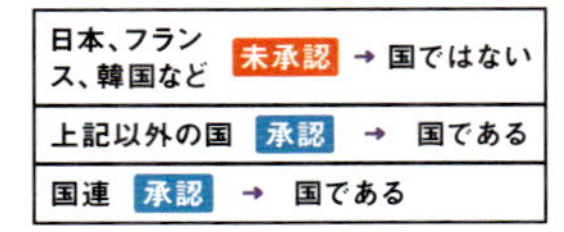

日本、フランス、韓国など	未承認	→ 国ではない
上記以外の国	承認	→ 国である
国連	承認	→ 国である

台湾

独立国家として住民、領土、主権をもち、高度な国際関係をもつ国がほとんどだが、中国との関係を理由に「国」として認めていない国がほとんど。日本も台湾を「国」とは認めていない。

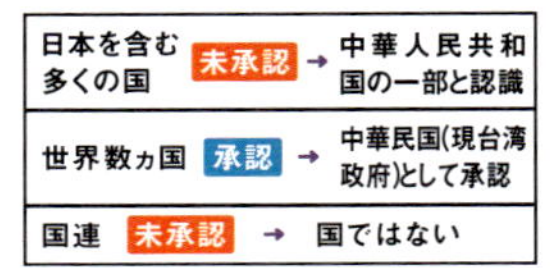

日本を含む多くの国	未承認	→ 中華人民共和国の一部と認識
世界数ヵ国	承認	→ 中華民国(現台湾政府)として承認
国連	未承認	→ 国ではない

コソヴォ

ユーゴスラビアの自治州だったが、2010年にセルビアから独立。国連未加盟国だが、日本は「国」として承認をしている。セルビアは承認国の数が減少するよう、各国に承認の無効化を求めて活動している。

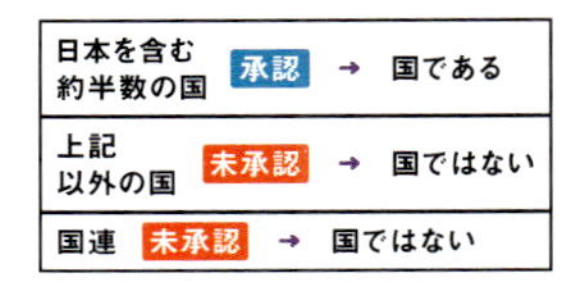

日本を含む約半数の国	承認	→ 国である
上記以外の国	未承認	→ 国ではない
国連	未承認	→ 国ではない

サハラ・アラブ民主共和国

ほとんどのエリアをモロッコが実効支配しており、アルジェリアのティンドゥフで亡命政府を立て独立を宣言。承認している国は半数にも満たず、日本もその政府を承認していない。

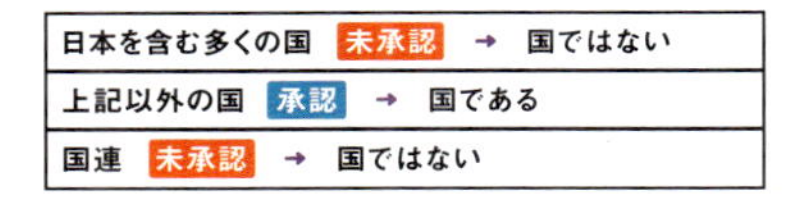

日本を含む多くの国	未承認	→ 国ではない
上記以外の国	承認	→ 国である
国連	未承認	→ 国ではない

北キプロス・トルコ共和国

1974年にトルコがキプロス島北部に侵略し、国連の非難にもかかわらず一方的に独立を宣言。トルコ以外の国は南部キプロスを含めてキプロス共和国として承認。国際的に孤立している。

トルコ	承認	→ 国である
トルコ以外の国	未承認	→ 国ではない
国連	未承認	→ 国ではない

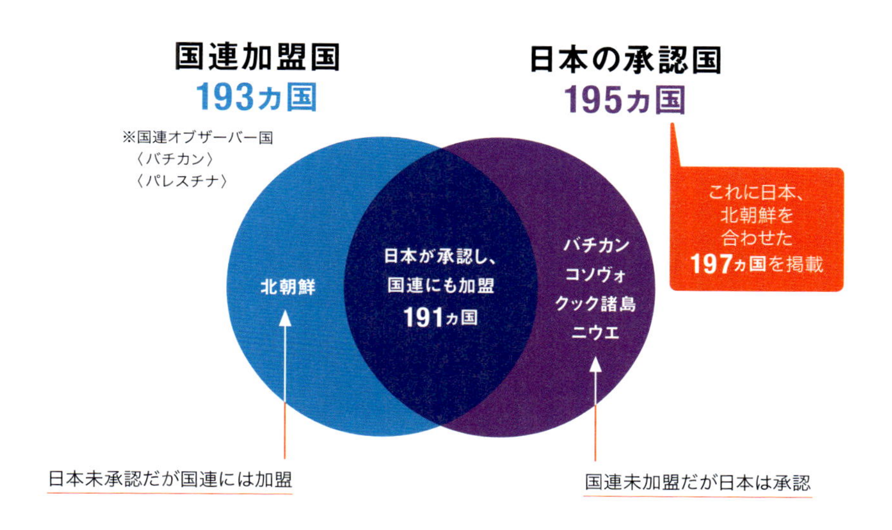

国と地域の違いは?

オリンピックなどで「世界○●の国と地域が参加」などと聞いたことがあるかもしれない。この「地域」とは何だろう。「地域」とは、「国」ではないエリアのこと。ただし「国」の定義が明確ではないため、「地域」の定義もまた明確ではない。「国」として独立する意思はないが、高い自治権をもつものが一般的に「地域」と呼ばれる。

欧米諸国の海外領土

本書で紹介している「地域」のほとんどは、欧米諸国の海外領土。帝国主義時代の植民地の多くは独立していったが、自立する経済力をもたないか、軍事的に重要な位置にあるなどの理由で残っている。資源はもつ**ニューカレドニア**などのように、国民投票によりあえて宗主国(フランス)の海外領土に留まっているケースもある。海外県、自治区、準州など、本国との関係も地域によってさまざまだ。

日本と外交関係を有するが未承認

台湾は独立国家として住民、領土、主権をもち、日本と強いつながりをもつが、日本は台湾を「国」としては認めていない。**パレスチナ**は1988年に独立宣言をしており、国連では投票権をもたないもののオブザーバー国の指定を受け、国連加盟の136ヵ国が承認(2020年現在)。住民、領土、政府も揃っており、日本も外交関係をもつが、「国」としては認めていない。**北朝鮮**も同様だ。

Asia

アジア

一般的にはユーラシア大陸のヨーロッパ以外の地をアジアと呼ぶが、厳密な定義はなく、境界付近に位置する国はどちらに属するか議論が分かれる。人口は6大陸最多で世界の約60％。語源はアッカド語で東を意味する「アス」だといわれ、ギリシアやローマ時代には東を意味する言葉として使用された。

地域共同体

APEC（エイペック） ■ Asia Pacific Economic Cooperation

（アジア太平洋経済協力）

21の国と地域が参加する経済協力の枠組み。より開放的な自由貿易圏を作ることを目指す。日本の呼びかけ、オーストラリアの提唱で発足した。

〈参加国〉オーストラリア、日本、フィリピン、ブルネイ、アメリカ、シンガポール、カナダ、マレーシア、タイ、インドネシア、ニュージーランド、韓国、台湾、中国、香港、メキシコ、パプアニューギニア、チリ、ペルー、ロシア、ベトナム

ASEAN（アセアン） ■ Association of South-East Asian Nations

（東南アジア諸国連合）

1967年に設立した、10ヵ国が参加する東南アジア共同体。もとは地域の共産化を防ぐためアメリカ主導で結成された。高い経済成長が期待されている。本部はインドネシアのジャカルタ。

〈参加国〉インドネシア、カンボジア、シンガポール、タイ、フィリピン、ブルネイ、ベトナム、マレーシア、ミャンマー、ラオス

Area map

地域共同体

SAARC（サーク）・South Asian Association for Regional Cooperation
（南アジア地域協力連合）

1985年に設立した、南西アジア8ヵ国が協力・協調する、比較的緩やかな地域協力の枠組み。南アジア諸国民の福祉の増進、経済社会開発及び文化面での協力、協調等の促進等を目的としている。本部はネパールのカトマンズにある。バングラデシュ大統領の提唱で誕生した。

〈参加国〉インド、パキスタン、バングラデシュ、スリランカ、ネパール、ブータン、モルディブ、アフガニスタン

OAPEC（オアペック）・Organization of the Arab Petroleum Exporting Countries
（アラブ石油輸出国機構）

国際石油資本などから石油産出国の利益を守ることを目的として、1960年に設立された石油輸出国機構（OPEC）とは別組織として、アラブの産油国が石油事業促進を目的として結成。本部はクウェート。70年代の原油生産の段階的削減はオイルショックのきっかけとなった。

〈参加国〉サウジアラビア、アルジェリア、バーレーン、エジプト、アラブ首長国連邦、イラク、クウェート、リビア、カタール、シリア

1500年以上続く世界最古の皇室がある

日本国

Japan

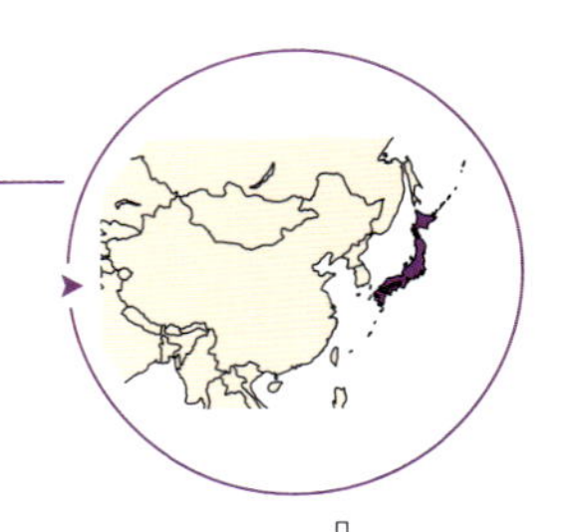

国旗の由来

赤い丸は「日出る国」の象徴である日の出を象徴し、紅白は日本の伝統色。

日本語でこんにちは

こんにちは！

日本列島と周辺の小島、南西諸島、太平洋の島々などからなり、陸地での国境をもたない海洋国で民主主義国家。ほとんどが温帯の恵まれた気候で、変化に富んだ四季がある。山岳地が多く、平野や盆地といった平らな居住可能地は約30%。国民の大半が日本人とされるが、これはおもに国籍によるもので、歴史的経緯や生活習慣では分類されることもある琉球民族も含まれ、日本政府が国連の報告書に記載する少数民族はアイヌ民族だけとなっている。使用言語はほぼ日本語のみ。明治維新後に立憲国家となり、第2次世界大戦後の1947年に現行の日本国憲法を制定。世界に影響力ある先進国のひとつ。

DATA

人口：約1億2590万人
面積：約37万8000㎢
首都：東京
言語：日本語
民族：おもに日本人。ほかに日系ブラジル人、中国系、朝鮮系、アイヌなど
宗教：神道70.4%、仏教69.8%、キリスト教1.5%ほか
通貨：円
GNI：US$4万1340／人

日本のシンボル、桜と富士山

COLUMN

世界に誇るジャパニメーション

日本が世界に誇るポップカルチャーであるアニメ。ジャパニメーションとも呼ばれ、世界中のテレビで放映、あるいはインターネットで配信されている。付随する映画や漫画も含め、その市場規模は毎年拡大。2018年には2兆1814億円にものぼっている。また、世界のアニメ市場の6割は日本アニメが占めるともいわれている。2019年の京都アニメーション放火事件の際には、アメリカの企業がクラウドファンディングで2億5000万円以上を集め寄付したほか、各国から多くの寄付金が集まった。ジャパニメーションが世界から愛されていることを感じさせる事件となった。

アニメのキャラになりきるコスプレも人気

COLUMN

古代の巨大な墳墓

2019年、大阪府の百舌鳥・古市古墳群がユネスコの世界遺産に登録された。4世紀後半から5世紀後半にかけて造られた全49基の古墳で構成されている。最も有名なのが日本最大の仁徳天皇陵古墳。ピラミッド、秦始皇帝陵と並ぶ世界3大墳墓ともいわれている。内部は非公開のものがほとんどで、外からのみ見学することができる。

仁徳天皇陵古墳

京都で活躍する舞妓

明日誰かに教えたくなる

日本の雑学

▷ 高齢者の割合が世界一

日本は高齢社会といわれるが、高齢者人口の割合は28%で世界一。次いでイタリア23%、ポルトガル21%と先進国が並ぶ。

4人に1人は高齢者

▷ ニホンとニッポン どっちが正解?

日本の読み方については、実は憲法や法律で明確に定められているわけではない。つまりどちらも正しいということだ。

▷ 世界最古の宿は日本にある

山梨県にある西山温泉「慶雲館」の創業は飛鳥時代の705年(慶雲2年)。藤原鎌足の長男、真人が開湯したと伝えられ、1300余年、枯れることなく温泉が湧き続けている。世界で最も古い宿としてギネスブックに認定されている。

世界屈指の経済大国となった社会主義国家

中華人民共和国

People's Republic of China

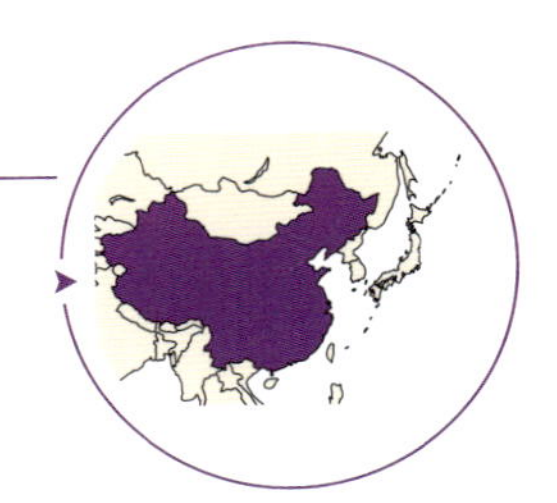

国旗の意味

赤い地色は革命、大星は中国共産党、4つの小星はそれぞれ労働者、農民、知識階級、愛国的資本家を表す。

中国語でこんにちは

你好！

（ニーハオ）

世界一の人口を誇る大国。古代から日本を含む周辺諸国へ大きな影響を及ぼし、悠久とも呼ばれる歴史の遺産は数多い。1921年に結党した中国共産党が、旧ソ連支援の下、内戦を経て当時の中華民国政府を台湾島へ追い建国。その後、近代化には出遅れ経済が低迷していたが、1978年に市場経済を導入して改革開放し、世界で最も成長率が高い経済大国となった。冷戦下では西側と東側両方との舵取りのバランスに成功し、ほとんどの国に中華民国（台湾）ではなく自らを中国の正統な政府として認めさせた。一党独裁下での人権問題や、経済力を使った国際関係が問題になるが、いまや世界での発言力は絶大。

DATA

人口：約14億人
面積：約960万㎢
首都：北京
言語：中国語
民族：漢民族91.6%、ほかウイグル族、チベット族、モンゴル族、回族、満族、タタール族など55の少数民族
宗教：仏教18.2%、キリスト教5.1%、イスラム教1.8%、民族宗教21.9%ほか
通貨：元
時差：日本より1時間遅れている
GNI：US$9470／人

毛沢東の写真が掲げられた天安門広場

COLUMN

世界最長の建造物

中国で有名な建造物といえば万里の長城。代々の王朝が築いてきた、全長2万kmにも及ぶ世界最長の建造物だ。これは北部の騎馬民族の襲撃に備えて建てられた防御壁。また、シルクロードの交易を保護するためというのも大きな建設理由。秦の始皇帝がそれまであったものをもとに再構築し、その後増築、修復が繰り返されてきた。現在見られるものは、ほとんどが明代に作られたもの。観光地として訪れることができる箇所はいくつかあり、特に八達嶺のものは北京から1時間程度とアクセスもよく、多くの旅行者が訪れる。

北京郊外にある慕田峪長城

COLUMN

初めて中国を統一した秦の始皇帝

秦の始皇帝は万里の長城、巨大な始皇帝陵の建設などを行った、中国最初の皇帝。中国史上初めての国家統一を果たし、王を超える称号「皇帝」を名乗った。その後さまざまな統一政策を断行していくが、巡遊中に急死。2代皇帝として息子の胡亥が即位するが、項羽と劉邦に敗れ、漢の時代が訪れる。皇帝としての統治期間はわずか11年だった。

始皇帝陵で見つかった兵馬俑

上海の金融街のきらびやかな夜景

明日誰かに教えたくなる

中華人民共和国の雑学

▷広いのにタイムゾーンはひとつ

オーストラリアやロシアなど、広大な国はいくつかのタイムゾーンに分かれていることが多いが、中国では1949年に共産党がひとつのタイムゾーンに統一している。

▷世界の豚の半分は中国にいる

中国は世界一の豚肉消費国であり、世界の豚肉の半分が消費されている。

▷イタリアよりキリスト教徒が多い

意外にも中国にはキリスト教徒が多く、信者数はなんとイタリアより多い。

中国料理といえば豚肉

GUIDEBOOK

地球の歩き方
中国

世界に進出するIT＆エンタメ大国

大韓民国

Republic of Korea

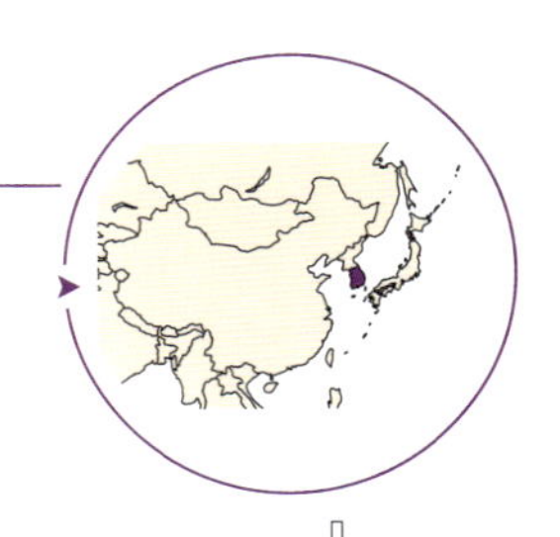

国旗の意味

陰陽五行説に基づいたデザイン。赤と青の丸が陰陽で「太極（宇宙の根源）」を表す。周囲に配置された4つの線（卦）はそれぞれ天、地、火、水を表している。

韓国語でこんにちは

안녕하세요！

（アンニョンハセヨ）

1910年の日韓併合条約で日本が統治。1945年に敗戦した日本がポツダム宣言を受託し解放されるが、北緯38度以北はソ連軍、以南はアメリカ軍が占領した。1950年に朝鮮戦争が勃発、南北で同じ民族同士が争いあった。1953年の休戦協定締結で戦闘は停止したが、38度線での半島分断が確定的となる。ただ、韓国政府は休戦協定に署名しておらず、あくまで停戦状態とし、統一を最重要課題にしている。日本とは隣国として、政治･経済･文化などで比較的緊密な関係にあるが、歴史的経緯などからの反日感情がたびたび問題となる。近年はドラマやK-POPなどのカルチャーが世界的人気を呼んでいる。

DATA

人口：約5127万人
面積：約10万㎢
首都：ソウル
言語：韓国語
民族：韓民族
宗教：プロテスタント19.7%、仏教15.5%、カトリック7.9%、儒教0.2%、無宗教56.9%
通貨：ウォン
時差：日本と同じ
GNI：US$3万600／人

ソウル最大の繁華街の明洞（ミョンドン）

アジア

東アジア｜東南アジア｜南アジア｜中央アジア｜西アジア

COLUMN

心躍らす花の魅力

韓国でも桜は春の風物詩。ソウル市内にも名所は数知れず、季節には祭りが開かれ人々はこぞって花見に出かける。漢江沿い2kmにわたって1600本が咲く汝矣島やソウルタワーの下に咲き誇る南山散歩道などが有名。特に朝鮮時代の王宮である京福宮は、建築と花のコントラストが幻想的と人気が高い。韓国でも桜は日本のイメージが強い。日本の同胞から贈られたもののほか、統治時代に日本人が植えたものもある。そのためいい感情をもたない人がいるのも事実で、木が切り倒されたこともある。それでも花の力は人を引き付け、花見の経済効果は非常に高いという。

ソウルタワーと桜

COLUMN

キムチは世界5大健康食品

2006年、アメリカの健康専門誌『ヘルス』は世界5大健康食品としてキムチを選出(ほかスペインのオリーブオイル、日本の大豆、ギリシアのヨーグルト、インドのレンズマメ)。植物性乳酸菌は腸の環境を整え、カプサイシンは代謝を上げ、脂肪を分解する、そしてビタミンはアンチエイジング効果があるなど、各成分によるさまざまな健康効果が報告されている。

秋の終わりに漬け込む

伝統衣装チマチョゴリに身を包む韓国人女性

明日誰かに教えたくなる

韓国の雑学

▷ お酒の継ぎ足しはNG

空いていないグラスにドリンクを継ぎ足す行為は、亡くなった人に行う儀式。韓国ではタブーとされている。

▷ 食器を持ってはいけない

たとえ取り皿であっても、食器を持ち上げることはマナー違反とされる。

▷ 誕生日にはわかめスープ

誕生日は、朝はわかめスープを飲み、夜にケーキでお祝いをするのが一般的。韓国ドラマでもおなじみだ。

カラス貝の入ったわかめスープ

GUIDEBOOK

地球の歩き方
韓国

国難にも負けず発展を遂げた麗しの島

台湾

Taiwan

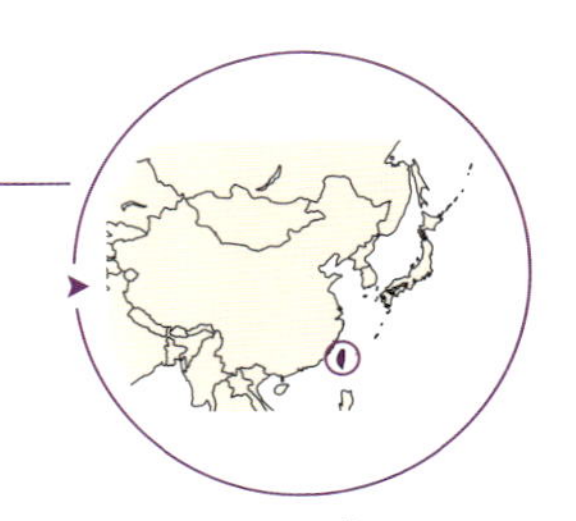

国旗の意味

孫文の三民主義で、赤は民族主義で自由、青は民権主義で正義、白は民主主義で友愛を表す。太陽の光線は十二刻を表している。

台湾語でこんにちは

你好！

（リーホー）

亜熱帯から熱帯に属する温暖な島にはもともと先住民が暮らしていた。1895年、日清戦争後の日本統治下で内省人と呼ばれる人々が中国大陸から移入。一方、1945年の日本統治終了後に来た人々を外省人と呼ぶ。中国で起こった国共内戦で押され、当時の中華民国が1949年に政府を台北へ移し、中国大陸の主権を放棄した。片や中華人民共和国は多くの国々と国交を結び、ひとつの中国方針に基づき台湾の統治を望む。このため、国連や多くの国際機関への参加が困難。それでも経済を発展させ、事実上の世界先進国。言論や報道の自由、医療、教育、ジェンダーフリーなど、人間開発では世界をリードする。

DATA

人口：約2360万人
面積：約3万6000㎢
首都：台北
言語：中国語、台湾語、客家語ほか約16の先住民族の言語
民族：漢民族（閩南民系が7割、ほか客家系など）95%、先住民族（マレーポリネシア系）2.3%ほか
宗教：仏教35.3%、道教33.2%、キリスト教3.9%、儒教などの伝統宗教10%ほか
通貨：台湾ドル
時差：日本より1時間遅れている

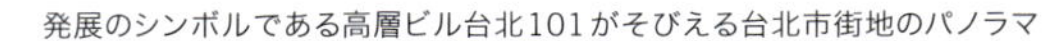

発展のシンボルである高層ビル台北101がそびえる台北市街地のパノラマ

COLUMN

日本と台湾のかかわり

日清戦争後の下関条約により、清国が台湾を日本に割譲。1895年に日本は台湾総督府を設置し、児玉源太郎を総督、後藤新平を民政長官におき、近代化を推進していった。具体的にはコレラ、マラリアなどの病気の制圧、インフラの整備、アヘンの取り締まりなど。原住民による武力蜂起事件も多々あったものの、第2次世界大戦の敗戦で日本が引き上げるまで台湾は50年間日本の統治下にあった。植民地支配による経済的な搾取、急速に進んだインフラの整備、抗日運動を通しての台湾人としてのアイデンティティの確立などがその功罪として挙げられる。

かつて日本の総督府だった台湾総統府

COLUMN

名作映画の舞台 九份

映画『非情城市』のロケ地として知られる九份は、ノスタルジックな提灯の景色が旅行者に大人気。山間にあり景色もよく、入り組んだ路地には店がびっしりと並んでいる。食べ歩きをしたり、茶藝館で台湾茶を飲んだりと、のんびりとどこか懐かしい雰囲気を楽しむ町だ。

ノスタルジックな雰囲気

屋台が並ぶ夜市は台北観光のハイライト

明日誰かに教えたくなる

台湾の雑学

▷レシートが宝くじになる

コンビニやスーパーなどでもらえるレシートにはアルファベットと番号が書かれており、当たったら賞金がもらえる。

▷お金は白い封筒に入れてはいけない

台湾では白は「死」を意味するため、白い封筒にお金を入れて渡すのはNG。

▷コンビニの人口比の数 世界1位

人口当たりのコンビニエンスストアの数は、なんと日本や韓国よりも多く、世界第1位となっている。

日系のコンビニがほとんど

GUIDEBOOK
地球の歩き方
台湾

かつて大帝国を築いた遊牧民の国

モンゴル国

Mongolia

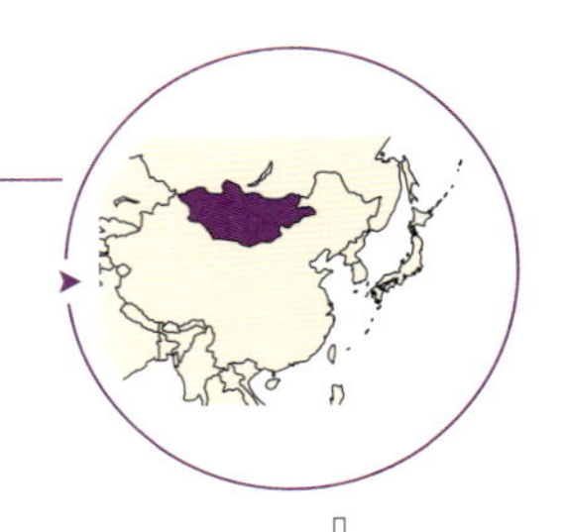

国旗の意味

赤は繁栄を表す火を、青は平和と永遠を表す青空を意味する。左側の黄色い模様はソヨンボと呼ばれ国家を象徴している。

モンゴル語でこんにちは

Сайн байна уу?

(サイン バイノー)

遥か紀元前1300年代後半からモンゴル民族の歴史は始まっており、チンギスハン率いるモンゴル帝国は、当時、中国大陸をも支配した大国。日本にも鎌倉時代に元寇として二度襲来している。面積は日本の約4倍もあるが、人口密度は世界一低い。しかも人口の半数は首都のウランバートルに集中するため、国土のほとんどは広大な草原やゴビ砂漠となっている。

DATA

人口:約323万8479人　面積:約156万4100㎢　首都:ウランバートル　言語:モンゴル語が公用語。ほかカザフ語　民族:モンゴル人、カザフ人　宗教:チベット仏教など　通貨:トゥグリク　時差:日本より1時間遅れている　GNI:US$3580/人

左)大草原で羊の放牧をする少年
右)伝統的な遊牧民の住居ゲル(テント)

明日誰かに教えたくなる

モンゴルの雑学

▷チンギスハンは本名ではない

チンギスハンの本名はテムジン。チンギスハンはモンゴル帝国の皇帝に即位した際につけられた称号で、「荒れ狂う海を支配するもの(諸説あり)」という意味とされる。

首都にあるチンギスハン像

GUIDEBOOK

地球の歩き方
モンゴル

＜中華人民共和国香港特別行政区＞

民主化に揺れる国際都市

香港

Hong Kong

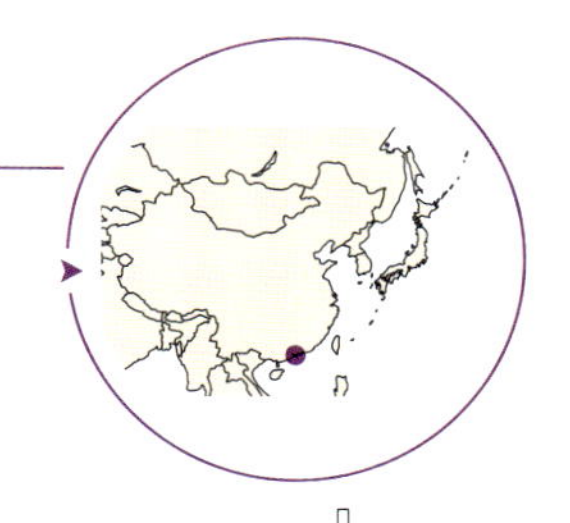

旗の意味

花は香港を象徴するバウヒニア。紅白の2色は1国2制度を表す。

広東語でこんにちは

你好！

（ネイホウ）

中国広東省と地続きの九龍半島部と263の島々からなる。小さな漁村地帯だったが1842年の南京条約でイギリスが植民地化。資本主義経済下で金融都市として発展し、1997年の返還時には中国のGDPの約20%を占めていた。返還から50年後の2047年までは、一国二制度として自治権を認められ通貨も別。しかし、近年、中国の政治介入が進み、反発のデモが増えている。

DATA

人口：約724万9907人　面積：約1106㎢　言語：広東語、英語、北京語　民族：中国人92%、フィリピン人2.5%ほか　宗教：仏教または道教27.9%、キリスト教12%、イスラム教4.2%ほか　通貨：香港ドル　時差：日本より1時間遅れている

左）九龍側から見る香港島の夜景
右）香港ならではの景色が広がる下町

明日誰かに教えたくなる

香港の雑学

▷世界一安いミシュラン掲載レストラン

添好運（ティム・ホー・ワン）はミシュランで一つ星を獲得した点心レストランで、ミシュランが認める味を世界一安く食べられると評判。日本をはじめ世界各地に展開している。

おいしい飲茶が食べられる

GUIDEBOOK

地球の歩き方
香港

<中華人民共和国マカオ特別行政区>

歴史遺産と世界No.1のカジノシティ

マカオ

Macau

旗の意味

マカオの象徴である蓮の花に中国を表す星と海、橋を配す。

広東語でこんにちは

你好！

（ネイホウ）

1557年にポルトガルが明から居留権を得て、1887年の中葡和好通商条約で正式割譲され、以来、東方貿易の港として発展。1999年に中国へ返還された。中国大陸の一部のマカオ半島と、埋め立てられて一体化したふたつの島からなる。19世紀の香港の台頭で衰退したため、17世紀からの古い建築と町並みがそのまま残り、カジノとともに観光地として人気が高い。

DATA

人口：約69万6100人　面積：約32.9㎢　言語：広東語、ポルトガル語ほか　民族：中国人88.75、ポルトガル系1.1％ほか　宗教：民俗宗教58.9％、仏教17.3％、キリスト教7.2％、無宗教15.4％ほか　通貨：マカオ・パタカ　時差：日本より1時間遅れている

左）セントポール天主堂跡のファサード
右）ポルトガル風の建物が並ぶセナド広場

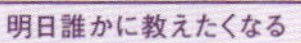

明日誰かに教えたくなる

マカオの雑学

▷ 毎年自治体からボーナスがもらえる

カジノで潤うマカオでは、毎年自治体からひとり12万円程度の給付金がもらえる。年齢制限はなく子供ももらえるのは驚きだ。消費税もかからない。

きらびやかなカジノリゾート

GUIDEBOOK

地球の歩き方
マカオ

金一族が世襲で治める社会主義国家

朝鮮民主主義人民共和国

Democratic People's Republic of Korea

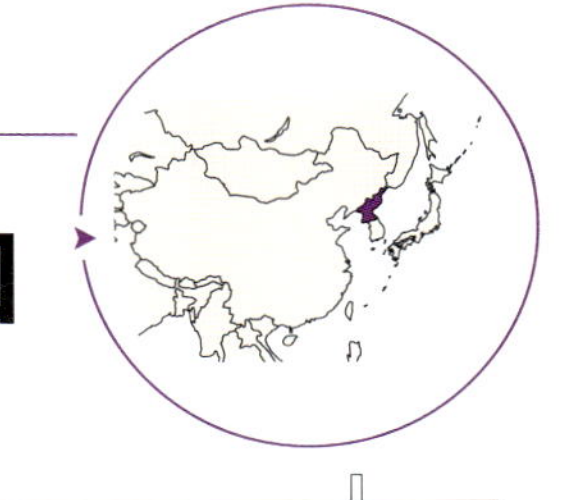

国旗の意味

赤は革命の伝統、白は純潔性と強さ、尊厳、青は主権と平和、友好、赤い星は社会主義を象徴。

朝鮮語でこんにちは

안녕하세요！

（アンニョンハセヨ）

1945年の日本敗戦で朝鮮半島は北がソ連、南がアメリカの支配下におかれ、1948年にソ連の支援で建国された社会主義国。韓国ともども半島全体の領有を主張するが、1950年に朝鮮戦争が起き、1953年の休戦協定締結で、38度線で実質的に分断されて現在にいたる。独裁国家で、日本とは国交がない。核やミサイルの開発など世界の脅威としての話題が多い。

DATA

人口：約2564万3466人　面積：約12万538㎢　首都：平壌　言語：朝鮮語　民族：朝鮮人　宗教：無宗教、儒教、天道教、キリスト教、仏教など　通貨：北朝鮮ウォン　時差：日本と同じ　GNI：US$1259／人

左）北朝鮮名物の平壌冷麺
右）国境のある板門店の非武装地帯

明日誰かに教えたくなる

北朝鮮の雑学

平壌にある金日成、金正日の像

▷自由が制限されているのに大麻は合法

独裁国家でさまざまな自由が制限されている北朝鮮。インターネットへの接続はもちろん、海外のエンターテインメントを楽しむことも制限され、ジーンズも敵国アメリカの象徴ということで禁止されている。しかし、大麻を違法とする国がほとんどのアジアでは珍しく大麻は合法とされている。

経済成長著しいクメールの国

カンボジア王国

Kingdom of Cambodia

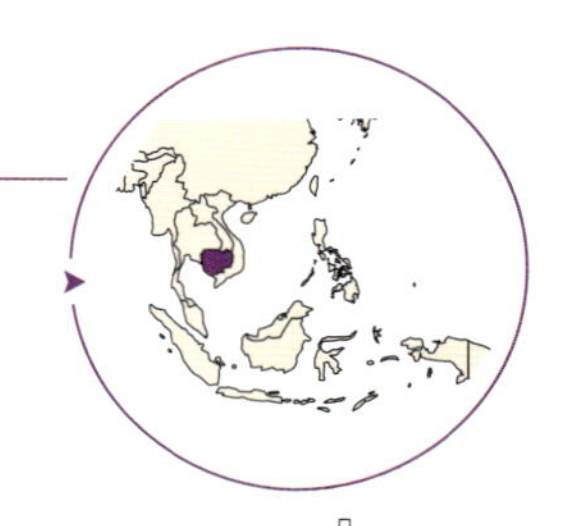

国旗の意味

世界に誇るヒンドゥー教遺跡アンコール・ワットが描かれている。実際の建物が描かれた世界で唯一の国旗。

カンボジア語でこんにちは

(スオ スダイ)

人口の約97%を占めるクメール人は、6世紀頃ここにあった真臘(チェンラ)王国の流れをもって建国されたクメール王朝の子孫。9世紀から15世紀まで独特で壮大なクメール文化を花開かせ、最盛期の人口は100万人を超えたという。アンコール・ワットはその遺産だ。1431年にタイのアユタヤ王朝に侵攻されて以来、転々と現在のプノンペンまで遷都を繰り返した。この間にクメール人は少数化し、19世紀のフランス植民地を経て1953年に独立するまでは確たる国をもたない民族だった。1970年代にはポル・ポト政権による大量殺戮で知られる内戦を経験したものの、現在は目覚ましい経済発展を遂げている。

DATA

人口:約1630万人
面積:約18万1000㎢
首都:プノンペン
言語:カンボジア語
民族:クメール人97.6%、チャンパ族1.2%、中国系0.1%、ベトナム系0.1%ほか
宗教:仏教(公式)97.9%、イスラム教1.1%、キリスト教0.5%ほか
通貨:リエル
時差:日本より2時間遅れている
GNI:US$1380/人

左)人気ビューポイントから見るアンコール・ワット　右)伝統的なクメール舞踊

COLUMN

国旗にも描かれるヒンドゥー教遺跡 アンコール・ワット

シェムリアップという町の近くにあるアンコール・ワットは、年間260万人（2018年）もの人々が訪れる、東南アジアで有数の観光地だ。もともとはクメール王国（9～15世紀）が12世紀前半に建設したヒンドゥー教寺院で、15世紀に一度は放棄されたが、16世紀後半に仏教寺院として改修が進められた。現在も上座部仏教の寺院として機能している。遺跡はクメール建築の傑作であり、カンボジア人の魂として国旗にも描かれ、生活に深く密着したシンボルである。世界に誇るべき遺産として1992年に世界遺産に登録された。

"クメールのほほ笑み"と呼ばれる石像

COLUMN

知られざる人気ビーチリゾート

シアヌーク前国王の名前を冠したシアヌークビルという町は、カンボジアきってのビーチリゾートとして人気が上昇している。町は中国による大規模な開発が進み、かつての素朴さは見られなくなっているものの、快適なリゾート施設が揃う。また、沖に浮かぶロン島、ロン・サムレル島には美しいターコイズブルーの海が広がり、欧米からの観光客でにぎわう。

ロン・サムレル島のビーチ

プノンペンのランドマーク、独立記念塔

明日誰かに教えたくなる

カンボジアの雑学

▷ 昆虫食が一般的

東南アジアでは各地で昆虫食が一般的だが、カンボジアでは特に盛ん。コオロギ、タランチュラ、ゲンゴロウなど、さまざまな昆虫を食する。虫を捕獲して食べるツアーもある。

▷ 東南アジア最大の淡水湖

トンレサップ湖は東南アジア最大の淡水湖で、雨季にはメコン川が逆流して湖が巨大化することで知られる。アンコール・ワットにも近く、プノンペンから船でメコン川を遡上して拠点の町シェムリアップにアクセスすることもできる。

トンレサップ湖の水上集落

GUIDEBOOK

地球の歩き方 アンコール・ワットとカンボジア

アジア

東アジア ― 東南アジア ― 南アジア ― 中央アジア ― 西アジア

世界で最も多くの島からなる多民族国家

インドネシア共和国

Republic of Indonesia

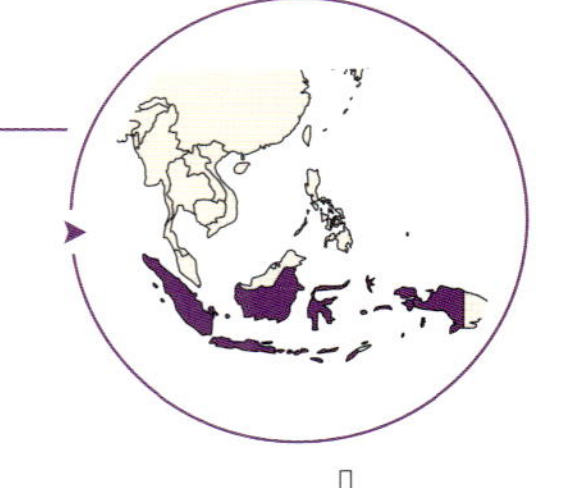

国旗の由来

比率は違うがモナコの国旗と同じデザイン。13世紀のマジャパイト王国で使われた2色を使用している。

インドネシア語でこんにちは

Selamat siang !

（スラマッ シアン）

ユーラシアとオーストラリア両大陸との間に浮かぶ、ジャワ、スマトラ、ボルネオ、バリなど、世界最多の1万7000余りを数える群島国家。有人島だけでも9000にも及ぶ。人口は世界第4位を誇り、およそ300もの民族が暮らしている。イスラム教徒がほとんどで人口全体の約87%を占めるが、キリスト教、ヒンドゥー教、仏教なども認められ、多様な民俗文化が混在する。多くは火山島で活発な活動による被害はたびたびニュースで伝えられるが、一方で豊富な天然資源を有する豊かさをもつ自然でもある。将来の担い手となる24歳以下の人口が約44%と若年層の多さが世界企業に注目され、近年の経済成長は著しい。

DATA

人口：約2億5500万人
面積：約192万㎢
首都：ジャカルタ
言語：インドネシア語（公用語）、英語、オランダ語
民族：マレー系（ジャワ、スンダ、バタック、マレー、マドゥラ、ベタウィなど約300民族）
宗教：イスラム教87.2%、キリスト教9.8%、ヒンドゥー教1.7%ほか
通貨：ルピア
時差：日本より2時間遅れている（ジャカルタ。ほか2つのタイムゾーンがある）
GNI：US$3840／人

左）世界最大級の仏教寺院ボロブドゥール　右）目の覚めるような美しさのビーチ（バリ島）

COLUMN

神々の住まう島 バリ島

世界中から旅行者やサーファーが集まるバリ島。各地で出合う独特のバリ・ヒンドゥー文化や、鮮やかな緑色を帯びる世界遺産の棚田、ダイビングやサーフィンなどのアクティビティとその魅力はさまざまだ。1920年代には欧米でバリ島ブームが巻き起こった。インドネシアでは唯一ヒンドゥー教が信仰されている島で、その起源は11世紀頃にまで遡る。14世紀に興ったマジャパイト王国においてもヒンドゥー教は国教とされ、それ以後も周辺地域とは異なる独自の文化を育んでいった。洗練された舞踊や絵画、ガムラン音楽など、ここでしか見られない魅力にあふれている。

ウブドの棚田

COLUMN

今なお伝統を守るトラジャ族の里

舟形の伝統家屋で知られるトラジャ族は、古来の伝統的な慣習を守って生活している。舟形の家屋は彼らが船を使ってスラウェシ島にやってきたことを表すものと考えられている。独自の死生観を表す岩窟墓も有名で、タウタウと呼ばれる人形が岩窟に並ぶ景色はまさに奇観。

トラジャ族の伝統的な舟形家屋

バリ伝統の舞踊をささげる女性

明日誰かに教えたくなる

インドネシアの雑学

▷ケチャップはインドネシア語?

ケチャップの語源についてはこれまでさまざまな学者が議論をしてきたが、一説によると醤油風のソースを指すマレー語「ケチャップ」が語源では？ともいわれている。

▷イスラム教徒の数が世界一

イスラム教徒といえばアラブの国々が思い浮かびそうだが、実は信者数ではインドネシアが世界一。人口の約9割にあたる2億2500万人がイスラム教徒だ。ちなみに2位はインド、3位はパキスタン。世界のイスラム教徒の総数は18億人以上。

イスラム教徒の少女

GUIDEBOOK

地球の歩き方
インドネシア

急速な発展を遂げるイスラム教国

マレーシア

Malaysia

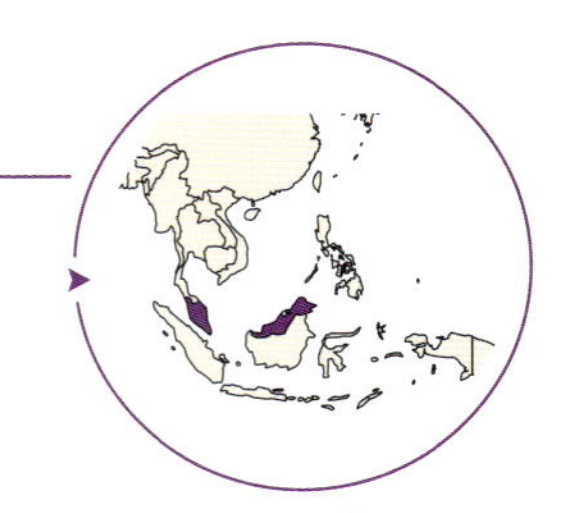

国旗の由来

赤と白の横線は独立時の14の州を、月と星はイスラム教を表している。

マレー語でこんにちは

Selamat tengahari !

(スラマッ トゥンガハリ)

マレー半島とボルネオ島の北側を領土とし、13の州と3つの連邦特別区でなる。国土の60%が熱帯雨林。国民はマレー系、中国系、インド系、そして多数の先住民という多民族国家で、多様性を受け入れ共存する姿はモザイクに例えられる。1400年頃にスマトラ島の王族が建国したマラッカ王国が始まりで、交易地として繁栄したが、16世紀に植民地化。ポルトガル、オランダ、イギリス支配を経て、1963年にマレーシア連邦として独立。1965年にシンガポールが分離独立し今にいたる。資源に恵まれ、1988年以降は高い経済成長が続く。治安や気候がよく物価も安いため、日本では住みたい国として人気が高い。

DATA

人口:約3200万人
面積:約33万㎢
首都:クアラルンプール
言語:マレー語(国語)、中国語、タミル語、英語
民族:マレー系69%、中国系23%、インド系7%、ほか先住民族
宗教:イスラム教61%、仏教20%、儒教・道教1%、ヒンドゥー教6.0%、キリスト教9%
通貨:リンギット
時差:日本より1時間遅れ
GNI:US$1万460/人

左)マラッカの中心にあるオランダ広場　右)近代マレーシアを象徴するペトロナス・ツインタワー

COLUMN

多民族国家とブミプトラ政策

さまざまな民族が仲よく共生しているマレーシア。しかし、1969年にはマレー人と中国系住民の間で衝突が起こっている。植民地時代に商工業で力をつけた中国系と、農業主体のマレー人との間に所得格差が生じたことへの不満が表面化したのだ。ここで打ち出されたのが「ブミプトラ政策」。ブミプトラとは「土地の子」という意味のマレー語で要はマレー人のこと。彼らに特権を与えることで民族間の不均衡を解消しようというものだ。

しかし政策の実施にともない新たな問題も浮上している。優遇措置に甘んじるマレー人の怠慢が指摘されるようになり、批判が集まっているのだ。民族間のバランスと経済成長をいかに保つか、多民族国家マレーシアは常に難しい舵取りを求められている。

COLUMN

歴史的町並みの残るペナンとマラッカ

マレーシア北東部に浮かぶペナン島と南部のマラッカは、その歴史的町並みが世界遺産に登録されている。マラッカはマレー世界の原型を作ったともいえる、15～16世紀に栄えたマラッカ王国の首都。一方ペナン島は、18世紀末にイギリスがマレーシアで初めて入植した土地。貿易の中継地として発展した。

ペナンは近年ウオールアートでも人気

上)クアラルンプールのアロー通りには屋台が集まる　下)ボルネオ島の固有種で世界最大の花ラフレシア

明日誰かに教えたくなる

マレーシアの雑学

▷世界一高いツインタワー

1998年の完成時、世界で最も高いタワーだったペトロナス・ツインタワー。2004年にその座を譲ったが、ツインタワーとしては依然世界一。

▷コーヒーは基本的に甘い

コーヒーは甘いのが当たり前で、砂糖なしと言わないとブラックは出てこない。

コーヒーは現地語で「コピ」

▷9つの王室がある

13州のうち9州は、現在でも伝統的にスルタンが治めており、その中から5年ごとに王が選出される。

GUIDEBOOK

地球の歩き方
マレーシア

2011年にようやく民主化を果たした

ミャンマー連邦共和国

Republic of the Union of Myanmar

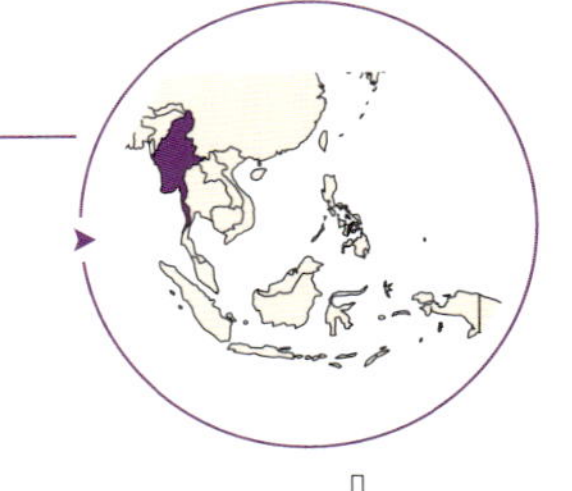

国旗の意味

星は永続する連邦、黄は団結、緑は平和と自然、赤は勇気と決意を表す。

ミャンマー語でこんにちは

မင်္ဂလာပါ။ !

（ミンガラーバァ）

1989年にビルマからミャンマーへ国名を変更。北部の山岳地帯から南部のマレー半島の付け根まで約2000kmに及ぶ広大な国。少数民族を数えると135の民族が暮らすといわれ、独自の言語や文字をもっている民族もおり、多様で複雑。最多は人口の約7割を占めるビルマ族で、ビルマ語が公用語。全国民の約9割が仏教徒のため、生活習慣全般に仏教の影響が強い。1962年のクーデターから軍が一党支配体制を続けていたが、近年少しずつ民主化は進み、2008年に新憲法案が国民投票で可決、2015年の総選挙では民主活動家アウン・サン・スーチー氏率いる政党が単独過半数を獲得した。

DATA

人口：約5141万人
面積：約68万㎢
首都：ネーピードー
言語：ビルマ語
民族：ビルマ族68%、シャン族9%、カレン族7%、ラカイン族4%、中国系3%、インド系2%、モン族2%ほか
宗教：仏教87.9%、キリスト教6.2%、イスラム教4.3%、アニミズム0.8%、ヒンドゥー教0.5%ほか
通貨：チャット
時差：日本より2時間30分遅れている
GNI：US$1310／人

40kmにわたる平野に広がるバガン遺跡群

COLUMN

最大の聖地シュエダゴン・パゴダ

旧首都ヤンゴンにあるシュエダゴン・パゴダはミャンマー最大の聖地。その由緒は驚くべきもので、紀元前585年、8本の髪を仏陀から直接もらい受けた商人兄弟が、その聖髪をこの地に奉納したのが起源とされている。実は似たような話が残っている寺院が、同じ仏教国のスリランカなどにも残っていて興味深い。寺院はその後拡張され、今では大小60以上の塔が立つ大規模な寺院となっている。願いが叶う仏像や子宝祈願の仏像、ふたりの兄弟が奉納前に聖髪を洗った井戸など、お祈りスポットが数多くある。ヤンゴン随一の観光スポットだ。

ヤンゴン観光のハイライト

COLUMN

緑と仏塔の絶景 バガン

近年、ミャンマーの絶景として注目が集まっているのがバガン。見渡す限りの緑の平野に、ニョキニョキと数千もの仏塔が点在する景色はとても神秘的だ。ここにはかつてバガンというミャンマーで最初の王朝が興った。その規模から、カンボジアのアンコール・ワット、インドネシアのボロブドゥールとともに世界3大仏教遺跡に数えられている。

寺院で祈る僧侶

インレー湖で見られる伝統的な漁

明日誰かに教えたくなる

ミャンマーの雑学

▷ 牛肉はあまり食べない

特に仏教の戒律で禁止されているわけではないが、ミャンマーでは牛肉はあまり食べられない。農業で働いてくれている牛を食べるのは心情的に気が進まないというのが理由のようだ。

▷ 女性は顔にタナカを塗る

よく顔に白いものを塗っている人々を見かけるが、これは伝統的な化粧で、日焼け防止や美肌に効果があるといわれるタナカという名の木の粉末。アフリカなどでも同じような習慣が見られる。

タナカを塗った女性

GUIDEBOOK

地球の歩き方 ミャンマー

7000以上の島からなる群島国家

フィリピン共和国

Republic of the Philippines

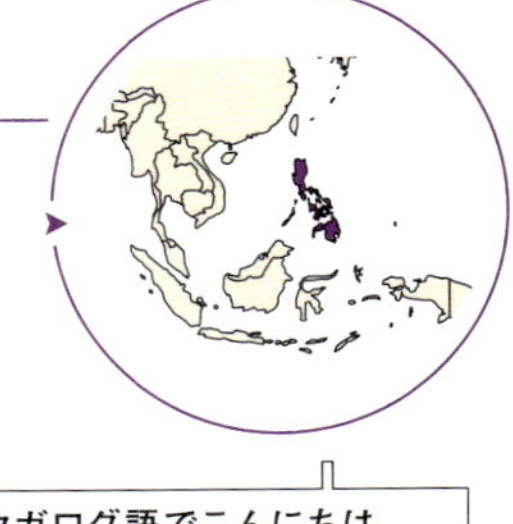

国旗の意味

青は平和、真実、正義、赤は愛国心と勇気、白は平等に対する希望、太陽は自由、太陽から出ている8つの光はスペインに対して最初に武器をとった8州を表す。

タガログ語でこんにちは

Magandang hapon !

（マガンダン ハーポン）

太平洋に浮かぶ7000以上の島で構成される。島数の多さと海域の広さから、現在の国土に相当する国家の原型は、1521年にマゼラン率いるスペイン船団が訪れ、植民地化されるまで存在しなかった。スペイン支配は19世紀末まで続く。ASEAN唯一のキリスト教国であるのはこの影響で、カトリックとそのほかのキリスト教を合わせると90%を超える。1898年には独立を達成するが、アメリカが認めず戦争によって領土化。イギリスを超える世界第3位の英語人口の多さはこのときの影響。第2次世界大戦後の1946年に独立を回復、マルコス大統領の独裁時代を経て1986年の民主化以後、経済発展が著しい。

DATA

人口：約1億98万人
面積：約29万9404㎢
首都：メトロ・マニラ
言語：タガログ語、英語が公用語。ほかビサヤ語、ビコール語など約180の言語がある
宗教：カトリック80.6%、プロテスタント8.2%、そのほかのキリスト教3.4%、イスラム教5%ほか
通貨：フィリピン・ペソ
時差：日本より1時間遅れている
GNI：US$3830／人

パラワン島にはフィリピンでも指折りの美しい海が広がる

COLUMN

日本とフィリピンのつながり

古くから関係のある日本とフィリピンだが、最もゆかりのある土地がミンダナオ島のダバオ。ここにはかつて日本人街があり、最盛期には1万7888人もの日本人が暮らしていた。移民の記録は16世紀にまで遡るが、まとまった数の日本人が移住してきたのは1903年頃。150人ほどの日本人がアバカ（マニラ麻）農園で働くためにダバオを訪れている。日本人によるアバカ農園は拡大を続け、宗主国アメリカの農園の規模を上回るほどに成長。その後、第2次世界大戦の敗北により、農園は接収され、ほとんどの日本人は帰国。現在もわずかながらその子孫が暮らしている。

当時の日本人の集合写真

COLUMN

不思議な絶景 チョコレート・ヒルズ

セブ島からフェリーで約2時間のボホール島。自然豊かなこの島にはフィリピンが誇る絶景チョコレート・ヒルズがある。高さ30 ～ 40mの円錐形の丘が1200個、ポコポコと地の果てまで広がっていて、4 ～ 6月の乾季には色が緑からまさにチョコレート色に変化し、絵に描いたような幻想的な景観が広がる。1日ツアーで気軽に訪れることができる。

世界に誇る絶景

マニラのビジネス街であるマカティの大通り

明日誰かに教えたくなる

フィリピンの雑学

▷食事は1日5回？

旧宗主国スペイン由来のメリエンダという間食習慣がある。スナック程度かと思いきや、結構なボリュームの間食をとるので、フィリピン人は1日5回食べるなどといわれている。

▷クリスマスを5ヵ月も祝う

フィリピンでは9月から1月まで、なんと5ヵ月間もクリスマスを祝う。

▷離婚を違法とする唯一の国

信仰深いキリスト教国のため、離婚は法律上禁止されている。

スナックを売る屋台

GUIDEBOOK

地球の歩き方
フィリピン

赤道直下の富裕国

シンガポール共和国

Republic of Singapore

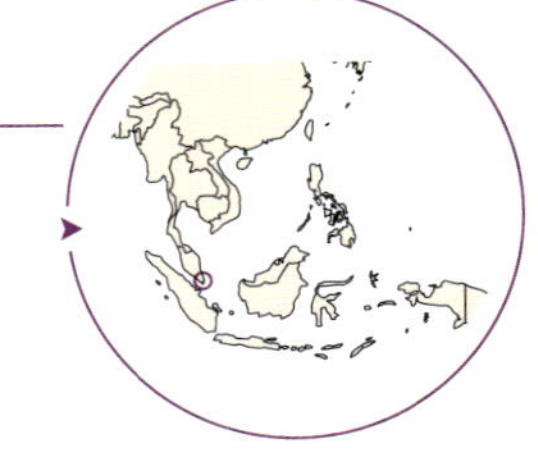

国旗の意味

マレーシア連邦だった頃の州旗。赤は世界全民族の友愛と平等、白は潔白と徳を表す。

マレー語でこんにちは

Selamat tengahari !

（スラマッ トゥンガハリ）

赤道のほぼ真下にある熱帯の国。島国であり、隣国マレーシアとは海峡を隔てて橋で結ばれている。淡路島ほどの小ささゆえ、国全体でひとつの行政区で、事実上、国家＝首都となっている。領土は埋め立てにより拡大を続け、緑豊かでガーデンシティとも呼ばれるが、高度に都市化され、原生の自然はほとんどない。天然資源も皆無に等しく、観光、貿易金融、運輸中継の起点として発展してきた。中華系を筆頭に、マレー系、インド系など住民も多様で、人口の約3割は外国人。1人当たりGDPは世界第8位（2018年）と常に上位で、人口の90%が家を所有という恵まれた国だが、物価の高さと法律の厳しさもまた有名。

DATA

人口：約564万人
面積：約720㎢
首都：シンガポール
言語：マレー語が国語。公用語は英語、中国語、マレー語、タミル語
民族：中華系74%、マレー系14%、インド系9%
宗教：仏教33.2%、キリスト教18.8%、イスラム教14%、道教10%、ヒンドゥー教5%ほか
通貨：シンガポール・ドル
時差：日本より1時間遅れている
GNI：US$5万8770／人

天空プールとカジノのある高級ホテル、マリーナ・ベイ・サンズ

COLUMN

日本支配と独立までの道

第2次世界大戦中の1942～45年の3年間、シンガポールは日本軍に占領された(当時は「昭南島」と呼ばれた)。このとき、華人に苛烈な政策を行ったため、現地では今でも反日感情の強い人も多い。その後、1948年に現在のマレーシアがマラヤ連邦として独立し、シンガポールも1955年に部分自治、1959年に完全自治を勝ち取る。初代首相は客家系華人のリー・クアン・ユー(李光耀)。1963年にマレーシア連邦の1州に含められるも、連邦としばしば対立し、追放される形で1965年にシンガポール共和国となった。

日本占領下での被害者を記念して建てられた記念碑

COLUMN

名門ラッフルズ・ホテル

サマセット・モームやチャーリー・チャップリンなどに愛された伝統のコロニアルホテル。モームが"東洋の真珠"と絶賛した美しいコロニアル建築や、シンガポール・スリングという名物カクテルが味わえるロングバーなど見どころ盛りだくさんだ。2年以上の改装を経て、2019年にリニューアルオープンしている。

伝統と格式のコロニアルホテル

シンガポールのシンボル、マーライオン

明日誰かに教えたくなる

シンガポールの雑学

▷独自の英語「シングリッシュ」

現地でまず違和感を覚えるのが、シンガポールで生まれた独特の英語シングリッシュ。語尾に「ラー lah」や「レー leh」を付ける、文法を簡略化するなど、独自にアレンジされたものだ。

▷ごみのポイ捨ては罰金

さまざまな民族が集まるため規則や法律が厳しい。ポイ捨ては最高S$1000の罰金。

▷紙幣に国歌が書かれている

S$1000紙幣の裏にはシンガポール国歌がかなり小さな文字で書かれている。

町を清掃する業者

GUIDEBOOK

地球の歩き方 シンガポール

仏教文化が根付くほほ笑みの国

タイ王国

Kingdom of Thailand

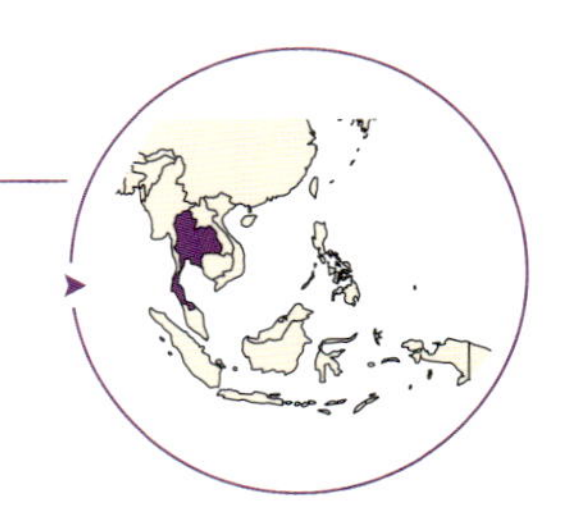

国旗の意味

紺は国王、白は宗教、赤は国民を表している。

タイ語でこんにちは

สวัสดี ครับ/ค่ะ!

（サワディー クラッ（男性）/カー（女性））

東南アジアのほぼ中央に位置し、面積は日本の約1.3倍。最も離れた部分で南北に1860kmと細長い。熱帯に位置するため四季はなく、1年は乾季、雨季、暑季の3つに分かれる。主要民族であるタイ族の最初の国家成立は13世紀のスコータイ王朝。その後、アユタヤ、トンブリーと経て、現在のチャクリー王朝が1782年に首都をバンコクに遷都している。95%が仏教徒のため仏教国と呼ばれ、男性は人生に一度は出家をするが、短くて1週間、長くて3ヵ月が一般的。兵役義務はくじ引きで決められ、一喜一憂する光景がテレビ番組でもおなじみだ。観光や農業のイメージが強いものの、実際には輸出産業が最も盛ん。

DATA

人口：約6891万人
面積：約51万4000㎢
首都：バンコク
言語：タイ語（公用語）、そのほかマレー語、ビルマ語など
民族：タイ人97%、ミャンマー人1.3%、ほか華人、マレー人など
宗教：仏教94.6%、イスラム教4.3%、キリスト教1%ほか
通貨：バーツ
時差：日本より2時間遅れている
GNI：US$6610／人

左）暁の寺とも呼ばれるワット・アルン（バンコク）　右）はっとするほど美しいピピ島のマヤ湾に浮かぶ伝統的なボート

COLUMN

バックパッカーの聖地 カオサン・ロードは今

タイといえばバックパッカーに大人気の国。特にバンコクは安宿や屋台が充実していて、貧乏旅行や“沈没”できる場所としても旅人に愛されてきた。その中心となったのがカオサン・ロード。「とりあえずカオサン・ロード」を合言葉に、長期旅行の初めの一歩としてここに集う旅人は多かった。しかし、旅行スタイルの変化とともに、近年は事情が変わってきている。外国人がつくり上げた町ともいえるカオサンは、バンコクでも屈指のおしゃれスポットとして人気を集めつつあるのだ。かつて建ち並んでいた安宿も減り、ヒップなカフェやバーが軒を連ねる。

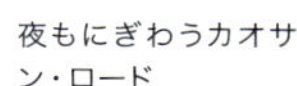

夜もにぎわうカオサン・ロード

COLUMN

タイのシンボル トゥクトゥク

アジアならではの乗り物として愛されているトゥクトゥク。国のシンボルとして、雑貨や服のデザインに取り入れられることも多い。タイを訪れたら一度は乗ってみたいが、料金はタクシーより高め。しかもぼったくりなどトラブルも多い。ちなみに2025年までにはすべてが電気自動車化される予定。

バンコクの通り

古都アユタヤではエレファントライドが体験できる

明日誰かに教えたくなる

タイの雑学

▷ バンコクという都市名は正式には存在しない

実はバンコクというのは通称で、正式名称は「クルンテープ・マハーナコーン・アモーンラッタナコーシン・マヒンタラーユッタヤー・マハーディロック・ポップ・ノッパラット・ラーチャタニーブリーロム・ウドムラーチャニウェートマハーサターン・アモーンピマーン・アワターンサティット・サッカタッティヤウィサヌカムプラシット」という。

バンコク郊外の水上マーケット

▷ 一度も植民地化されていない

帝国主義時代、東南アジア諸国はほぼ西洋列強に植民地化されたが、タイだけは一度も植民地化されず独立を維持した。

GUIDEBOOK

地球の歩き方
タイ

ドイモイ政策によって発展を続ける

ベトナム社会主義共和国

Socialist Republic of Viet Nam

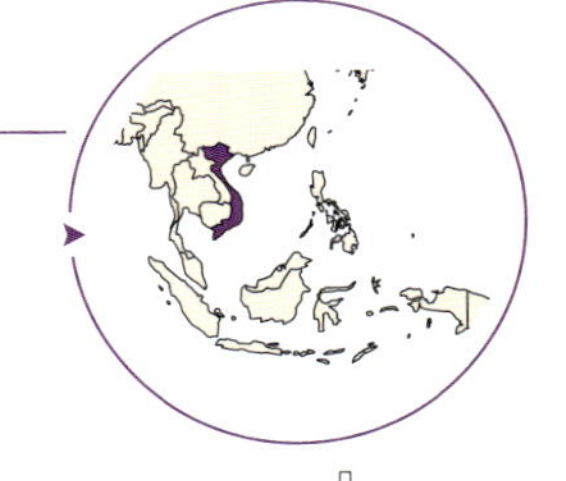

国旗の由来

金星紅旗(コー・ドー・サオ・ヴァン)と呼ばれ、旧ベトナム民主共和国(北ベトナム)の国旗として1945年に制定した旗を、南北統一(1976年)後も使用。

ベトナム語でこんにちは

Xin chào !

(シンチャオ)

南北に長く1650km、東西は広くて600kmで、中央部の最も狭い部分はわずか 50kmほど。そのため国の形はカゴを下げた天秤棒にたとえられる。土地が広い両端に人口の7割が集中する。社会主義共和国だが、1986年から刷新を意味するドイモイと呼ばれる経済政策で、市場経済の導入、対外開放が進められ、経済発展は著しい。歴史は約1000年続いた中国支配から、フランス植民地支配、ベトナム戦争と侵略と紛争が繰り返されてきた。かつては東南アジア唯一の漢字圏だったが、フランス植民地下の17世紀にローマ字表記にされている。歴史遺産、自然景観、ビーチ、活気ある大都市と、観光資源が豊富。

DATA

人口:約9467万人
面積:約32万9241㎢
首都:ハノイ
言語:ベトナム語
民族:キン(ベトナム)族85.7%、テイ族1.9%、タイ族1.8%、ムオン族1.5%、クメール族1.5%、モン族1.2%、ヌン族1.1%、ホア族1%など54部族
宗教:仏教7.9%、キリスト教7.5%、ホアハオ教1.7%、カオダイ教0.9%、イスラム教0.1%、無宗教81.8%
通貨:ドン
時差:日本より2時間遅れている
GNI:US$2400/人

左)歴史的な建造物が残るホイアンの旧市街　右)伝統衣装アオザイを身に着けるベトナム人女性

COLUMN

人気のビーチリゾート ダナン

近年ベトナムで人気上昇しているのが中部にあるベトナム第3の都市ダナン。大都市のすぐ近くにラグジュアリーからリーズナブルまで、幅広いビーチリゾートが揃うベトナムきっての人気都市だ。優雅なアジアンビーチを楽しみながら、周辺の世界遺産都市を巡るのがダナンの旅の定番。古都ホイアンは、川の流れるノスタルジックな町並みが美しい。かつて日本人街があり、日本の痕跡も探してみたい。フエはベトナム最後の王朝、グエン(阮)朝の都だった町で、料理や音楽など宮廷文化が残されている。さらにミーソン聖域という遺跡もあり、世界遺産を3つも楽しめる。

ダナンのビーチ

COLUMN

ベトナム語は漢字由来?

ベトナムは東南アジアでは唯一の漢字文化圏だった。1945年までは公式の表記文字として漢字が使われ、言葉も漢字をルーツとしている。10世紀以前は中国を宗主国としており、独自の王朝をもつようになってからも積極的にその文化を取り入れてきたのだ。しかしフランスの植民地になり漢字は廃止されてしまう。

ベトナム漢字のカリグラフィ

北部山岳地サパ近郊の棚田

明日誰かに教えたくなる

ベトナムの雑学

▷ラブマーケットという出会いイベントがある

別の部族に属する男女の許されざる恋の伝説がもとになって始まったラブマーケット(恋愛市場)。かつて恋人だったカップルが再会して語り合うという催しだったが、現在では少数民族の文化に触れるイベントという印象。ハザン省のカウバイ村で開かれる。

▷雪が降る

中国との国境近くにある、標高1600mのサパという町ではなんと雪が降る。例年は雪がちらつくだけだが、2013年には51年ぶりに積雪も記録され、日本のテレビでも報道された。

雪が積もるサパの町

GUIDEBOOK

地球の歩き方 ベトナム

穏やかな魅力にあふれたメコンの宝石

ラオス人民民主共和国

Lao People's Democratic Republic

国旗の意味

白い円はメコン川に上る満月を表し、共産党政府の下の統一性を象徴。赤は革命で流された血、青はメコン川と国の繁栄を表す。

ラオス語でこんにちは

ສະບາຍດີ!

（サバイディー）

日本の本州ほどの広さをもつ。国土の約70%が高原や山岳地帯。政府は国籍をもつ者を一様にラオス人として定義するが、実際には過半数を占めるラオ族のほか、独自の文化を育む約50の民族が暮らす。16世紀に絶頂期を迎えたラーンサーン王国があり、1893年にフランス植民地化、1975年に社会主義国として独立。経済発展が課題だが、多くが仏教徒の人々の暮らしは穏やか。

DATA

人口：約649万人　面積：約24万㎢
首都：ビエンチャン　言語：ラオス語
民族：ラオ族（約半数以上）を含む計50民族　宗教：仏教　通貨：キープ
時差：日本より2時間遅れている
GNI：US$2460／人

左）世界遺産の古都ルアンパバーンで托鉢をする僧侶
右）不思議な石壺が点在するジャール平原

明日誰かに教えたくなる

ラオスの雑学

▷主食はもち米!?

ラオスは世界で2番目に米を消費している国で、「カオニャオ」と呼ばれるもち米がおもに食される。味もとてもおいしい。ちなみに1位はバングラデシュ。

竹編みの入れ物に入っている

GUIDEBOOK

地球の歩き方
ラオス

東南アジアで最も厳格なイスラム教国

ブルネイ・ダルサラーム国

Brunei Darussalam

首都にあるオールド・モスク

マレー語でこんにちは

Selamat Tengahari！

（スラマット トゥンガハリ）

ボルネオ島のマレーシア領に囲まれた小さな王国。国名は“永遠に平和な国”を意味する。ガスと石油の天然資源からの恩恵で所得税がなく、医療と教育も無償。町にはイスラム教の豪華絢爛なモスクが立つ。一方で、世界最大規模といわれる水上集落カンポン・アイールも残る。一時、政府は陸上への移住を進めたが、ほとんどの住民が質素な家屋へと戻ったのだという。

DATA

人口：約42.1万人　面積：約5765㎢　首都：バンダル・スリ・ブガワン　言語：マレー語（公用語）、英語　民族：マレー系66%、中国系10%、そのほか24%　宗教：イスラム教ほか　通貨：ブルネイ・ドル　時差：日本より1時間遅れている　GNI：US$3万1020／人

明日誰かに教えたくなる

ブルネイの雑学

▷ 年に一度、王宮を訪問できる

断食明けの祭りの3日間だけ王宮が開放される。王族と握手をして、祝いの食事を食べ、記念品も頂ける。

21世紀最初の独立国

東ティモール民主共和国

The Democratic Republic of Timor-Leste

伝統衣装を着た男性

テトゥン語でこんにちは

Botarde！

（ボタルデ）

2002年5月に独立したばかりの若い国。ティモール島をインドネシアと分け合い、そのほぼ東半分と周辺の小島、小さな飛び地で構成される。住人のほとんどがキリスト教徒で、かつての植民地宗主国ポルトガル人との混血が多く、イスラム教が大半でオランダ系が多いインドネシアとの違いから、激しい戦いの末、住民投票をもって独立を果たした。

DATA

人口：約118.3万人　面積：約1万4900㎢　首都：ディリ　言語：テトゥン語、ポルトガル語　民族：テトゥン族などメラネシア系がおも　宗教：キリスト教が99%　通貨：アメリカ・ドル（1ドル以下はセンタボ）　時差：日本と同じ　GNI：US$1820／人

明日誰かに教えたくなる

東ティモールの雑学

▷ セクハラに注意！

舌をペロッと出す動作や、アッカンベーなど指で目を広げる動作は性的な意味を表すので注意しよう。

IT大国へと変貌する神々の国

インド

India

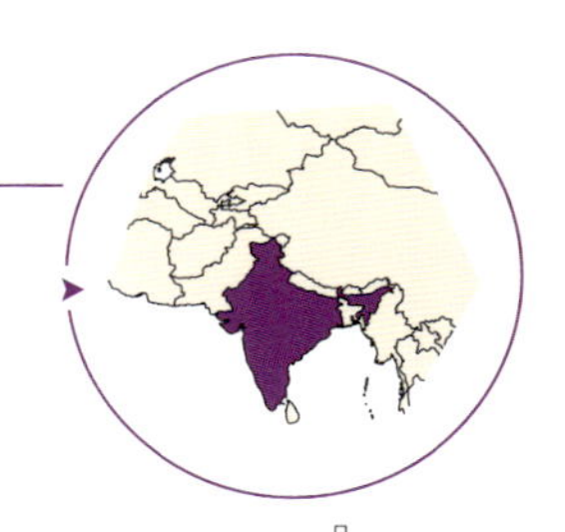

国旗の意味

サフラン色は勇気と強さ、白は真理と平和、緑は大地を表す。中央は前3世紀のアショーカ王の獅子柱頭に描かれた法輪。

ヒンディー語でこんにちは

（ナマステ）

紀元前2600年に栄えたインダス文明から続く長い歴史がある国。ヒマラヤ山脈からインド洋に突き出したインド亜大陸の先端まで、多様な地理を有する広大な国土をもち、そこに暮らす人々は12億人と中国に次ぐ。2030年頃には世界一の人口になるという国連の推計もある。15歳～65歳のいわゆる生産年齢人口は約67%で、これは世界でも群を抜いており、ゼロの概念や10進法が生まれたように国民は数学が得意で、英語を話せる人が多いことも、豊かなマンパワーをもつ市場として注目される。カレーやヨガなどにイメージされるエキゾチックで独特な民俗や文化は、神秘的かつ不思議な魅力となっている。

DATA

人口：約12億1057万人
面積：約328万7469㎢
首都：ニューデリー
言語：ヒンディー語が公用語。ほかベンガル語、マラーティー語、テルグ語、タミル語、グジャラート語、ウルドゥー語、カンナダ語、パンジャブ語、アッサム語など21言語が公認されている
民族：アーリア人72%、ドラヴィダ人25%ほか
宗教：ヒンドゥー教79.8%、イスラム教14.2%、キリスト教2.3%、シク教1.7%ほか
通貨：ルピー
時差：日本より3時間30分遅れている
GNI：US$2020／人

左）ヒンドゥー教の聖地バラナシ
右）サドゥと呼ばれるヒンドゥー教の修行僧

COLUMN

ヒンドゥー教の聖地 バラナシ(ベナレス)

ヒンドゥー教は古代インドのバラモン教を土台として発達した土着の宗教。破壊と創造の神シヴァを最高神として、ブラフマー、ヴィシュヌ、ハヌマーンなど、カラフルな神々があがめられている。このヒンドゥー教の最大の聖地がバラナシ。聖なる川ガンジスが流れ、叙事詩『マハーバーラタ』にも出てくる由緒正しい町だ。巡礼者はガートと呼ばれる岸で祈り、沐浴する。また、ヒンドゥー教徒はその遺灰をガンジス川に流すことで清められると信じるため、岸は火葬場としても機能している。バラナシのガンジス川で死んだ者は輪廻から解脱できるといわれている。

ガンジス川で祈りをささげる女性

COLUMN

いつの間にかIT大国

世界屈指のIT大国となったインド。ここまで上り詰めることができたのはインドならではの事情がある。まず彼らは数字に強い。3桁の掛け算まで暗算できるというのは有名な話。また、カースト(身分)の高低にかかわらず誰でもIT関係に進めるため、努力する人も多い。今ではシリコンバレーにある企業のCEOにも多くのインド人が就任している。

IT企業で働く男性

上)アグラにある霊廟タージ・マハル　下)ピンクシティと呼ばれるジャイプルにある風の宮殿

明日誰かに教えたくなる

インドの雑学

▷インド映画は世界一

ボンベイの頭文字を取って"ボリウッド"と呼ばれるインドの映画産業。ここで製作される映画の数は世界No.1。ちなみに2位は中国、3位はアメリカ。一度現地の映画館に行ってみるのもおもしろい。

▷野良牛がいっぱい!

ヒンドゥー教徒がほとんどのインドでは、崇拝の対象である牛は大切にされている。牛肉を食べるのは禁止され、町では野良牛が堂々と闊歩している(実際には飼い主がいる牛も多く、その場合も町で放牧している状態)。

道を闊歩する野良牛

GUIDEBOOK

地球の歩き方
インド

ヒマラヤに抱かれた多民族国家

ネパール連邦民主共和国

Federal Democratic Republic of Nepal

国旗の意味

形は古代ヒンドゥーの神々に使われた三角形を模したもの。月は平和、太陽は光、青は海と空を表す。

ネパール語でこんにちは

（ナマステ）

ヒマラヤ山脈の南麓に位置し、北の中国との国境地帯では標高8000mを超える。しかし、南に向かっては最も低いところで海抜100mほどの広い平野が広がり、高低差のある変化に富んだ地形をしている。首都カトマンズは途中の盆地にあり標高約1400m。山岳部の風景がおなじみのため寒い国のイメージがあるが、多くの人が住んでいる地域は亜熱帯から熱帯へかけてだ。125以上の民族が暮らし、文化・言語は100以上といわれる多民族国家で、伝統的にインドの影響を強く受けてきたため、ヒンドゥー教徒が約8割と多勢を占める。しかしチベット仏教なども共存し、それぞれの貴重な遺産もある。

DATA

人口：約2870万人
面積：約14万7000㎢
首都：カトマンズ
言語：ネパール語
民族：パルバテ・ヒンドゥー、マガル、タルー、タマン、ネワールなど125以上の民族
宗教：ヒンドゥー教81.3%、仏教9%、イスラム教4.4%ほか
通貨：ネパール・ルピー
時差：日本より3時間15分遅れている
GNI：US$960／人

左）カトマンズ郊外にあるスワヤンブナート　右）世界遺産に登録されているパタンのダルバール広場

COLUMN

“世界の屋根”ヒマラヤ山脈

ヒマラヤ山脈はブータン、インド、中国、ネパール、パキスタンなど多数の国にまたがる巨大な山脈。ヒマラヤとはサンスクリット語で「雪のすみか」を意味する。ヒマラヤ山脈のほとんどの山があるネパールは、エベレスト、アンナプルナ、カンチェンジュンガ、マナスル、ダウラギリなど8000m級の山々が連なり、まさに登山家にとっては聖地といえる。

サガルマタ国立公園のキャンプ場とヤク

COLUMN

お釈迦様の生まれた地

ネパールのルンビニという土地はお釈迦様の生まれた所。お釈迦様ことガウタマ・シッダールタは、シャカ族(これが釈迦の由来)の都カピラヴァストゥで、シュッドーダナ王とマーヤの子として生を受けた。その後出家し、菩提樹の下で悟りを開くと、今のネパール、インド北部あたりでその教えを説いて回った。ゆかりの聖地はインド北部に集中している。

聖域建設計画が進められているルンビニ

生きる女神とされるクマリ

明日誰かに教えたくなる

ネパールの雑学

▷ 参拝するときは常に時計回り

寺や仏塔を参拝する際は、右肩を向けるのが尊敬のしるし。常に時計回りで回ろう。チベット仏教の影響でマニ車(真言が書かれた仏具)がある寺も多いが、これも右回りに回す。

▷ 人が手を付けた食べ物は穢れている?

一般的な習慣としてネパールでは大皿料理をシェアすることはしない。ひとりひと皿が基本だ。これは人が手を付けた食べ物は穢れているとされるため。すべてひとり分ずつ盛りつけたダルバートと呼ばれる定食のようなものが食べられる。

ワンプレートの定食、ダルバート

GUIDEBOOK
地球の歩き方
ネパール

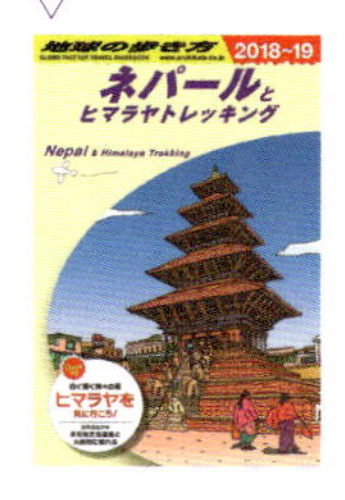

誇り高きインダス文明発祥の地

パキスタン・イスラム共和国

Islamic Republic of Pakistan

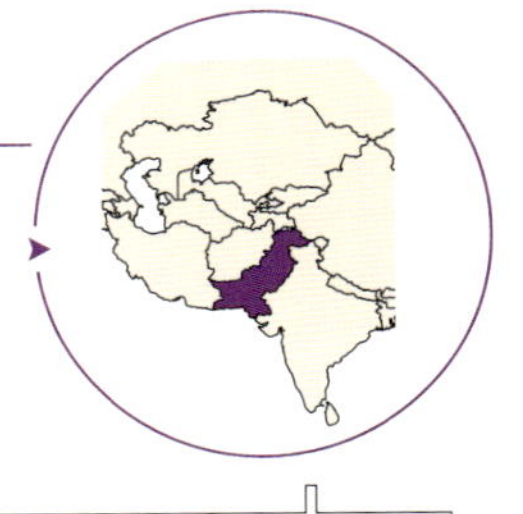

国旗の意味

緑はイスラム教、白は宗教的少数派を表す。また、緑と白はともに平和と繁栄も象徴し、三日月は進歩、星は光と知識を表す。

ウルドゥー語でこんにちは

السلام علیکم !

(アッサラーム アレイクム)

古代インダス文明に遡る人類史の中心を担う歴史をもつ国。西遊記で有名な仏教の都ガンダーラやアレキサンダー大王が目指した地もここにあった。現在は国民の約97%がイスラム教徒だ。北部にはヒマラヤをはじめとする大山脈、中心部はインダス川が流れる肥沃な大地で人口の75%以上が住む。1946年に大インドとしてイギリスから独立。1947年にはインドとこれを挟む東西パキスタン(東は1971年にバングラデシュとして独立)とで分離独立する。住民の76%がイスラム教徒でありながら、藩王がヒンドゥー教徒というカシミール地方でインドへの帰属をめぐる紛争が勃発。現在も続き、核保有はここに起因する。

DATA

人口:約2億777万人
面積:約79万6000㎢
首都:イスラマバード
言語:ウルドゥー語(国語)、英語(公用語)
民族:パンジャブ人44.7%、パシュトゥーン人15.4%、シンド人14.1、サライキ人8.4%、ムハージル人7.6%、バローチ人3.6%ほか
宗教:イスラム教(国教)
通貨:パキスタン・ルピー
時差:日本より4時間遅れている
GNI:US$1580/人

インドとの国境に接した都市ラホール

COLUMN

インダス川沿いに興ったインダス文明

インダス文明(前2600 ～前1800年)が興ったインダス川流域のほとんどを領土とするパキスタン。モヘンジョ・ダロ、ハラッパーなどの中心都市はインダス川やその支流の近くに位置している。文明の首都とされる遺跡モヘンジョ・ダロは、初め仏教遺跡だと思われていたが、その遺跡の下からインダス文明を象徴する四角い印章が発見された。4km四方にも及ぶ広大な土地に約3万人もの人々が暮らしていたとされる。しかし、大規模な洪水で文明は衰退していったと考えられている(諸説あり)。

モヘンジョ・ダロ遺跡

COLUMN

最後の桃源郷 フンザ

古くから日本人旅行者に愛されたフンザという土地がある。7000m級のカラコルム山脈に囲まれた山間の盆地で、桜やアーモンドの花々が咲き誇る田園風景は“桃源郷”と呼ばれてきた。そのあまりの美しさから、ジブリ映画『風の谷のナウシカ』のモデルなのではないかとうわさされるほどだった。日本人が中心となって建てた学校もあり、住民は親日的。

秋のフンザの谷

ラホールの城塞と庭園は世界遺産に登録されている

明日誰かに教えたくなる

パキスタンの雑学

▷ 人々は古代文明を誇らない

パキスタンのあるインダス川流域は古代インダス文明が花開いた地。しかし現地ではそのことを知らない人が多い。歴史的な経緯もありイスラムの国ということを強調したいため、イスラム以前の歴史を学校で教えないのがその理由。

▷ アレキサンダー大王の軍隊の子孫が暮らす谷がある

カラーシャの谷に暮らすカラーシャ族はアレキサンダー大王の軍隊の末裔だという伝説が残っている。人々は白い肌をもち、多くの特殊な文化をもっている。

カラーシャ族の女性

GUIDEBOOK

地球の歩き方
パキスタン

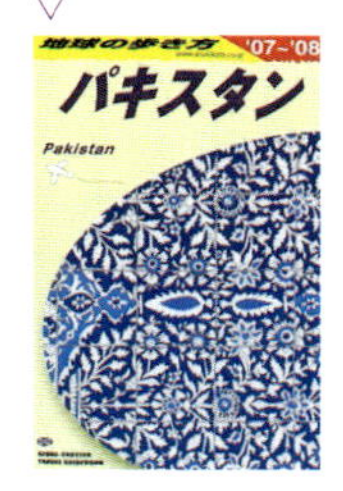

急速に発展するインド洋の光り輝く島

スリランカ民主社会主義共和国

Democratic Socialist Republic of Sri Lanka

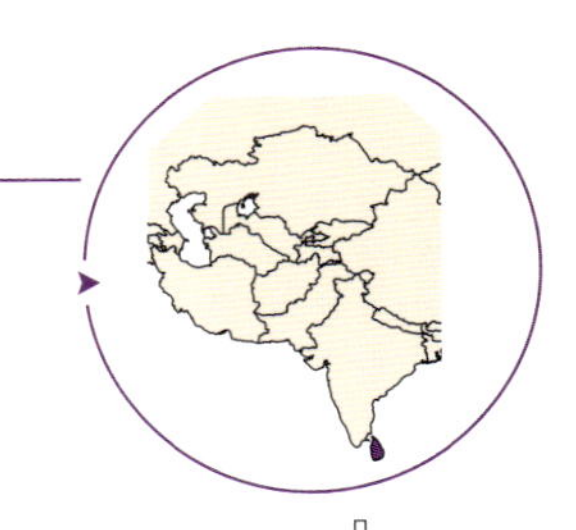

国旗の意味

ライオンはシンハラ人のシンボルで、四隅にあるのは仏教を表す菩提樹の葉っぱ。緑とオレンジはイスラム教徒とヒンドゥー教徒のタミル人を表す。

シンハラ語でこんにちは

ආයුබෝවන් !

(アーユボーワン)

インド洋の小さな島国。国名は光り輝く島を意味する。旧国名は紅茶のブランドで有名なセイロンで、1972年に植民地時代の印象払拭のため主要民族シンハラ人の自称である現国名に変更された。年2回のモンスーンがある熱帯性気候だが、中央部の2000mを超える冷涼な高原地帯がこれを遮り、南西部と北東部では季節がほぼ反対になるなど、多様な自然環境をもつ。前5世紀から19世紀前半まで2000年も続いたシンハラ王国が、インドの侵攻で遷都を繰り返してきた歴史をもち、同一王朝の長さとしては日本の皇室とともに世界でも有数。その壮大な遺産の数々や美しいビーチなど、観光資源も豊富だ。

DATA

人口:約2103万人
面積:約6万5610㎢
首都:スリ・ジャヤワルダナプラ(通称コーッテ)
言語:シンハラ語とタミル語が公用語。ほか英語
民族:シンハラ人74.9%、タミル人15.3%、スリランカ・ムーア人9.3%
宗教:仏教70.1%、ヒンドゥー教12.6%、イスラム教9.7%、キリスト教7.6%
通貨:スリランカ・ルピー
時差:日本より3時間30分遅れている
GNI:US$4060/人

左)巨大な岩山に城が築かれたシーギリヤ・ロック　右)伝統的な漁法ストルトフィッシング

COLUMN

重要な仏教遺跡が点在する文化三角地帯

文化三角地帯とは、かつてシンハラ人の王朝の都があったアヌラーダプラ、ポロンナルワ、キャンディの3点を結んだエリアのこと。ここにある遺跡の多くは、その規模、歴史的および美術的価値において非常に重要なものだ。さらに注目に値するのは、これらの仏教遺跡のほとんどが現在でも祈りの対象になっていることだろう。これは世界でも例が少なく、大きな意味をもつ。初め北にあった都が、インドからの侵入者によって南下を余儀なくされ、遷都を続けてきた。そこでは数々の伝説が語り継がれ、旅人のロマンをかきたててくれる。

古都ポロンナルワの仏教遺跡

COLUMN

シンハラ人とタミル人

インド亜大陸からやってきたアーリア系のシンハラ人と、そのあとに南インドから侵入してきたドラヴィダ系のタミル人。古代から両民族の間で紛争が絶えなかったが、2009年ついに内戦が終結。宗教の違いもあり、現在でも民族間に摩擦はなくはないが、基本的には共生し平和を保っている。ほかにイスラム教徒のムーア人と呼ばれる人々もいる。

シンハラ人の仏教徒

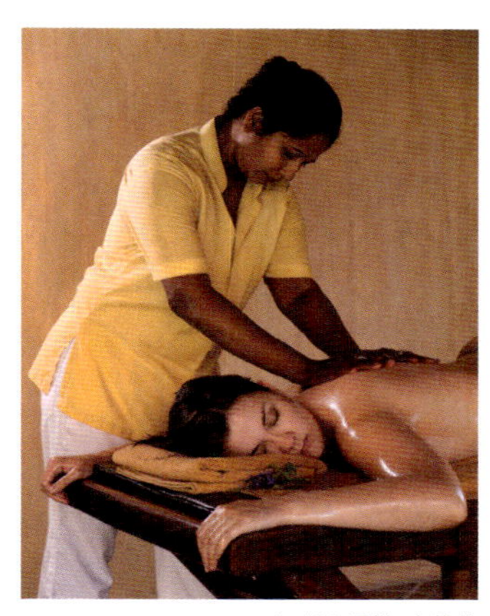
インドと同様、本格的なアーユルヴェーダが受けられる

明日誰かに教えたくなる

スリランカの雑学

▷仏陀（釈迦）が描かれた商品の持ち込みに注意

とても敬虔な仏教国のため、戒律がなかなか厳しい。ブッダの絵柄が書かれた商品が「侮辱にあたる」として没収された、ブッダのタトゥーを入れた観光客が拘束された、などが報告されている。また、写真撮影で仏像に背を向けるのは絶対にNG。

▷毎日3食カレーを食べる

スリランカやインドではスパイスを多用した料理全般をカレー（カリー）といい、3食とも同じ具材のカレーを食べるわけではない。さまざまな具材をスパイスで調理した多彩なメニューがある。

典型的なスリランカカレー

GUIDEBOOK

地球の歩き方
スリランカ

世界一の人口密度に圧倒される

バングラデシュ人民共和国

People's Republic of Bangladesh

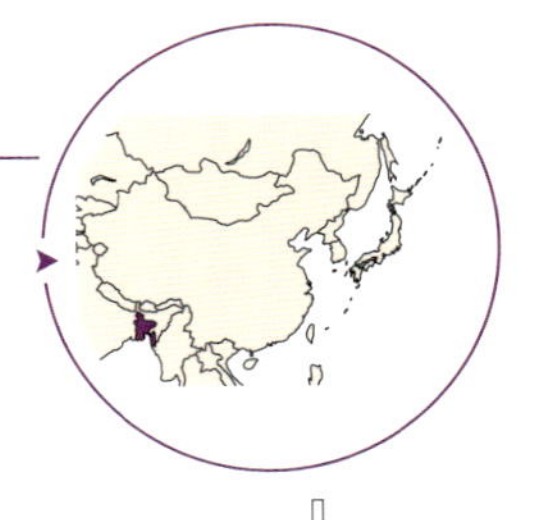

国旗の意味

緑は豊饒の大地、赤い丸は昇る太陽と独立戦争で流された血を表す。

ベンガル語でこんにちは

আসসালামু আ লাইকুম !

(アッサラーム アレイクム)

※イスラム教徒に対してのあいさつ

ベンガル湾に注ぐ大河ガンジスの河口一帯に位置する。豊富な水源と肥沃な土地が、穀物や繊維を採る植物ジュートの生産に適し、"黄金のベンガル"とまで呼ばれたが、現在はアジア最貧国のひとつ。日本の4割ほどの国土に世界第7位の人口、都市国家以外では世界で最も人口密度が高い。近年は労働力の豊富さと賃金コストの低さが注目され、外国の製造業が進出している。

DATA

人口：約1億6365万人　面積：約14万7000㎢　首都：ダッカ　言語：ベンガル語　民族：おもにベンガル人　宗教：イスラム教88.4%、ほかヒンドゥー教、仏教、キリスト教など11.6%　通貨：タカ　時差：日本より3時間遅れている　GNI：US$1750／人

左)リキシャと呼ばれる自転車タクシー
右)バングラデシュ名物の超満員電車

明日誰かに教えたくなる

バングラデシュの雑学

▷笑顔を見せるのは未熟さの証

バングラデシュを旅していると、あまり笑顔に出会うことがないと思うかもしれない。しかし、これは不愛想なのではなく、彼らは頻繁に笑うことは未熟さの証であると考えているから。

怒っているわけではない

GUIDEBOOK

地球の歩き方
バングラデシュ

ヒマラヤの秘境に位置する幸福の国

ブータン王国

Kingdom of Bhutan

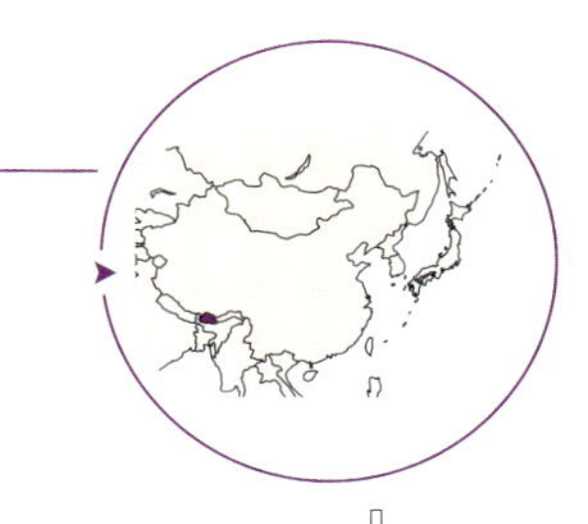

国旗の意味

黄は国王の世俗的権威、オレンジは宗教的な修行と精神力を表している。龍は国名に由来し、その体の純白は多言語、多民族からなる国民の国家に対する忠誠心を表現する。

ゾンカ語でこんにちは

སྐུ་གཟུགས་བཟང་པོ་ལགས། ！

（クズザンポーラ）

インドと中国に挟まれた小さな内陸国。ほとんどが敬虔なチベット仏教徒で、ゾンと呼ばれる行政機関と僧院を兼ねた城壁など、色彩豊かな伝統建築が点在する。南部の低地からヒマラヤまで7400m以上の高低差があり、低地では米、山岳部では果実や野菜が取れ、食糧自給率が高い。発展の指針としてGNH(国民幸福量)を取り入れ、物質よりも精神的な豊かさを大切にしている。

DATA

人口：約75万4000人　面積：約3万8394㎢　首都：ティンプー　言語：ゾンカ語(公用語)ほか　民族：チベット系50%、ネパール系35%ほか　宗教：ラマ教75.3%、ヒンドゥー教22.1%ほか　通貨：ニュルタム　時差：日本より3時間遅れている　GNI：US$3080／人

左）パロにあるタクツァン僧院はラマ教始まりの寺
右）ティンプーで行われる祭り

明日誰かに教えたくなる

ブータンの雑学

▷仏教の戒めが厳しい

敬虔な仏教国なので、不殺生戒がよく守られており、ハエや蚊を殺すのも嫌がられる。寺で仏像にお祈りする際にも、息がかからないように口元を覆わなければならない。

寺院に集まる僧侶たち

GUIDEBOOK

地球の歩き方
ブータン

イスラムの教えを静かに守るリゾート天国

モルディブ共和国

Republic of Maldives

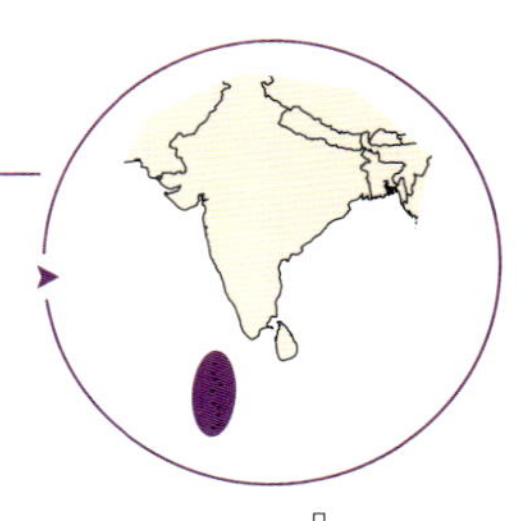

国旗の意味

赤は国民の勇気、緑は命の源とされるヤシの木を表す。三日月はイスラム教の象徴。

ディベヒ語でこんにちは

ނަލާޣުކުމާ!

(アッサラーム アレイクム)

インド洋に浮かぶ26の環礁と、それを形成する約1200の小さな島々。名前はサンスクリットで「島々の花輪」の意味。かつては漁民がほとんどの最貧国のひとつだったが、観光産業が成功し、GDPは南アジアでは最も高い。有人島は約200で、うちリゾートだけの島は100近いといわれる。海抜は最高で2.4m。温暖化での海面上昇とサンゴの死滅で国土が消滅する可能性がある。

DATA

人口:約51万2000人　面積:約298㎢　首都:マーレ　言語:ディベヒ語、英語　民族:モルディブ人(シンハラ人、ドラヴィダ人、アラブ人、オーストラリア人、アフリカ人などの混血)　宗教:イスラム教(スンニ派)　通貨:ルフィア　時差:日本より4時間遅れている　GNI:US$9310/人

左)モルディブの島々をつなぐ水上飛行機
右)洗練されたアイランドリゾートが点在する

明日誰かに教えたくなる

モルディブの雑学

▷ローカル島でのホテル営業が解禁

以前は旅行者の滞在が許されなかったローカルアイランドでのホテルの営業が2009年に解禁され、急激にその数が増加。格安なモルディブ旅行が可能になった。

地元の人々が住むマアフシ島

GUIDEBOOK

地球の歩き方
モルディブ

急成長を遂げる資源大国

カザフスタン共和国

Republic of Kazakhstan

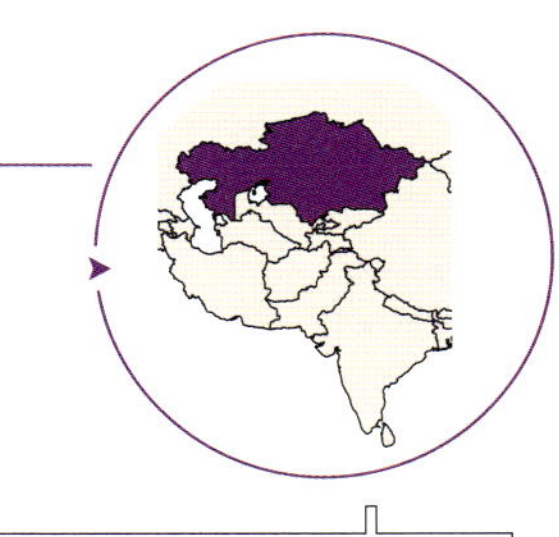

国旗の意味

金色の太陽と翼を広げて飛ぶワシが描かれている。左は伝統的な民族模様。

カザフ語でこんにちは

Сәлеметсіз бе!

(サレミエッシズベ！)

面積が世界第9位、内陸国では世界一の大国だが、国土の大半は人の住まないステップ地帯。国名は15世紀にウズベク人から分派した人口の約7割を占める民族カザフ人からきており、「解放奴隷」や「自由人」という意味だ。エネルギー資源や鉱物資源が豊富な資源大国。2019年3月には首都名が、アスタナから初代大統領の名ヌルスルタンに改称された。

DATA

人口：約1860万人　面積：約272万4900㎢　首都：ヌルスルタン　言語：カザフ語（国語）、ロシア語（公用語）　民族：カザフ系67.4%、ロシア系19.7%、ウズベク系3.1%ほか　宗教：イスラム教70.2%、ロシア正教26.3%ほか　通貨：テンゲ　時差：日本より3時間遅れている（西部は4時間）　GNI：US$7830／人

左）伝統的な衣装で土着の楽器を奏でる家族
右）ヌルスルタンの都市デザインは黒川紀章氏によるもの

明日誰かに教えたくなる

カザフスタンの雑学

▷110のうち99元素がある

メンデレーエフの化学元素表の110元素のうち、99元素がカザフスタンで見つかっている。世界的に見ても天然資源の豊富な国として知られている。

手つかずの自然が残る

GUIDEBOOK

地球の歩き方
中央アジア 収録

英雄ティムールを生んだシルクロードの宝石

ウズベキスタン共和国

Republic of Uzbekistan

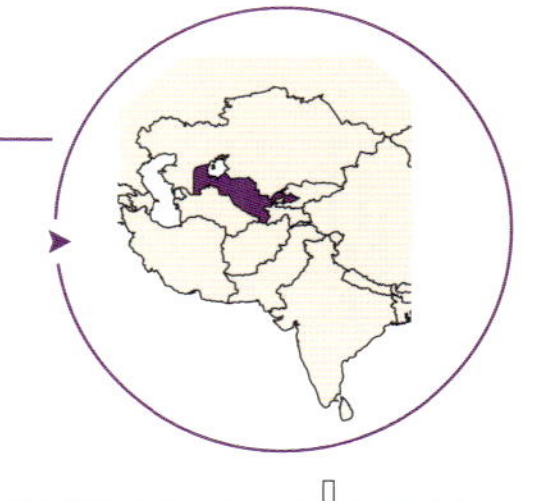

国旗の意味

青は空と水、白は平和、緑は自然を表す。月はイスラムを象徴し、12の地域を表す星が配されている。

ウズベク語でこんにちは

Salom !

（サローム）

旧ソビエト連邦を構成していた共和国のひとつ。シルクロードのほぼ中間地に位置し、交易地として東西から人々が行き交い、数々の物資や文化が運ばれ融合してきた。14世紀にはティムール帝国の中心地となり、15世紀と17世紀には独特な文化を開花させて繁栄した。その遺産であるモスクや霊廟などの壮麗なイスラム建築は当時の姿をとどめている。親日家が多く、これは首都タシケントにある第2次世界大戦後に日本人抑留者によって建築された劇場が、1966年の大地震でも唯一崩れず避難した市民の命を救った逸話に始まるもので、真面目さや勤勉さのイメージもあって親近感を抱かれているという。

DATA

人口：約3280万人
面積：約44万7400㎢
首都：タシケント
言語：ウズベク語が国語。ロシア語も広く使用されている
民族：ウズベク系83.8%、タジク系4.8%、カザフ系2.5%、ロシア系2.3%
宗教：イスラム教（スンニ派）88%、東方正教9%ほか
通貨：スム
時差：日本より4時間遅れている
GNI：US$2020／人

サマルカンドのレギスタン広場

COLUMN

“青の都” サマルカンド

レギスタン広場に立つ3つのメドレセ(神学校)、ティムール廟、ビビハニム・モスク、シャーヒズィンダ廟群など、さまざまな青が美しいサマルカンド。紀元前からシルクロードの中心都市マラカンダとして栄え、その美しさがたたえられていたが、一度はモンゴル軍の侵入で壊滅的な被害を受けている。それをよみがえらせたのがティムール。ティムール帝国を築いたモンゴル出身の英雄だ。遠征先から優れた技術者や芸術家を連れ帰り、世界一美しいとまでいわれる都市を造り上げた。サマルカンドは2001年に世界文化遺産に登録されている。

独特の青色は“サマルカンドブルー”と呼ばれる

COLUMN

おみやげに伝統雑貨を

ウズベキスタンの雑貨は、カラフルでエキゾチックだと特に女性にたいへん人気。ズザニと呼ばれる伝統的なクッションカバーは色鮮やかで、細やかな手仕事が美しい。陶器類も同様にカラフルで、インテリアとしても使えそうなほど。高級感あふれるシルク製品は自分へのご褒美に購入したい一品だ。アトラスと呼ばれる伝統模様を使った布製品も人気。

イスラムらしい幾何学模様の皿

メドレセ(神学校)やモスクの見えるヒヴァの町並み

明日誰かに教えたくなる

ウズベキスタンの雑学

▷イスラム教なのに偶像崇拝

サマルカンドのレギスタン広場に立つシェルドル・メドレセのファサード(建物正面)は動物や人の顔がモチーフにされている。偶像崇拝を禁止しているイスラム教ではまれなことだ。

▷多くの車がガスで走る

豊富な天然ガス資源があり安価なため、車の燃料はほとんどがガス。

▷炭水化物×炭水化物

主食はプロフ(ピラフ)とノン(パン)。プロフを食べるときには一緒にノンも食べる。

シェルドル・メドレセのファサードに描かれた動物や人の顔

GUIDEBOOK

地球の歩き方 中央アジア 収録

中央アジアのスイスと呼ばれる自然豊かな国

キルギス共和国

Kyrgyz Republic

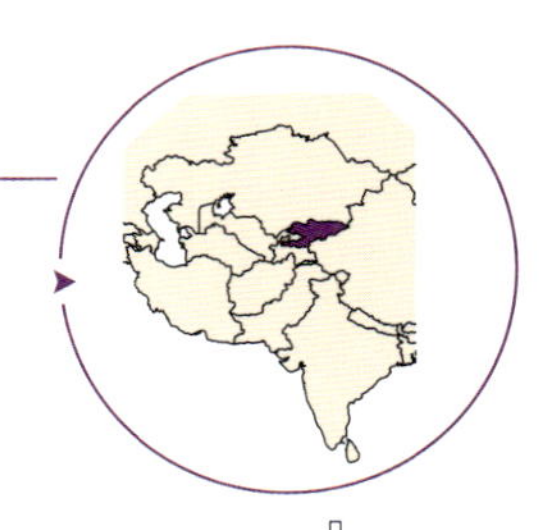

国旗の意味

テュンデュックと呼ばれるユルタ(遊牧民のテント)の天窓が描かれている。太陽は平和と豊かさを象徴。

キルギス語でこんにちは

Саламатсызбы !

(サラマッスズバ)

かつては周辺諸国の名同様キルギスタンと呼ばれていたが、1993年にキルギスへ変更。これは「〜スタン」がもともとペルシア語で「国」を意味するため、「共和国」との二重表記を避けたとされる。国土の約40%は雄大な自然が残る標高3000m以上の高地。北西にある巨大な湖イシク・クルは、厳しい冬にも凍らないので熱い湖を意味するが、実際は塩分が濃いのが原因。

DATA

人口:約620万人　面積:約19万8500㎢　首都:ビシュケク　言語:キルギス語(国語)、ロシア語(公用語)　民族:キルギス系73.3%、ウズベク系14.7%、ロシア系5.6%ほか　宗教:おもにイスラム教(スンニ派)　通貨:ソム　時差:日本より3時間遅れている　GNI:US$1220/人

左)山に点在するユルタ(テント)
右)ユルタの中にいる親子

明日誰かに教えたくなる

キルギスの雑学

▷見た目が日本人にそっくり!?

「かつてキルギス人と日本人は兄弟で、肉が好きな人が西へ行きキルギス人となり、魚が好きな人が東に行って海を渡り日本人になった」という俗説がキルギスにはある。

キルギスの鷹匠

GUIDEBOOK

地球の歩き方
中央アジア 収録

国土の90%が山岳地帯

タジキスタン共和国

Republic of Tajikistan

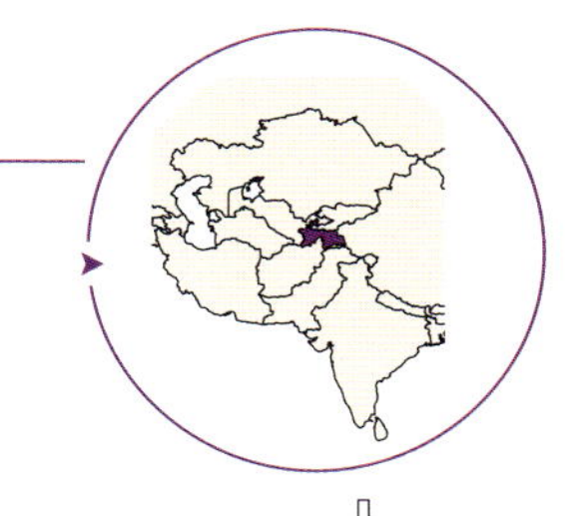

国旗の意味

赤は太陽、勝利、国の統一、白は純潔性、雪、特産の綿、緑はイスラム、自然の恵みを表し、7つの星は幸福と完全のシンボル。

タジク語でこんにちは

Ассалому алейкум!

(アッサロム アレイクム)

中央アジア5ヵ国で唯一イラン系の民族を主体とする国。1991年の独立と同時に政治的混乱が起こり、旧ソ連で唯一内戦を経験した。1997年の和平合意で終結したが、それまでの戦闘は非常に激しく、強権的とされる1994年に就任のラフモン大統領が長期政権なのはこの戦争疲れによる支持といわれる。7000m級の山々が連なるパミール高原の大自然が美しい。

DATA

人口:約930万人　面積:約14万3100㎢　首都:ドゥシャンベ　言語:タジク語が公用語。ロシア語も広く通じる　民族:タジク系84.3%、ウズベク系12.2%、キルギス系0.8%、ロシア系0.5%ほか　宗教:イスラム教(ほとんどがスンニ派)　通貨:ソモニ　時差:日本より4時間遅れている　GNI:US$1010/人

左)エメラルド色のイスカンデルクル湖
右)パミール高原の壮大な景色

明日誰かに教えたくなる

タジキスタンの雑学

▷つながり眉毛は美人の条件

なんとこの国では眉毛がつながっていることが美人の条件。眉間を染料で塗って人工的につなげるのだとか。ほかの中央アジア諸国でもよく見られる習慣。

基本的に眉毛は濃い

GUIDEBOOK

地球の歩き方
中央アジア収録

豊かな自然に囲まれた独裁国家

トルクメニスタン

Turkmenistan

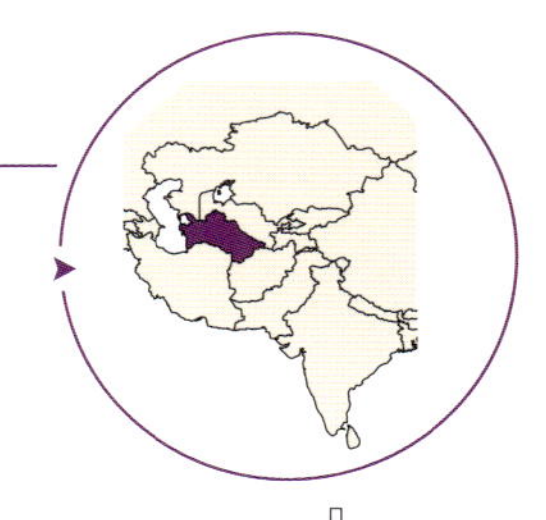

国旗の意味

月はイスラムの象徴で5つの星は州を表す。左の帯には伝統的な絨毯の模様と、平和や中立を表すオリーブが描かれている。

トルクメン語でこんにちは

Salam !

（サラーム）

カラクム砂漠が国土の85%を占めるため、人が暮らすのは南部の山沿い。豊富な石油や天然ガスがあり経済は豊か。永世中立国として国連に承認されている。複数政党制だが、事実上は一党独裁。首都アシガバットは、世界で最も大理石張りの建造物が集まる都市としてギネス認定されている。天然ガスに火がつき40年以上燃え続ける地獄の門というクレーターが有名。

DATA

人口：約590万人　面積：約48万8000㎢　首都：アシガバット　言語：トルクメン語が公用語。ロシア語も広く通じる　民族：トルクメン系76.7%、ウズベク系9.2%、ロシア系6.7%、カザフ系2%ほか　宗教：おもにイスラム教（スンニ派）　通貨：マナト　時差：日本より4時間遅れている　GNI：US$6740／人

左）大統領の宮殿とアシガバットの町並み
右）地獄の門と呼ばれる穴では天然ガスが燃え続けている

明日誰かに教えたくなる

トルクメニスタンの雑学

▷若者のひげは禁止されている

一般的にイスラム教ではひげを伸ばすことが奨励されているが、ニヤゾフ前大統領により40歳未満の若い男性がひげを生やすことが法律で禁止されている。また、長髪も禁止。

特に禁止の理由は説明されていない

GUIDEBOOK

地球の歩き方
中央アジア収録

いまだ混迷を極める歴史ある多民族国家

アフガニスタン・イスラム共和国

Islamic Republic of Afghanistan

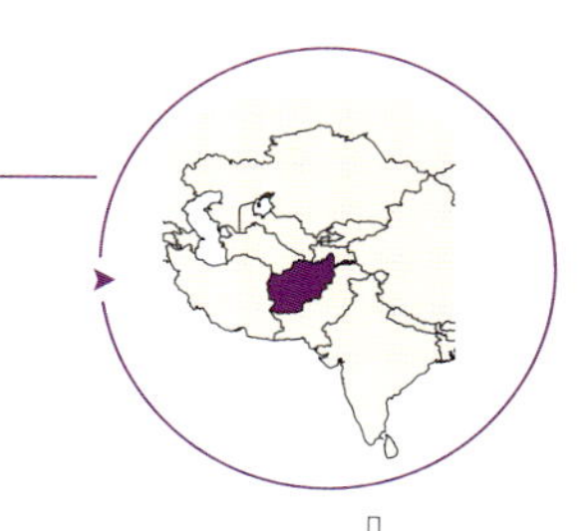

国旗の意味

イスラム教の五行のひとつ、シャハーダ(信仰告白)とモスクが描かれている。

ダリー語でこんにちは

سلام علیکم !

(サラーマレークム)

1979年にソ連軍が侵攻して以来、ずっと混乱状態の中にあり、これに乗じたタリバンやISなどといった勢力が交錯し収拾は困難な状態にある。しかし、バーミヤンの石窟やジャムのミナレット(尖塔)などの遺跡、標高5000mを超えるパミール高原の絶景など、魅力的なスポットは多い。また「ナンと玉ねぎは楽しい気分で食べる」ということわざから、旅人を食事でもてなす習慣がある。

DATA

人口:約2916万人　面積:約65万2225㎢　首都:カブール　言語:ダリー語、パシュトゥー語が公用語　民族:パシュトゥーン人、タジク人、ハザラ人、ウズベク人ほか　宗教:イスラム教　通貨:アフガニー　時差:日本より4時間30分遅れている　GNI:US$550／人

左)タリバンに破壊されたバーミヤンの石窟遺跡
右)パミール高原を流れるパンジ川

アフガニスタンの雑学

▷ 毎週木曜日は詩の夜

アフガニスタンでは詩を楽しむ文化が定着しており、特に西部のヘラートという都市では、毎週木曜に老若男女が集まり、お茶とお菓子を用意して詩を吟じ合う。社会問題を取り扱うことも多く、イスラム教における女性の権利は人気のテーマ。

花々も詩の重要なテーマ

イスラム教シーア派の盟主

イラン・イスラム共和国

Islamic Republic of Iran

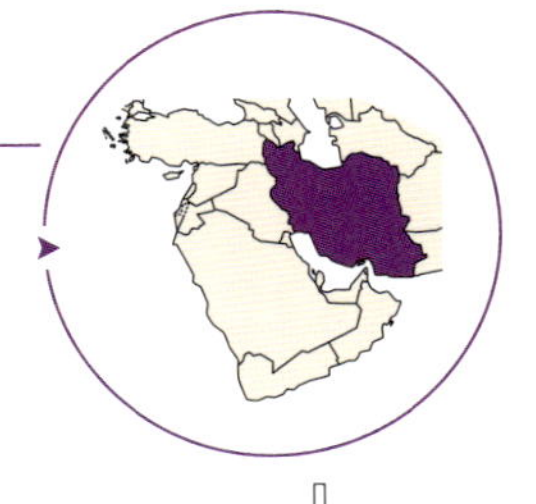

国旗の意味

4つの三日月と剣はイスラムの五行を表す。白いアラビア文字は「神は偉大なり」と書かれている。

ペルシア語でこんにちは

سلام !

（サラーム）

自国中心の政策を強権に進める一面からアメリカと対立し、世界を揺るがすニュースが注目を集めるが、実はたいへんな親日国であり、国民にも日本人への友好感情は強い。ペルシア語には「お疲れさまです」のような相手を気遣う表現があり、「もてなし」や「人情」を大切にするなど日本との共通点が多いためといわれている。ペルシア帝国として2000年以上も独自の文化を育んできた歴史があり、紀元前の壮大なペルセポリスの古代遺跡を筆頭に、歴代の王の贅を尽くした宮殿や、繊細に装飾された美しいモスクの数々など観光資源が豊富。治安も比較的よく、旅のしやすい魅力的な国である。

DATA

人口：約8000万人
面積：約164万8195㎢
首都：テヘラン
言語：ペルシア語が公用語。ほかにトルコ語、クルド語など
民族：ペルシア人、アゼリ人、クルド人、ロル人、バローチ人、アラブ人、トルクメン人、トゥルク系など
宗教：イスラム教（シーア派9割、スンニ派1割）99.4％ほか、ゾロアスター教、ユダヤ教、キリスト教など
通貨：イラン・リヤル
時差：日本より5時間30分遅れている（サマータイムあり）
GNI：US$5470／人

モスクや宮殿に囲まれたイスファハンのイマーム広場

COLUMN

イスラム教シーア派とは

イスラム教徒はまず大きくふたつの宗派に分けられる。スンニ派とシーア派だ。シーア派とは、ムハンマドの血縁である4代目カリフ、アリーとその子孫のみが預言者代理の資格をもち、イスラム共同体の指導者の職務を後継する権利をもつと主張する派閥。スンニ派が多数派を占めるイスラム圏において、シーア派が9割のイランがその盟主として君臨している。ほかにシーア派の数が多いのがイラク、アゼルバイジャン、バーレーンなどだ。イランはシーア派の中でも十二イマーム派に分類され、日本でシーア派という場合、この十二イマーム派を指す場合が多い。

ヤズドの町を歩く男女

COLUMN

中東で最多を誇る世界遺産

イスファハン、ペルセポリス、シューシュ——。イランにはかつてのペルシアの栄華を物語る遺跡が国内各地に残されている。ペルシア以外にも、エラム王国、モンゴル帝国など、各民族が行き来した激動の歴史を物語る遺跡が点在。紀元前3000年前から現在まで、約5000年分の史跡を擁し、世界遺産の登録物件数は中東諸国で最多を誇る。

ペルセポリスのレリーフ

夕方、人々でにぎわうイスファハンの伝統的なバザール

明日誰かに教えたくなる

イランの雑学

▷女性は整形して鼻を低くする

女性は目鼻立ちのはっきりした美人が多いが、その高すぎる鼻がコンプレックスで、わざわざ美容整形して鼻を低くする人が多い。ちなみに女性の約8割が整形しているという説もある。

▷チーターが生息している

イランには珍獣とされるアジアチーターが生息し、絶滅危惧種に指定されている。

▷ネクタイはつけない

ネクタイは西洋文化の象徴で、身につけるのは好ましくないとされている。

首都テヘランの町並み

GUIDEBOOK

地球の歩き方
イラン
ペルシアの旅

2000年の時を超えて建国されたユダヤ人の国

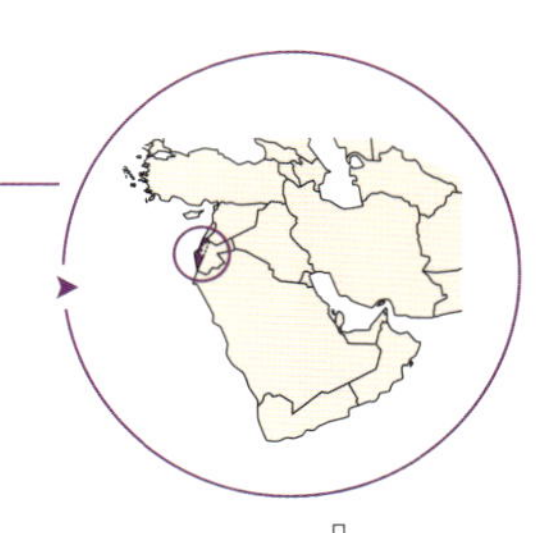

イスラエル国

State of Israel

国旗の意味

中心にあるのはダビデの星で、上下の青い帯は祈祷用の肩掛けを意味する。

ヘブライ語でこんにちは

שלום!

（シャローム）

2000年以上前、この地にあったユダヤ人の国が滅ぼされ、世界各地へ逃れていた人々が、再び同じ場所で自分たちの国をと移住し、70年ほど前に建国された。すでに定住していたアラブ人とは紛争となり、現在も解決されないまま続いている。首都エルサレムはユダヤ教、キリスト教、イスラム教の聖地とされ、嘆きの壁はアラブ人とユダヤ人の武力衝突を象徴する場所でもある。国内は自由な雰囲気にあふれ、美しいビーチリゾートなども多い。特に金融都市テルアビブは、若者が牽引する音楽、映画、ダンスなどの現代カルチャーが盛んで、LGBTの活動も積極的に受け入れられている。

DATA

人口：約888万人
面積：約2万2000㎢
首都：エルサレム（日本を含め国際社会の大多数には認められていない）
言語：ヘブライ語、アラビア語
民族：ユダヤ人75%、アラブ人そのほか25%
宗教：ユダヤ教75%、イスラム教17.5%、キリスト教2%、ドルーズ派1.6%
通貨：新シェケル
時差：日本より7時間遅れている（サマータイムあり）
GNI：US$4万850／人

左）ロスチャイルド大通りにあるおしゃれなレストランでくつろぐ人々
右）嘆きの壁で祈りをささげるユダヤ人男性

COLUMN

3つの宗教の聖地 エルサレム

ユダヤ人にとってエルサレムは、約束の地カナンの一部であり、嘆きの壁がある場所。もともと祖先アブラハムが信仰心を試された「聖なる岩」があり、そこにヘロデ王がエルサレム神殿を建てた。これが歴史上2度も破壊され、その唯一残された外壁が嘆きの壁と呼ばれている。一方、キリスト教にとっては、キリストが十字架にかけられたゴルゴダの丘がある聖地。また、イスラム教にとっても、岩のドームがある第3の聖地。ユダヤ教と同じ「聖なる岩」が神聖視され、そこに記念堂が建てられている。

聖なる岩がある岩のドーム

COLUMN

クムランで発見された死海文書

1947年、ベドウィン（遊牧民）の羊飼いの少年が、死海沿岸の町クムランの洞穴で壺に入った巻物を発見した。これがいわゆる死海文書。発見された旧約聖書と聖書関連の書物は紀元前2世紀のもので、「20世紀最大の考古学的発見」ともいわれる。クムランの博物館で見ることができる。

修復・解読が進められている

テルアビブにあるアズリエリ・センター。低層階にはショッピングモールがある

明日誰かに教えたくなる

イスラエルの雑学

▷シェルターを標準装備

パレスチナなどからの攻撃に備えて、一般家庭でもボムシェルター（爆弾から身を守るシェルター）などのセキュリティルームの設置が、なんと法律で義務付けられている。

▷食べ物に関する規律が厳しい

食べてもいい動物はまず草食動物で、ひづめが分かれ、反芻することが条件（ラクダや豚はNG）。水生生物は、ひれとうろこがあるものは食べてもよい。これらの規律はコーシェルと呼ばれ、これを満たした食べ物のみ、ユダヤ教徒は食べられる。

健康食としても人気のフームス

GUIDEBOOK

地球の歩き方
イスラエル

観光地として人気の中東のシェルター

ヨルダン・ハシミテ王国

Hashemite Kingdom of Jordan

国旗の意味

黒、白、緑は、それぞれアッバース朝、ウマイヤ朝、ファーティマ朝を、赤はハーシェム家を表す。七稜星はコーランの一節を象徴。

アラビア語でこんにちは

السلام عليكم !

（アッサラーム アレイクム）

ヨルダン川東岸に位置するイスラム教の立憲君主国。シリアやイラク、イスラエル、パレスチナなど不安定な国々と接するが、政情は比較的安定し、中東のシェルターと呼ばれる。イスラム穏健派で親西側・欧米政策を取るが、イスラム諸国とも協調する全方位外交を展開し、この地域の平和と安定に重要な役割を担う。第1次世界大戦下、オスマン帝国の弱体化を図ったイギリスが委任統治領化し、1923年にトランスヨルダン王国を成立させる。このときの英政府代表者が映画『アラビアのロレンス』で有名なT・E・ロレンス。独立は1946年。国土の8割が砂漠で資源に乏しいが、ペトラ遺跡や死海など、観光資源は豊か。

DATA

人口：約995万6000人
面積：約8万9000㎢
首都：アンマン
言語：アラビア語（英語も通用）
民族：ヨルダン人69.3%、シリア人13.3%、パレスチナ人6.7%、エジプト人6.7%、イラク人1.4%、そのほかアルメニア人、チェルケス人など2.6%
宗教：イスラム教97.2%（おもにスンニ派）、キリスト教2.2%、仏教0.4%、ヒンドゥー教0.1%、ほかユダヤ教など
通貨：ヨルダン・ディナール
時差：日本より7時間遅れている（サマータイムあり）
GNI：US$4210／人

左）ペトラ遺跡のシンボル、エル・ハズネ　右）土色の建物が密集するアンマンの町並み

COLUMN

壮大な古代遺跡ペトラ

見どころの多いヨルダンにおいて、一生に一度は訪れたいといわれる古代遺跡がペトラ。紀元前1世紀頃からナバタイ人によって建てられたもので、1日ではとても回り切れない壮大な遺跡群が広がっている。なかでもエル・ハズネと呼ばれる、岩山を削り取って作られた岩窟墓はペトラ遺跡のシンボル。エル・ハズネまで続く、岩山の狭間を走るシークと呼ばれる道も圧巻の迫力だ。ナバタイ以前、以後の史跡も複合的に残されており、この地域の歴史を知るうえで大変貴重な遺跡として知られている。

壺の墓と呼ばれる遺跡

COLUMN

死海の恵みで美しく

海抜マイナス420mと陸上で最も低い場所にある死海。紫外線が届きにくく、水や泥は豊富なミネラル分が肌によいとされ、ユダヤの王ヘロデやクレオパトオラもその恩恵にあずかったといわれる。沿岸にはスパ施設の整ったリゾートが建ち並ぶので、ぜひ滞在してその効果を試したい。死海ミネラル配合のコスメグッズを持ち帰るのもおすすめ。ヨルダンは小さな国なので、死海リゾートに滞在しながら、ここを拠点にペトラやアンマン、ワディ・ラムなどの観光地を巡る旅行者も多い。

死海にはラグジュアリーなリゾートが並ぶ

明日誰かに教えたくなる

ヨルダンの雑学

▷聖書にまつわる史跡が多い

ヨルダン川沿岸はイエスが活動をした場所。ヨハネに洗礼を受けた場所はヨルダンとイスラエルの国境にあり、ヨルダン側からもアクセス可能。モーセ終焉の地であるネボ山もヨルダン川の近く。

イエスが洗礼を受けた場所

▷王室は預言者と同じ家柄

ヨルダン王室は預言者ムハンマドを生んだハーシェム家の出身。イラクの王室もハーシェム家だったが、1958年のイラク革命により途絶えた。アブドゥッラー２世国王はラーニア王妃とともに国民に人気がある。

GUIDEBOOK

地球の歩き方
ペトラ遺跡と
ヨルダン レバノン

古きよきアラビア世界を残す海洋王国

オマーン国

Sultanate of Oman

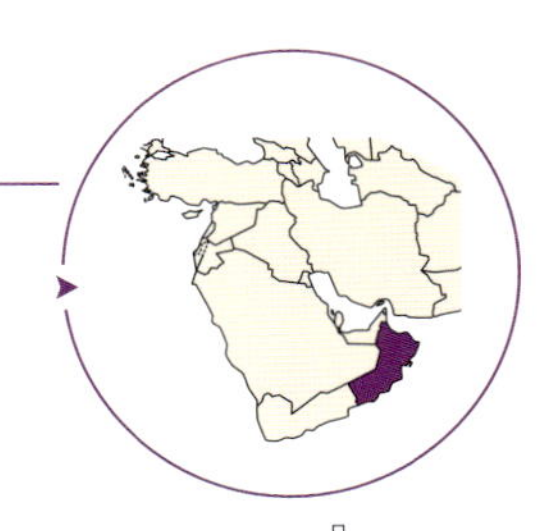

国旗の意味

赤は国の防衛、白は平和、緑は農作物と繁栄を象徴。半月刀と太刀が交差した紋章はスルタンの威厳を表す。

アラビア語でこんにちは

السلام عليكم !

（アッサラーム アレイクム）

古くから海洋王国として知られてきた。特に7世紀以降、オマーン湾に面したソハールの港はアラビア半島随一の規模を誇り、アフリカから中国の広東まで広がる交易拠点として大いに栄えた。『アラビアン・ナイト』の船乗りシンドバッドはこの港から出港したといわれている。1970年まで保守的な鎖国政策をとってきたが、カブース前国王（2020年崩御）が政権を奪取して以来、積極的な開国政策を展開。現在はアラブの中立国として各国の仲裁役としての地位を確立している。アラブにあって紛争とは縁遠く、平和な雰囲気に満ちた国で、独特の遺産や自然も多く残されていて、旅先としてもとても魅力的だ。

DATA

人口：約466万人
面積：約30万9500㎢
首都：マスカット
言語：アラビア語（公用語）、英語、バローチ語、スワヒリ語、ウルドゥー語、インド方言
民族：アラブ人、バローチ人、南アジア系（インド、パキスタン、スリランカ、バングラデシュ）、アフリカ系
宗教：イスラム教徒85.9%、キリスト教6.5%、ヒンドゥー教5.5%、仏教徒0.8%ほか
通貨：オマーン・リヤル
時差：日本より5時間遅れている
GNI：US$1万5110／人

伝統的なダウ船の浮かぶマトラの港

COLUMN

麗しい香り漂う国

古くから貿易で栄えたオマーンだが、当時の輸出品の代表が乳香(フランキンセンス)。カンラン科ボスウェリア属の植物の樹液を固めたもので、高価なお香として珍重されてきた。オマーンやイエメン、エチオピアなど、自生する場所が限られ、オマーンのサラーラ地方のものは高品質で知られる。首都マスカットのマトラのスーク(市場)では乳香が焚かれ、エキゾチックな雰囲気が漂う。

香りといえば、高級香水アムアージュも有名。オマーン王室お抱えのブランドで、世界で最も高価な香水のひとつとして知られている。シャネルやディオールなどと同じく、フランス南部のロベール家が調香を担当している。

高貴な香りのする乳香

COLUMN

昔ながらの灌漑用水路が世界遺産に

ハジャル山地周辺の村では、ペルシア時代に築かれた灌漑用水路ファラジュが残されている。岩山の斜面にへばりつくように広がる家々の間をぬうように用水路が走り、これを利用して農業が行われている。国内には3000以上あるが、2006年、ニズワ周辺の5つが世界遺産に登録された。

子供の遊び場でもある

ハジャル山地の中腹に位置するニズワではヤギの市場が開かれる

明日誰かに教えたくなる

オマーンの雑学

▷かつてアフリカにも領土をもつ海洋王国だった

19世紀に最盛期を迎えたオマーンは、現在のタンザニア、ケニア、ソマリアに及ぶ海岸地帯を支配下におき、ザンジバルを首都として大帝国を築いた。ザンジバルには今でもかつてのスルタンの居城やアラブ風の町並みが残されている。

▷アラブで最もテロから遠い国

2019年のグローバルテロリズムインデックスによると、オマーンは危険ランキング最下位。アラブ世界はおろか世界でも最もテロリズムの可能性が少ない国との評価を受けている。

マスカットにある豪華なモスク

GUIDEBOOK

地球の歩き方 ドバイとアラビア半島の国々 収録

ふたつの聖地を擁する厳格なイスラム教国

サウジアラビア王国

Kingdom of Saudi Arabia

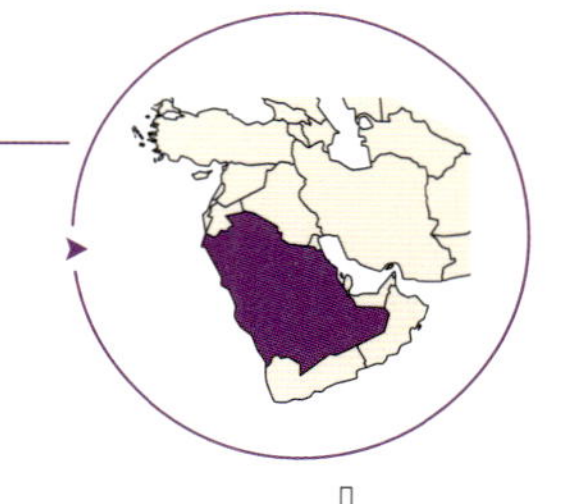

国旗の意味

イスラム教を示す緑の地に、シャハーダ(信仰告白)をデザイン化した文字と、メッカの守護を表す白い剣が描かれている。

アラビア語でこんにちは

السلام عليكم !

(アッサラーム アレイクム)

アラビア半島の約8割を占める砂漠の国。絶対君主制を布き、世界でも数少ない統治王家名がそのまま国名で、サウード家によるアラビアの王国を意味する。現国王の第7代サルマーンまで、歴代国王全員が初代アブドゥルアジズの息子。ムハンマドが生まれたイスラム教発祥の地で、メッカ、メディナの2大聖地があり、多くの巡礼者が訪れる。厳しい戒律に基づく法体制はたびたび人権問題ともなるが、中東最大のアメリカ同盟国のため、西側諸国は表立った非難をしない。原油埋蔵量が世界2位で、生産量もアメリカと1、2位を争う。近年は石油依存経済からの脱却を目指して改革も進められている。

DATA

人口:約3370万人
面積:約215万㎢
首都:リヤド
言語:アラビア語
民族:アラブ人90%、アフリカ系アジア人10%
宗教:イスラム教(9割がスンニ派)。ほか東方正教、プロテスタント、カトリック、ユダヤ教、ヒンドゥー教、仏教、シーク教など
通貨:サウジアラビア・リヤル
時差:日本より6時間遅れている
GNI:US$2万1540/人

左)最大の聖地メッカのカアバ神殿で礼拝をするイスラム教徒
右)首都リヤドのシンボル、キングダム・タワー

COLUMN

イスラム教で最も重要な聖地メッカ

メッカはイスラム世界で最も重要な聖地。イスラム暦の第12月、ハッジと呼ばれる巡礼の時期になると、真っ黒なカアバ神殿を取り囲むように、モスクが無数の人々で埋め尽くされる。世界中から集まるムスリム(イスラム教徒)は200万人を超えるという。ちなみにカアバ神殿は、アブラハムとその息子が天国にある神の館を模して建てたもの。この建物こそがキブラ(礼拝の方角)であり、イスラム教徒はこの方角に向かって1日5回の礼拝を行っている。メッカへの巡礼はイスラムの教えの中核をなす五行のひとつで、イスラム教徒なら誰しも一生に一度の巡礼を望みとしている。

メディナにある預言者のモスク

COLUMN

ついに観光ビザの発給を開始

保守的なイスラム教の国であったサウジアラビアだが、石油依存からの脱却を図るため、「ビジョン2030」という改革計画を発表し、その一環で観光ビザの発給を開始した。対象となる49ヵ国には日本も入っている。憧れつつも渡航がかなわなかった多くの旅好きにとっては大きなニュースとなった。イスラム教で最も神聖な地であり、ナバタイ人の遺跡マダイン・サーレハや歴史都市ジェッダなど、5つもの世界遺産をもつこの国は、魅力的な観光地として世界的に注目されている。

上)ナバタイ人の遺跡、マダイン・サーレハ
下)古い建物が残るジェッダの旧市街

明日誰かに教えたくなる

サウジアラビアの雑学

▷聖地に入れるのはイスラム教徒だけ

イスラム教の2大聖地であるメッカとメディナは、イスラム教徒以外の立ち入りは厳しく禁止されている(町自体に入ることができない)。

▷女性は意外に楽しそう?

世界でも最も厳格なイスラム教国家といわれ、女性の人権に関するニュースが大きく報道されてきた。女性の生活はさぞ堅苦しくて息が詰まるのかと思いきや、実際は逆なのだとか。女性専用の部屋や時間が設けられ、アバヤの下に金や宝石を身に着ける彼女らに悲壮感はないそうだ。

ショッピングを楽しむ女性たち

GUIDEBOOK

地球の歩き方
ドバイとアラビア半島の国々 収録

東洋と西洋が交わる神秘の国

トルコ共和国

Republic of Turkey

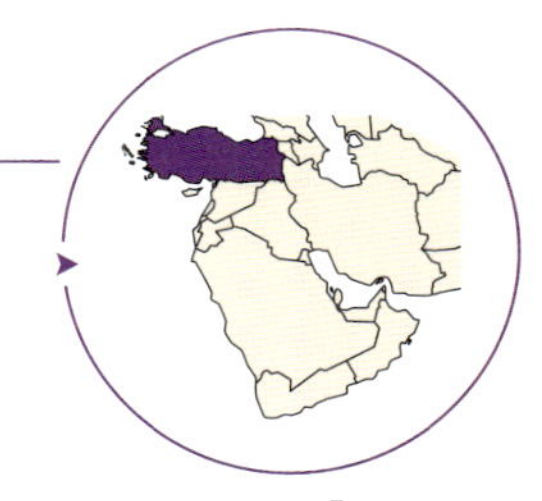

国旗の由来

一説にはオスマン帝国初代皇帝の夢に三日月と星が現れ、コンスタンティノープルの征服を預言したという話が由来。

トルコ語でこんにちは

Merhaba !

(メルハバ)

イスタンブールはボスポラス海峡を挟んでアジア側とヨーロッパ側に分かれ、"欧州とアジアの懸け橋"と呼ばれる。工業と商業、農業を主産業とし、GDPは世界第19位(2018年)と中東では屈指の経済大国。14世紀から栄えたオスマン帝国が、西アジアから東ヨーロッパ、北アフリカにまでいたる栄光の大帝国を築いたが、19世紀には衰退。1923年にトルコ共和国としてほぼ今の領土になった。国民の多くがイスラム教スンニ派だが、建国の父アタテュルクは厳格に政教分離を行い、宗教色を排除することで経済を発展させてきた。アジア、欧州、アラブに影響を及ぼし、世界の安定のカギとなる国。親日国としても知られる。

DATA

人口:約8200万人
面積:約78万576㎢
首都:アンカラ
言語:トルコ語
民族:トルコ人70〜75%、クルド人19%、ほか少数民族
宗教:イスラム教(スンニ派)99.8%。ほかにギリシア正教、アルメニア正教、ユダヤ教など
通貨:トルコ・リラ
時差:日本より6時間遅れている
GNI:US$1万380/人

左)夕日に照らされるイスタンブールの町　右)カッパドキアでは熱気球が人気

COLUMN

知っておきたい日本とトルコのつながり

トルコは世界でも指折りの親日国。若者はアニメが大好きで、日本製品は質がいいと大評判。旅をしていると日本人だからという理由だけで親切にされることも多い。この親日感情のきっかけとなったのが、よく知られる1890年のエルトゥールル号の海難事故。親善使節団としてオスマン帝国から派遣されたエルトゥールル号が帰国の途についた際、台風のなか、和歌山県大島の樫野埼沖で座礁し、587名の死者が出る大海難事故が発生した。このとき大島の島民は不眠不休で生存者の救助、遺体捜索にあたり、69名の生存者は無事イスタンブールに帰り着くことができた。これに対し、1985年のイラン・イラク戦争の際にはイラン在留邦人の救出にトルコ航空機が出動し、約200名が無事帰国している。

COLUMN

考古学の常識を覆した遺跡

シャンルウルファの郊外に1万年以上前にも遡るといわれるギョベクリ・テペの遺跡がある。これはメソポタミア文明よりも5000年以上も昔の遺跡。環状に並ぶ巨石は宗教施設とみられ、農耕が始まる前に宗教が存在していたということで世界を驚かせた。2018年には世界遺産に登録されている。現在も発掘調査は進められている。

環状に並ぶ石

上)エフェスの古代遺跡　下)ネムルト山に残る神像の頭部

明日誰かに教えたくなる

トルコの雑学

▷国の英雄を知らないと馬鹿にされる?

近代トルコ建国の父ケマル・アタテュルクはトルコの英雄。それほど詳しく知っている必要はないが、彼のことをまったく知らないと、軽く軽蔑の念を抱かれることも。愛国心が強く、言論弾圧が強まりつつあるトルコでは、彼らのナショナリズムを批判すると逮捕される場合もある。

▷OKマークは侮辱のしるし

親指と人差し指で丸を作り、残り3本の指を立てたサインは、相手を侮辱したいときにやる動作とされる。

車に描かれたアタテュルク

GUIDEBOOK

地球の歩き方
イスタンブールとトルコの大地

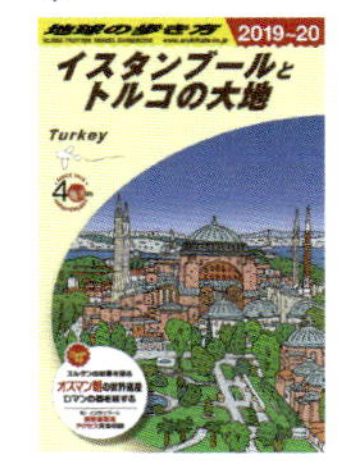

ドバイやアブダビなど個性豊かな7つの首長国で構成される

アラブ首長国連邦

United Arab Emirates(U.A.E.)

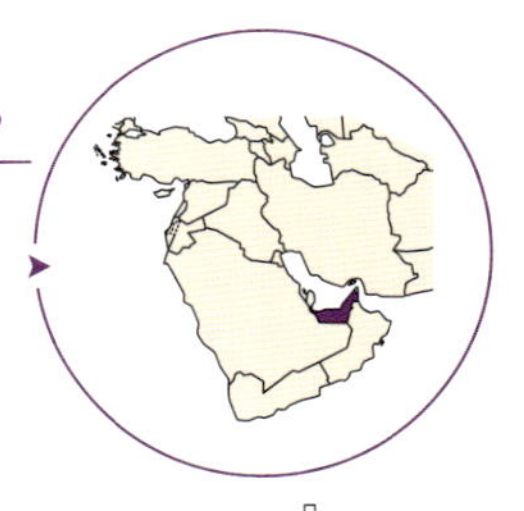

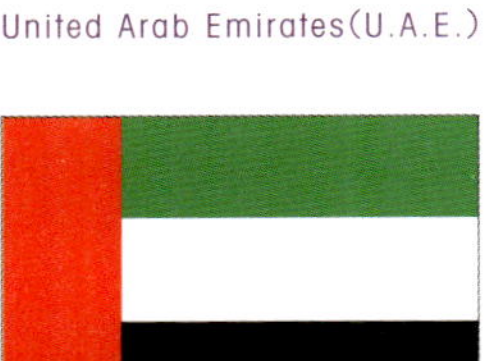

国旗の意味

緑は豊かな国土を、白は清浄を、黒は過去の圧政を、赤は聖戦で流れた尊い血の犠牲を表す。

アラビア語でこんにちは

السلام عليكم !

(アッサラーム アレイクム)

首長とはイスラム世界で王族を表す君主号で、アラビア語で「司令官」を意味する言葉が転じたもの。つまり首長国は王国とほぼ同義。U.A.E.はこの7つの首長国で構成される連邦制国家だ。しかし、経済、治安、社会福祉、教育、インフラ整備など多くの権限は各国にあり、連邦政府は外交、軍事、通貨などを担当する。連邦の予算の8割は石油資源に恵まれたアブダビ、1割を経済活動が盛んなドバイ、残りの1割が連邦政府としての税収で、ほか5つの首長国は負担していない。世界的に人気のドバイに続けと近年はアブダビでも観光開発も盛ん。外国人労働者が人口の大半を占めるために英語がよく通じる。

DATA

人口:約963万人
面積:約8万3600㎢
首都:アブダビ
言語:アラビア語(公用語)、英語、ヒンディー語、マラヤーラム語、ウルドゥー語、パシュトー語、タガログ語、ペルシア語
民族:U.A.E.人11.6%、南アジア人59.4%、エジプト人10.2%、フィリピン人6.1%ほか
宗教:イスラム教(公式)76%、キリスト教9%、ほかヒンドゥー教、仏教徒、ゾロアスター教、バハーイー教、ドルーズ派、シーク教ほか
通貨:ディルハム
時差:日本より5時間遅れている
GNI:US$4万1010/人

左)バージュ・ハリファ(世界で最も高いビル)をはじめさまざまなビルが立つ　右)アブダビのシェイク・ザイード・グランド・モスク

COLUMN

国を牽引する首長国 ドバイ

昼間に空路でドバイに向かうと、自然が作り出した美しいクリーク(入江)を空から一望できる。このクリークが、交易地としてドバイが発展した大きな要素になっている。かつてのおもな産業はダウ船の造船、アラビア湾での真珠取りだったが、1930年代には日本で真珠養殖技術が開発され、大打撃を受けている。当時は大恐慌の時代でもあり、経済はみるみる低迷。しかし1950年に新首長となったシェイク・ラシッドは石油採掘事業の産業基盤を整え、外国企業に優遇処置をとるなど、商業を奨励し手腕を振るった。現在でも「ドバイ建設の父」として人々の尊敬を集めている。

クリークを行くアブラ(渡し舟)

COLUMN

ドバイは世界一がいっぱい

2018年にオープンしたドバイフレーム。高さ150m、幅90mの世界一大きなフレームとして話題になった。上部はスカイデッキになっており、ドバイの町並みを一望できる。ドバイで世界一といえばバージュ・ハリファも忘れてはならない。地上160階建て、828mの世界一高いビルで、ギネスブックにも登録されている。

新たなランドマーク、ドバイフレーム

ジュメイラ・ビーチに立つ、7つ星とも称される超高級ホテル、バージュ・アル・アラブ

明日誰かに教えたくなる

アラブ首長国連邦の雑学

▷U.A.E.人はどこにいる!?

ドバイの町(特にデイラなどの下町)を歩いていると出会うのはほとんどがアジア・アフリカ系の人々。なんと彼ら外国人が人口の9割近くを占めている。U.A.E.人の生活を見てみたいなら、ドバイとアブダビ以外の首長国まで足を延ばしてみるのもおすすめ。

▷最も開放的なイスラム教国のひとつ

ドバイやアブダビは、アラブとは思えないほど開放的。ホテルではアルコールも飲めるし、肌を露出した女性も多い。逆にほかの首長国に行く際は服装に気をつけよう。

ドバイのビーチではビキニもOK

GUIDEBOOK

地球の歩き方
ドバイとアラビア半島の国々

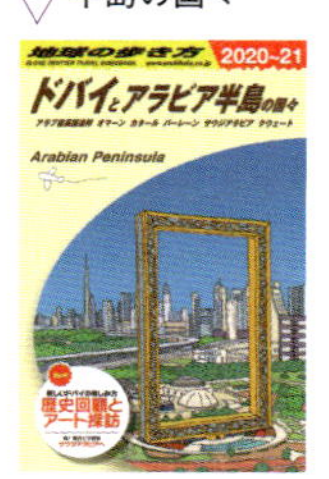

ディルムン文明が興った小さな島国

バーレーン王国

Kingdom of Bahrain

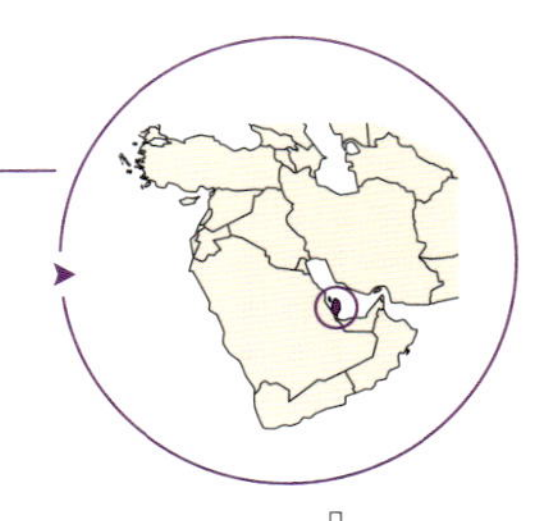

国旗の意味

赤は祖国のために流された尊い血を、白は平和を象徴している。

アラビア語でこんにちは

السلام عليكم !

（アッサラーム アレイクム）

ペルシア湾に浮かぶ大小33の島からなる国。判明している最古の記録で紀元前3000年頃の謎の文明ディルムンが存在し、貿易の中継地として繁栄していた。中東でも最も早く採掘を行った産油国であり、経済的な結びつきが強く、橋で結ばれているサウジアラビアが鎖国的であることから、中継ビジネス拠点や金融センターとして開発。近年は観光にも力を入れている。

DATA

人口：約150万3000人　面積：約769.8㎢　首都：マナーマ　言語：アラビア語　民族：バーレーン人46%、アジア系45.5%、そのほかのアラブ人4.7%、アフリカ系1.6%、ヨーロッパ系1%ほか　宗教：イスラム教73.7%、キリスト教9.3%、ユダヤ教0.1%　通貨：バーレーン・ディナール　時差：日本より6時間遅れている　GNI：US$2万1890／人

左）ディルムン文明の遺物が出土したカラート・アル・バーレン
右）バーレーンで最も大きなモスク

明日誰かに教えたくなる

バーレーンの雑学

▷比較的気軽にアルコールが飲める

イスラム教国ではあるが、周辺国に比べてやや戒律が緩やかなので、町なかではアルコールも手に入るし、レストランで飲むこともできる。

ビーチリゾートもある

GUIDEBOOK

地球の歩き方 ドバイとアラビア半島の国々 収録

混乱続くメソポタミア文明発祥の地

イラク共和国

Republic of Iraq

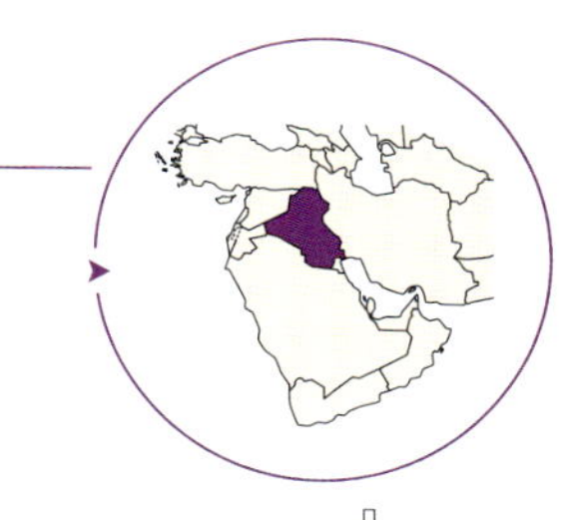

国旗の意味

赤は犠牲者の血、白は明るい未来、黒は過去の抑圧を表す。アラビア文字は「神は偉大なり」と書かれている。

アラビア語でこんにちは

السلام عليكم !

（アッサラーム アレイクム）

戦争のイメージが強いが、メソポタミア文明発祥の地であり、ハンムラビ法典で知られるバビロニア、大帝国アッシリアなど、貴重な古代遺跡が数多く残る。諸説あるが、イラクとは「豊かな過去をもつ国」を意味する。ほとんどのエリアは渡航が難しいが、北部クルド人自治区の都市アルビル周辺だけは治安の改善が目覚ましく、石油資源を背景に開発が進み、第2のドバイとも呼ばれている。

DATA

人口：約3843万人　面積：約43万8300㎢　首都：バグダッド　言語：アラビア語、クルド語が公用語　民族：アラブ人80%。ほかクルド人、トルクメン人、アッシリア人　宗教：イスラム教　通貨：イラク・ディナール　時差：日本より6時間遅れている　GNI：US$5030／人

左）人々でにぎわう中心部の広場（アルビル）
右）復元された新バビロニア時代のイシュタル門

明日誰かに教えたくなる

イラクの雑学

▷料理を残さず平らげるのはNG?

食事に招待されたとき、日本では残さず食べるのがよいマナーとされるが、イラクでは逆。客を盛大にもてなすのがアラブの伝統であり、残さず平らげてしまうと料理が足りなかったのではと思われるので、ある程度残すほうがよいだろう。

屋台でお茶を入れる男性

湾岸戦争を経て発展を続ける石油立国

クウェート国

State of Kuwait

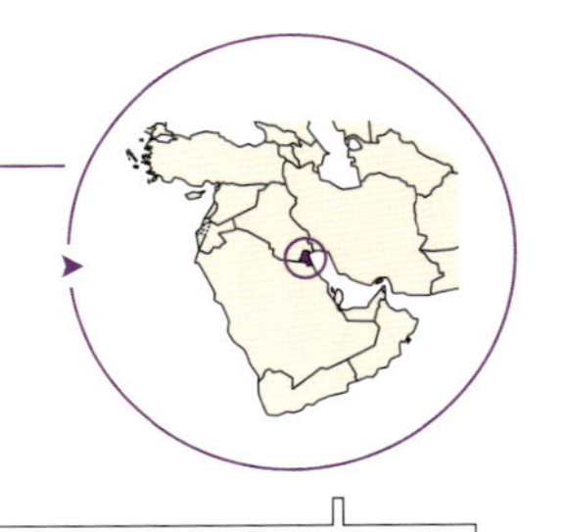

国旗の意味

黒、赤、白、緑の4色は汎アラブ色と呼ばれる。緑は平和、白は清廉、赤は血(勝利)、黒は戦いを象徴している。

アラビア語でこんにちは

! السلام عليكم

(アッサラーム アレイクム)

1990年のイラクのクウェート侵攻をきっかけに始まった湾岸戦争。豊かな石油資源の下で発展を遂げていた現代都市が戦場になった光景は世界に衝撃を与えた。しかし、現在は戦前をはるかに上回る発展を遂げている。東日本大震災の際には、湾岸戦争時の多国籍軍への日本の資金援助への礼として、500万バレル(450億円相当)の原油を無償援助して話題となった。

DATA

人口:約475万人　面積:約1万7818㎢　首都:クウェート　言語:アラビア語　民族:クウェート人30.4%、そのほかのアラブ人27.4%、アジア人40.3%、アフリカ人1%ほか　宗教:イスラム教74.6%、キリスト教18.2%ほか　通貨:クウェート・ディナール　時差:日本より6時間遅れている　GNI:US$3万3690/人

左)クウェートの町並み。手前のタワーはクウェート・タワー
右)豪華なショッピングモールが点在する

明日誰かに教えたくなる

クウェートの雑学

▷湾岸で最も民主的な国

クウェートは選挙で選ばれた国民議会をもつ湾岸で最も民主的な国。1962年の独立後すぐに主権在民、言論・宗教の自由をうたった憲法を制定している。

民主的だが戒律は厳しい

GUIDEBOOK

ドバイとアラビア半島の国々 収録

宗教・宗派が入り乱れるモザイク国家

レバノン共和国

Lebanese Republic

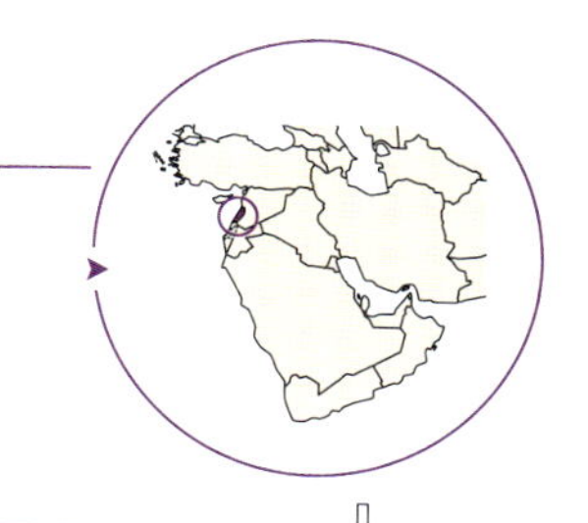

国旗の意味

白は純潔と平和を、赤は勇気と犠牲を表している。中央に描かれているのは、レバノン杉で、潔さと不滅を表している。

アラビア語でこんにちは

（アッサラーム アレイクム）

四季があり中東では唯一砂漠がない国。国民の約61％がイスラム教、約33％がキリスト教で、国会議席をそれぞれに割り当てる。1941年の独立後、首都ベイルートは地域経済の中心地となり、"中東のパリ"と呼ばれ栄えたが、1975年に内戦が勃発、1990年にかけて断続的に続いた。海外に逃れた1600万人にはカルロス・ゴーンはじめ世界的富豪が多い。

DATA

人口：約610万人　面積：約1万452㎢　首都：ベイルート　言語：アラビア語（フランス語、英語も通じる）　民族：アラブ人がおも　宗教：イスラム教61.1％、キリスト教33.7％ほか　通貨：レバノン・ポンド　時差：日本より7時間遅れている（サマータイムあり）　GNI：US$7690／人

左）ベイルートのダウンタウンはまるでヨーロッパのような町並み
右）カディーシャ渓谷にあるブシャーレの町

明日誰かに教えたくなる

レバノンの雑学

▷建設工事が進まない！

ベイルートなどの都市で建設工事が行われると、あるもののせいで建設工事が中断されることがよくある。それは遺跡。フェニキアの昔から栄える都市ならではの話だ。

ベイルートのローマ遺跡

GUIDEBOOK

地球の歩き方
ペトラ遺跡と
ヨルダン レバノン

躍進するアラビア半島の金融センター

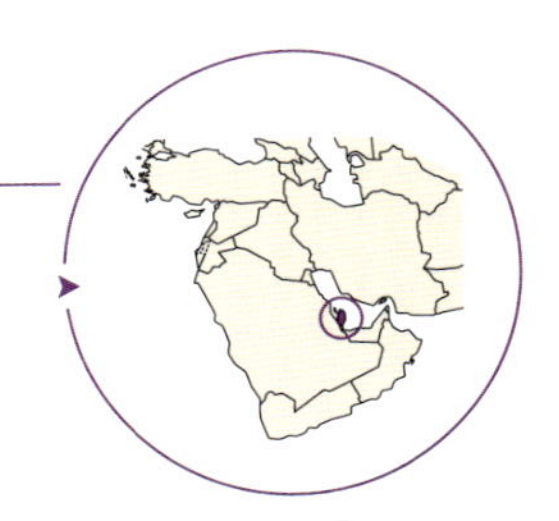

カタール国

State of Qatar

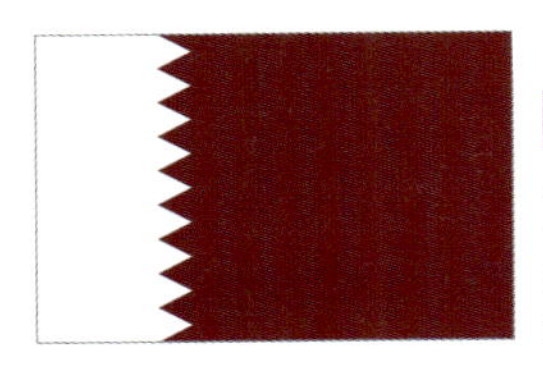

国旗の意味

エビ茶色は赤が変色したもので、これが正式な色になった。9つのジグザグは9番目の湾岸首長国であることを示す。

アラビア語でこんにちは

السلام عليكم !

（アッサラーム アレイクム）

天然ガスや石油の資源に恵まれ、1人当たりGDPは世界第7位（2018年）。かつては「何もない退屈な国」などともいわれたが、将来的な資源枯渇を視野に金融センターへの脱却を図っており、観光開発も盛ん。日本にも乗り入れる国営のカタール航空は、わずか15年ほどで世界トップクラスの航空会社になった。2022年にはサッカー・ワールドカップの開催を控え、準備が進められている。

DATA

人口：約271万人　面積：約1万1427㎢　首都：ドーハ　言語：アラビア語　民族：カタール人11.6%、外国人88.4%　宗教：イスラム教67.7%、キリスト教13.8%、ヒンドゥー教13.8%、仏教3.1%、ユダヤ教.1%ほか　通貨：カタール・リヤル　時差：日本より6時間遅れている　GNI：US$6万1190／人

左）スーク・ワキーフ（市場）を巡回する警察
右）埋め立て開発地区「ザ・パール・カタール」

明日誰かに教えたくなる

カタールの雑学

▷ 飛行機に鳥を持ち込める

湾岸諸国では鷹狩りが伝統的に行われており、ハヤブサを飼う人が多い。カタール航空ではひとり1羽までハヤブサを持ち込むことができる。

鳥やウサギを狩るハヤブサ

GUIDEBOOK

ドバイとアラビア半島の国々 収録

激動の歴史がさまざまな遺産を残す

シリア・アラブ共和国

Syrian Arab Republic

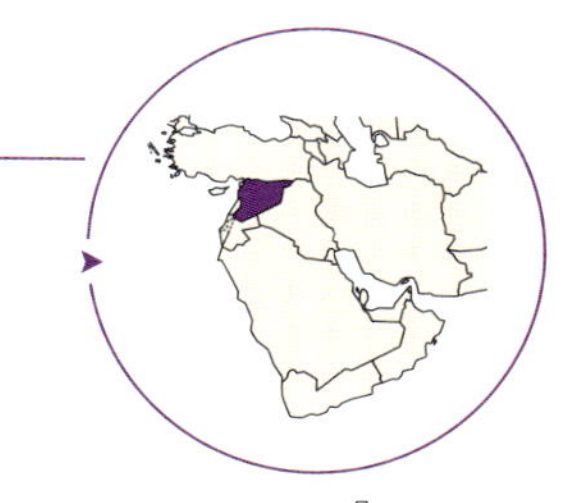

国旗の由来

アラブの反乱で使われた伝統的な汎アラブ色を使用。

アラビア語でこんにちは

السلام عليكم !

（アッサラーム アレイクム）

2011年、独裁アサド大統領政権を批判する落書きをした少年への拷問を抗議するデモをきっかけに、政府派と反政府派による内戦に発展、そこにISやクルド人勢力も加わり、さらには世界の思惑も乗じて現在も収拾はつかない。メソポタミア文明を生んだ肥沃な三日月地帯と呼ばれる豊かな自然に恵まれ、5000年前から都市国家があった。ダマスカスは世界最古の都市のひとつ。

DATA

人口：約2240万人　面積：約18万5000㎢　首都：ダマスカス　言語：アラビア語　民族：アラブ人90%、ほかクルド人、アルメニア人など　宗教：イスラム教90%、キリスト教10%　通貨：シリア・ポンド　時差：日本より7時間遅れている（サマータイムあり）　GNI：US$1820／人

左）オロンテス川に架かるハマの水車
右）アレッポのオリーブ石鹸は世界的に有名

明日誰かに教えたくなる

シリアの雑学

▷ 人類初の殺人が起こった

聖書の創世記によると、楽園を追われたアダムとイブはダマスカスの北にあるカシオン山に降り立ち、この山で息子カインは弟のアベルを嫉妬から殺害。これが人類史上初の殺人といわれている。

ダマスカスの町とカシオン山

混乱が続く幸福のアラビア

イエメン共和国

Republic of Yemen

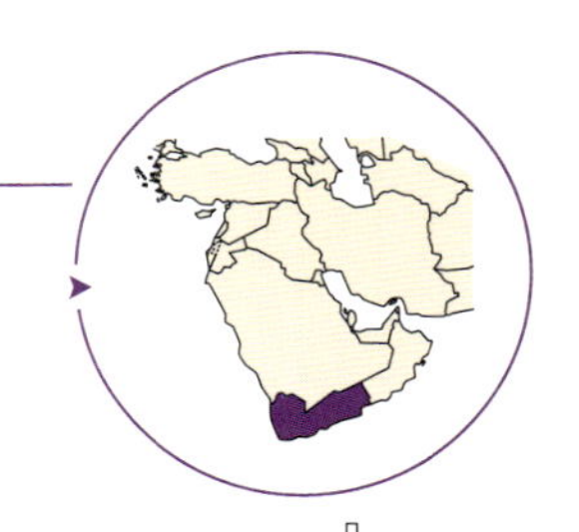

国旗の意味

赤は独立への情熱、白は平和と希望、黒は過去の圧政からの解放と独立を表す。

アラビア語でこんにちは

السلام عليكم !

（アッサラーム アレイクム）

首都サナアは"世界で最も古い都市"といわれ、「ノアの箱船」のノアの息子が築いたという伝説もある。旧約聖書に登場する女王で有名なシバ王国の時代には、海のシルクロードの中継地として繁栄し、幸福のアラビアとまで呼ばれた。また、離島のソコトラは独特の自然景観と生態系で知られる。2015年以降は代理戦争に巻き込まれ"世界最悪の人道危機"といわれる状況が続く。

DATA

人口：約2892万人　面積：約55万5000㎢　首都：サナア　言語：アラビア語　民族：おもにアラブ人。ほかアフリカ系アラブ人、南アジア人など　宗教：イスラム教99.1%（スンニ派65%、シーア派35%）、ほかユダヤ教、バハーイー教など　通貨：イエメン・リヤル　時差：日本より6時間遅れている　GNI：US$950／人

左）独特の伝統建築が残るサナアの旧市街
右）ソコトラ島で見られる固有の竜血樹

明日誰かに教えたくなる

イエメンの雑学

▷ 男性のほおが膨れているのはなぜ？

イエメン人男性の嗜好品といえばカート。アカネ科の木の葉っぱで、かみ砕いてエキスを飲み下すことにより、軽い神経興奮作用が得られる。これをもぐもぐやりながら会話に花を咲かすのがイエメンの男たちの社交なのだ。エチオピアやケニアにもあるが、イエメンほど盛んなところはない。

延々とかみ続け、いつの間にかほおがパンパンになる

西洋列強の思惑に翻弄されたアラブ人の国

パレスチナ

Palestine

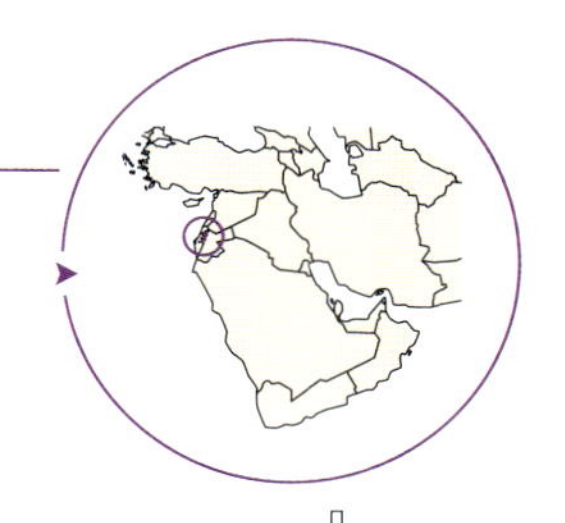

国旗の由来

赤、緑、白、黒は汎アラブ色。オスマン帝国に対するアラブの反乱の際に使われた旗に由来している。

アラビア語でこんにちは

（マルハバ）

ヨルダンの西に位置する共和制国家。1988年に独立宣言し、1993年にイスラエルの支配から自治を開始。国連未加盟だが、日本などを除く136の加盟国が国家承認している。領土はヨルダン川西岸地区とイスラエルとの武力対立が起こるガザ地区に分割。首都の東エルサレムはイスラエルに占領されラマッラが首都機能を担う。ヨルダン川西岸は安定し近年は観光も盛ん。

DATA

人口：約495万人　面積：約6020㎢
首都：ラマッラ（自治政府所在地）
言語：アラビア語　民族：アラブ人
宗教：イスラム教92％、キリスト教7％ほか　通貨：イスラエル・シェケル
時差：日本より7時間遅れている（サマータイムあり）　GNI：US$5560／人

左）ラマッラの中心部
右）イエス・キリスト降誕伝説の残る生誕教会

明日誰かに教えたくなる

パレスチナの雑学

▷ウエットティッシュは必須

イスラエルの政策により生活水が制限され、深刻な水不足に悩まされている。一般人宅に宿泊する際はウエットティッシュなどを持参する必要がある。また、現在の政治的状況はとてもセンシティブな問題だが、彼らのおかれた状況について部外者と話したいと思っている人も多い。

パレスチナの旗を掲げる男性

ヨーロッパ

Europe

地域共同体

イーユー
EU ■ European Union

加盟国のページにはEU旗を印しています

（欧州連合）

幅広い分野での協力を進めているヨーロッパの政治・経済統合体。2020年5月現在、27ヵ国が加盟している。域内市場における人、物、サービス及び資本の自由な移動を確保することを目的としている。具体的には通貨の統一（ユーロ）、シェンゲン協定による国境の排除（域内をパスポートなしで移動できる）、単一市場の設立などが行われてきた。また、司法、内政に関する法律を制定し、貿易、農業、漁業および地域開発に関する共通の政策を維持することもその目的のひとつ。世界の人口の5.8%程度だが、名目GDPは世界の約4分の1を占め、各地に在外公館をもつなどグローバルな影響力を保持している。

ヨーロッパ統合の試みは、第2次世界大戦後、反共産主義の取り組みの中で発展してきた。その起源ともいえるのが戦後に設立された3つの機関、ECSC（欧州石炭鉄鋼共同体）、EEC（欧州経済共同体）、EURATOM（欧州原子力共同体）。これが1967年にEC（欧州共同体）に統合され、1993年のマーストリヒト条約でEUが発足した。

〈参加国〉ベルギー、ブルガリア、チェコ、デンマーク、ドイツ、エストニア、アイルランド、ギリシア、スペイン、フランス、クロアチア、イタリア、キプロス、ラトビア、リトアニア、ルクセンブルク、ハンガリー、マルタ、オランダ、オーストリア、ポーランド、ポルトガル、ルーマニア、スロヴェニア、スロヴァキア、フィンランド、スウェーデン

軍事同盟

ナトー
NATO ■ North Atlantic Treaty Organization

（北大西洋条約機構）

アメリカ、カナダ、ヨーロッパ諸国の間で結成された軍事同盟。2020年5月現在、30ヵ国が加盟。日本は非加盟だが協力関係にある。ベルギーの首都ブリュッセルに本部をおく。

〈参加国〉アイスランド、アメリカ、イタリア、イギリス、オランダ、カナダ、デンマーク、ノルウェー、フランス、ベルギー、ポルトガル、ルクセンブルク、ギリシア、トルコ、ドイツ、スペイン、チェコ、ハンガリー、ポーランド、エストニア、スロヴァキア、スロヴェニア、ブルガリア、ラトビア、リトアニア、ルーマニア、アルバニア、クロアチア、モンテネグロ、北マケドニア

Area map

アイルランド
(P.112)

ポルトガル
(P.124)

アソーレス諸島
(P.134)

ヨーロッパの語源は古代ギリシアに出てくるフェニキアの王女エウロパ（諸説あり）。古代ギリシアはヨーロッパ文明発祥の地であり、ユーロの新紙幣にはこのエウロパが描かれている。人種はコーカソイドで、言語はほとんどがインド・ヨーロッパ語族に属する。世界で２番目に小さい大州だが、経済規模は最も大きい。

ハプスブルク家の栄光に包まれたアルプスの国

オーストリア共和国

Republic of Austria

国旗の由来

第3回十字軍でレオポルド5世が白い軍服が真っ赤に染まるまで戦い、帯剣していた部分だけが白いまま残ったという伝説にちなむ。

ドイツ語でこんにちは

Grüß Gott !

（グリュース ゴット）

アルプス山脈の中に位置し、北海道ほどの小国ながら8つもの国と国境を接している。国土の6割が山岳地帯で、美しい自然を残している。650年間、ヨーロッパ随一の貴族といわれた名門ハプスブルク家の帝国として、第1次世界大戦まではイギリス、ドイツ、フランス、ロシアと並ぶ欧州五大列強のひとつだった。このため宮廷文化が花開き、ドナウ川に面した首都ウィーンには、モーツァルトやベートーヴェンなど、世界中から優秀な音楽家たちが集まり、現在でも音楽の都として知られる。1人当たりGDPは世界第14位（2018年）と豊か。しかし、それを担うのはドイツ企業の下請け的な中小の企業。観光産業も盛んだ。

DATA

人口：約880万人
面積：約8万4000㎢
首都：ウィーン
言語：ドイツ語
民族：オーストリア人（ゲルマン系）80.8%、ドイツ人2.6%、ボスニア・ヘルツェゴビナ人1.9%、セルビア人1.6%、ルーマニア人1.3%ほか
宗教：カトリック57%、東方正教8.7%、イスラム教7.9%ほか
通貨：ユーロ
時差：日本より8時間遅れている（サマータイムあり）
GNI：US$4万9250／人

ハプスブルク家の歴代君主が使用したシェーンブルン宮殿

COLUMN

クラシック音楽の聖地 ウィーン

中世ヨーロッパにおいて音楽の中心地として機能したウィーン。ハプスブルク家をはじめ有力貴族の庇護のもと、数々のクラシック音楽家が活躍した。その筆頭は神童と呼ばれたモーツァルト。マリア・テレジアの前で演奏した際に、7歳のマリー・アントワネットに求婚したというエピソードが有名で、ウィーン各地にゆかりの地が残っている。そのほか、ウィーン内で70回以上も引っ越しをしたというベートーヴェン、ウィーンで生涯を過ごしたシューベルト、ウィーン宮廷歌劇場の芸術監督となったグスタフ・マーラーなどがゆかりの音楽家として有名。

ウィーンの公園にあるモーツァルトの像

COLUMN

日没なき大帝国を築いたハプスブルク家

ウィーンの美しい町並みはハプスブルク家に負うところが大きく、芸術が発展したのもその庇護のもとだった。650年も栄華を誇った彼らは、ドイツからスイスにまたがる一帯のしがない貴族から、政略結婚によってオーストリア、神聖ローマの皇帝にまで上り詰めた。ちなみにマリー・アントワネットも一族の出身。

ハプスブルク家のエリザベート

アルプスの麓にあるハルシュタット村

明日誰かに教えたくなる

オーストリアの雑学

▷ウインナーコーヒーはウィーンにはない

日本ではウィーンのコーヒーという意味のウインナーコーヒーだが、オーストリアではまったく通じない。近いものとしてアインシュペナーというものがあり、これが元になっているのでは？といわれている。

アインシュペナー

▷指を立てて手を挙げるのはタブー

日本の学校では右手をピンと伸ばして手を挙げるように教育されることも多いが、オーストリアではナチスを連想させるのでやめたほうがよい。レストランで店員を呼ぶときなどにはくれぐれも注意しよう。地元の人は少し指を曲げて手を挙げている。

GUIDEBOOK
地球の歩き方
ウィーンとオーストリア

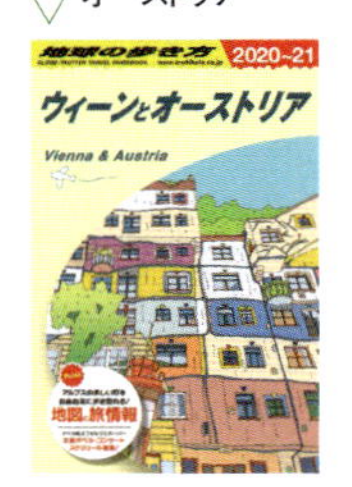

国際色豊かなヨーロッパの心臓

ベルギー王国

Kingdom of Belgium

国旗の由来

ブラバン公爵家のライオンの旗に用いられた黒、黄色、赤が元になっている。

フラマン語でこんにちは

Goedemiddag！

（フウイェ ミダッハ）

オランダ、ルクセンブルクとともにベネルクス3国のひとつで連邦立憲君主制。九州ほどの国土に3つの公用語と7つの政府が存在する。おもに北部フランデレン地域でフラマン語（オランダ語）を話す人が58%、南部ワロン地域でフランス語を話す人が31%、国境付近でドイツ語を話す人が少数。言語境界線が公式に設定されており、教育やマスメディア、政治までも分かれている。古くから人々の間には言語戦争という文化的対立が存在する。首都ブリュッセルはEUの主要機関の多くがおかれEUの首都とも呼ばれる。中世の町並みやルネッサンス建築などの遺産を多く有し、ビール、チョコレートなど美食の国としても有名。

DATA

人口：約1149万2000人
面積：約3万528㎢
首都：ブリュッセル
言語：フラマン（オランダ）語、フランス語、ドイツ語
民族：ベルギー人75.2%、イタリア人4.1%、モロッコ人3.7%、フランス人2.4%、トルコ人2%、オランダ人2%ほか
宗教：キリスト教52.5%、イスラム教5%、ユダヤ教0.4%、仏教0.3%、無神論者9.2%ほか
通貨：ユーロ
時差：日本より8時間遅れている（サマータイムあり）
GNI：US$4万5430／人

世界で最も美しい広場といわれたブリュッセルのグラン・プラス

COLUMN

世界に名だたるチョコレート王国

ベルギーは知られざる美食の国で、おいしいものであふれている。特にベルギーチョコレートは世界的に有名で、ゴディバやレオニダス、ピエール・マルコリーニ、ノイハウス、ヴィタメールなど、ベルギー王室御用達かつ、世界をリードするチョコレートブランドを数多く擁する。フィリング入りのチョコレート「プラリネ」もベルギーで生まれたものだ。南米からチョコレートの製法を持ち帰り、ヨーロッパ世界に広げたのはスペインで、ベルギーはその支配下におかれた歴史をもつ。チョコレートを名乗る厳しい基準を独自に設け、品質を保持している。

ブリュッセルのチョコレート店

COLUMN

国際都市ブリュッセル

南はフランス、東はドイツ、北はイギリスと、ヨーロッパを代表する大国の中心に位置するベルギー。その地理的状況から"ヨーロッパの心臓"とも称され、特にブリュッセルは経済、政治、文化などの面でも中心的役割を担い、NATOやEUの本部もおかれている。ゲルマン、ラテンという欧州2大民族が融合した国であることもその要因だ。

ブリュッセルのEU本部

伝統的なグラスに入ったベルギービール

明日誰かに教えたくなる

ベルギーの雑学

▷『フランダースの犬』人気は日本だけ?

名作アニメ『フランダースの犬』の舞台はベルギー。しかし現地ではほとんどの人が知らない。結末が悲しすぎるなど、欧米では物語自体が人々に受け入れられなかったためだ。

▷フライドポテト発祥の地

フライドポテトは17世紀のベルギーで作られたものが発祥といわれている。どの町にもフライドポテト屋があり、味もとてもおいしい。世界的にはフレンチフライやチップスなどと呼ばれるが、ベルギーではフリッツが一般的。

一度は食べたい名物料理

GUIDEBOOK

地球の歩き方
オランダ ベルギー ルクセンブルク

自由・平等・友愛を掲げる芸術と美食の国

フランス共和国

French Republic

国旗の由来

18世紀、国民軍総司令官だったラ・ファイエットが、パリ国民軍の赤と青の帽章に王家の象徴である白を加えたのが三色旗の始まり。

フランス語でこんにちは

Bonjour !

（ボンジュール）

日本より少し大きいが人口は半分程度で、人口密度は約2分の1。歴史の表舞台に何度も登場し、多大な影響を与えてきた。中世にはフランス王国が絶対王政を築いていったが、1789年のフランス革命でナポレオンが台頭し帝国主義へ。以降、帝政も挟んで共和制と王政を繰り返し、ふたつの世界大戦後に強力な大統領権限を含めた共和制を成立し現在にいたる。これらの歴史が魅力的な観光地をたくさん残し、世界有数の観光国であり、首都パリは世界一旅行者の多い都市。また、ファッションやグルメの先進国としても有名だが、実は農業大国で、農産物の生産額世界第6位、輸出額では世界第2位を誇る。

DATA

人口：約6699万人
面積：約54万4000㎢
首都：パリ
言語：フランス語
民族：フランス人(ケルト人、ラテン人及びチュートン人の混血)、少数民族(バスク人など)
宗教：キリスト教63〜66%、イスラム教7〜9%、仏教0.5〜0.75%、ユダヤ教0.5〜0.75%、無宗教23〜28%ほか
通貨：ユーロ
時差：日本より8時間遅れている（サマータイムあり）
GNI：US$4万1070／人

左）人々でにぎわう凱旋門　右）ギュスターヴ・エッフェルが設計したエッフェル塔

COLUMN

世界3大料理のひとつ

2010年、フランス料理は「フレンチガストロノミー（フランス美食学）」としてユネスコの世界無形遺産に登録された。中国、トルコとともに世界3大料理のひとつに数えられるが、その世界が花開いたのは16世紀頃。イタリアのメディチ家からカトリーヌ・ド・メディシスがフランスに嫁いだ頃から始まったといわれている。ルネッサンスのなかで発展し洗練された食文化が導入され、まず宮廷料理として伝統的なフランス料理が形成されていった。フランス革命が起きると、美食は貴族のものだけではなくなり、オーギュスト・エスコフィエによって現在のコーススタイルが確立された。

コース料理を作るシェフ

COLUMN

パリ画壇の寵児となった藤田嗣治

フランスで最も知られている日本人に藤田嗣治という画家がいる。1886年に日本で生まれた藤田は1913年に渡仏。“乳白色の肌”と呼ばれる裸婦像が絶賛され、一躍パリ画壇の寵児となる。1925年にはフランスの最高勲章であるレジオン・ドヌール勲章を授与されている。2015年、小栗康平による日仏合作の映画『FOUJITA』が公開された。

藤田も通ったカフェ「ロートンド」

世界遺産のモン・サン・ミッシェル修道院

明日誰かに教えたくなる

フランスの雑学

▷ 道路に面した家は洗濯物を干してはいけない

パリでは美観を保つため、道路に面したバルコニーでは洗濯物を干せないが、乾燥しているため、家の中でもよく乾くという。

パリのアパルトマンのバルコニー

▷ 世界一の観光大国

フランスは観光客数が世界一。しかも30年以上連続でその王座をキープしている。

▷ 映画はフランス生まれ

映画を発明し世界で初めて上映したのはフランスのリュミエール兄弟。当時はシネマトグラフと呼ばれ、これがシネマの由来。

地球の歩き方
フランス

欧州を牽引する経済大国

ドイツ連邦共和国

Federal Republic of Germany

国旗の由来

神聖ローマ帝国の旗に使われた3色が19世紀のナポレオン軍との戦いに参戦した学生義勇軍の軍服に取り入れられた。

ドイツ語でこんにちは

Guten Tag !

（グーテン ターク）

EUの中心的存在で、人口は加盟国最大。ヨーロッパのほぼ真ん中に位置し、北は北海やバルト海に続く低地帯、中央の丘陵地、南はドイツアルプスの山岳地帯と地域で異なる自然景観をもっている。歴史は古く2000年を超える。19世紀には世界随一の軍隊や強大な工業力をもつドイツ帝国があったが、第1次世界大戦で敗戦し共和国化、その後のヒトラー率いるナチスのもと第2次世界大戦でも敗戦し東西に分断。1989年のベルリンの壁崩壊をきっかけに翌年再統一された。ドイツ人は几帳面で真面目と評価される一方、個人主義も徹底しているといわれる。ビールの1人当たりの消費量は世界第3位。

DATA

人口：約8315万人
面積：約35万7000㎢
首都：ベルリン
言語：ドイツ語
民族：ゲルマン人87.2%、トルコ人1.8%、ポーランド人1%、シリア人1%ほか
宗教：カトリック27.7%、プロテスタント25.5%、イスラム教5.1%、東方正教1.9%、そのほかのキリスト教1.1%ほか
通貨：ユーロ
時差：日本より8時間遅れている（サマータイムあり）
GNI：US$4万7450／人

フランクフルトで開かれる伝統的なクリスマスマーケット

COLUMN

起業家を引きつけるクリエイティブ都市 ベルリン

EUの優等生、あるいはリーダーなどといわれる先進国ドイツ。さまざまな分野で世界をリードしているが、近年IT、クリエイティブの分野でベルリンが注目されている。特に「スタートアップ」と呼ばれる、イノベーションで大きな成長を続けていくことができるビジネスを起業しようと、かつてのシリコンバレーのように、世界中からITクリエーターが集まっている。今なお世界に影響を与える美術学校バウハウスなど、近代デザインを率いてきたドイツは、そのクリエイティブな土壌をもとにIT先進国としても世界をリードしつつある。

スタートアップオフィスでの商談

COLUMN

世界で人気のオクトーバーフェスト

近年、世界のさまざまな都市で浸透しつつあるビール祭り、オクトーバーフェスト。その発祥はもちろんドイツだ。毎年9月半ばから10月上旬にかけてミュンヘンで大々的に開催される。移動遊園地も設置され、子供も楽しめる祭りになっている。1810年にルートヴィヒ1世の成婚の祝典として始まったものが起源といわれている。

伝統衣装でビールを楽しむドイツの人々

人気観光地ロマンティック街道のシンボル、ノイシュバンシュタイン城

明日誰かに教えたくなる

ドイツの雑学

▷国によって呼び方がいろいろ

日本語のドイツというのはオランダ読みの「ダウツ」からという説がある。フランスでは「アルマーニュ」、イタリアでは「ゲルマニア」と呼ばれる。ちなみに現地読みでは「ドイチュラント」。

▷サマータイム発祥の地

日中の明るい時間を有効活用するため、1916年にドイツで初めて導入された。

▷ビールの注文の仕方

1本頼む場合は人差し指ではなく親指を立てる。

ビアガーデンでビールを飲む人々

GUIDEBOOK

地球の歩き方
ドイツ

地道な干拓で国土を広げた風車の国

オランダ王国

Kingdom of the Netherlands

国旗の由来

スペインからの独立戦争で先頭に立ったオラニエ公のオレンジ、白、青の紋章が由来。

オランダ語でこんにちは

Goedemiddag !

（フッデミダッハ）

オランダという日本語での呼び名は、現地でも使われるHolland（ホランド）のポルトガル語読みが語源とされるが、もともとは12州のうちのふたつだけを指す呼称。現地でも使用されてきたが、2020年1月、英語での正式名称ザ・ネザーランズ（低い土地の意）に統一すると発表。古くから干拓によって国土を広げてきたため4分の1が海抜0メートル以下。平らなことを生かして、自転車での移動が一般的に行われている。大麻や売春の制限的合法化のイメージも強いが、オランダ人は自由な気質が強く、他者の生き方に偏見がないゆえに可能になったことだ。ゴッホをはじめとする画家を輩出した芸術の国でもある。

DATA

人口：約1738万4000人
面積：約4万1864㎢
首都：アムステルダム
言語：オランダ語
民族：オランダ人76.9%、EU出身者6.4%、トルコ人2.4%、モロッコ人2.3%、インドネシア人2.1%、ドイツ人2.1%、スリナム人2%、ポーランド人1%ほか
宗教：カトリック23.6%、プロテスタント14.9%、イスラム教5.1%、そのほか（ヒンドゥー教、仏教、ユダヤ教など）5.6%、無宗教50.7%
通貨：ユーロ
時差：日本より8時間遅れている（サマータイムあり）
GNI：US$5万1280／人

オランダならではの風車とチューリップの風景

COLUMN

世界的に評価の高い画家を輩出

ゴッホはパリやアルルなどフランスでの活動が多く、フランスの画家と思われることも多いが、出身はオランダ。ズンデルトと呼ばれる町で生まれた。生家は今も残され、博物館になっている。アムステルダムにはゴッホ美術館があり、ゴッホの作品数では世界最大を誇る。そして日本でも人気のフェルメール。オランダのデルフトで生まれ、デルフトで生涯を過ごした。"光と影の画家"レンブラントもオランダが世界に誇る画家。フェルメールと同じくバロック絵画を代表する画家で、ライデンの出身だ。彼ら3人はオランダの3大画家といわれている。

フェルメールが描いたデルフトの風景

COLUMN

風車の風景

まるで平地にキノコが生えるように風車が立ち並ぶオランダ。これはオランダのシンボルとして知られるが、この風景を生み出したのは海抜の低い国土。なんと4分の1の土地が海抜0メートル以下。低地から海水をくみ上げ、干拓地を乾いた状態に保つことで穀物の栽培を可能にしたのである。

川沿いに立つ風車

土地の低いアムステルダムでは自転車が交通の主力

明日誰かに教えたくなる

オランダの雑学

▷オランダ人はケチ？

割り勘を意味する英語は「Go Dutch」で、Dutchはオランダ人のこと。ヨーロッパではオランダ人はケチというイメージが浸透している。

オランダ人はしっかり者!?

▷コーヒーショップに大麻が売っている

オランダでは特別な許可を得たコーヒーショップで大麻が手に入る。麻薬を全面的に禁止することは不可能であるという現実的な見地から生まれた政策で、ハードドラッグに対する規制は厳しい。もっとも、ひとりの客に1日で5g以上の大麻を売ってはいけないなど、厳しいルールが設けられている。

GUIDEBOOK

地球の歩き方 オランダ ベルギー ルクセンブルク

アルプスの美しい大自然に包まれた永世中立国

スイス連邦

Swiss Confederation

国旗の由来

13世紀にハプスブルク家との独立戦争のときに使用した赤色の旗に、白十字を加えたもの。

ドイツ語スイス方言でこんにちは

Grüessech/Grüezi !

(グリュエッサ／グリュエッツィ)

永世中立国として有名。その信頼性から国連関連をはじめ、多くの国際機関がおかれている。しかし、攻撃されない保障とは別とし、国軍を有し重武装の国防体制を敷いている。男子国民皆兵制として20歳から30歳の男性に兵役義務がある。女性は任意。経済の中心は観光業で、国土の70%を占める山岳地帯アルプスの美しい自然と、中世の面影を残す古都の数々が、世界中から観光客を集めている。ヨーロッパ金融市場の中心でもあり、時計をはじめとする精密機器、医薬品などの高付加価値製品の製造、輸出国として、国民所得、生活水準ともにきわめて高いため、世界の幸福度調査では常に上位に入っている。

DATA

人口:約854万人
面積:約4万1000㎢
首都:ベルン
言語:ドイツ語、フランス語、イタリア語、ロマンシュ語
民族:おもにゲルマン民族
宗教:カトリック38%、プロテスタント26%、その他キリスト教5%、イスラム教5%
通貨:スイス・フラン
時差:日本より8時間遅れている(サマータイムあり)
GNI:US$8万3580／人

スイスならではの大自然の絶景のなかを走る観光列車

COLUMN

世界で愛されるハイジ

スイスといえば『アルプスの少女ハイジ』。高畑勲による日本のアニメーションで、両親を亡くした少女ハイジが祖父の家に預けられ、アルプスの自然の中でさまざまなことを学び、成長していくといったストーリーだ。これはスイスの作家ヨハンナ・シュピリの小説をアニメ化したもの。原作はゲーテの『ヴィルヘルム・マイスターの修業時代』などから着想を得ており、教養小説ともいえる。世界中で実写映画化もされている作品だ。スイスのマイエンフェルトにはハイジ村と呼ばれる場所があり、ハイジがおじいさんと暮らした家が再現されている。

ハイジ村のあるマイエンフェルト

COLUMN

時計が有名なのはなぜ?

ロレックス、オーデマ・ピゲ、オメガ——。世界に名だたる高級時計の多くはスイス発のブランド。もともと宝飾産業が盛んだったジュネーブに、宗教改革によってフランスから逃げてきた、時計技術をもったユグノーが流入したことがその起源。アルプスの澄んだ空気ときれいな水も時計製造には重要な要素である。

スイスの高級時計

マッターホルンを望むツェルマットの町

明日誰かに教えたくなる

スイスの雑学

▷ 正式名称はヘルベチア連邦

正式名称はラテン語で「ヘルベチア連邦」。昔ゲルマン人と勢力を争っていたケルト系のヘルベチア族が由来。

▷ 首都はジュネーブでもチューリッヒでもない

首都は国際都市ジュネーブでも、最大都市で経済の中心チューリッヒでもなく、知名度の低いベルン。地理的にほぼ中央であったことがおもな理由。

▷ 物価が世界一高い

物価の比較に使われるビッグマック指数ではダントツの1位で739円(2020年)。

ベルンの旧市街

GUIDEBOOK

地球の歩き方
スイス

世界No.1のGDPを誇る

ルクセンブルク大公国

Grand Duchy of Luxembourg

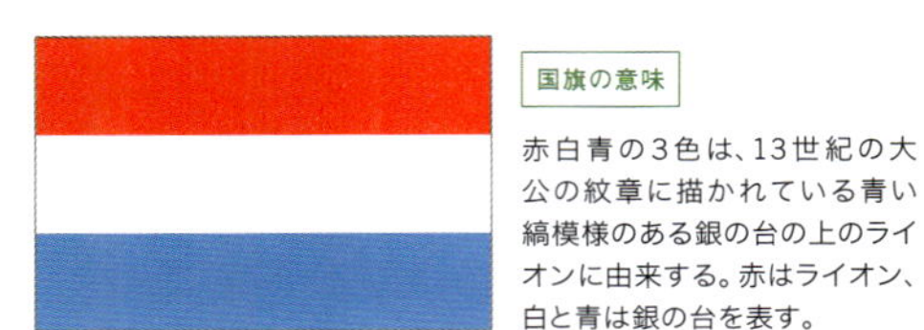

国旗の意味

赤白青の3色は、13世紀の大公の紋章に描かれている青い縞模様のある銀の台の上のライオンに由来する。赤はライオン、白と青は銀の台を表す。

ルクセンブルク語でこんにちは

Moien !

（モイヤン）

フランス、ベルギー、ドイツに囲まれた神奈川県ほどの小国。20年以上も1人当たりGDPが世界第1位という豊かさ。失業率が低く格差が少ない、安定した平和な国として知られる。ヨーロッパ中央部という地理的優位性を生かし、金融センターとして発展。公共交通機関をすべて無料化という世界初の試みが進行中だ。要塞都市の首都や美しい森や峡谷など観光資源も多い。

DATA

人口：約61万3894人　面積：約2586㎢　首都：ルクセンブルク　言語：ルクセンブルク語、フランス語、ドイツ語が公用語　民族：ルクセンブルク人51.1%、ほか欧州系　宗教：キリスト教70.4%、イスラム教2.3%、無宗教26.8%ほか　通貨：ユーロ　時差：日本より8時間遅れている　GNI：US$7万7820／人

左）中世の町並みが残るエッシュ・シュル・シュール
右）夏のルクセンブルク旧市街

明日誰かに教えたくなる

ルクセンブルクの雑学

▷世界で唯一の大公国

モナコやアンドラなどの公国はあるが、大公国は世界でもルクセンブルクだけ。かつてオランダ国王が大公を務めた歴史があり、国旗が似ているのはそのため。

旧市街にある大公宮

GUIDEBOOK

地球の歩き方
ベルギー オランダ
ルクセンブルク

公爵が治める美しく豊かな小国

リヒテンシュタイン公国

Principality of Liechtenstein

公爵の住むファドゥーツ城

アルプスの中にある小豆島ほどの小国。ヨーロッパ君主では随一の資産家とされるリヒテンシュタイン家が治める。法人税率が低く、銀行の守秘義務の信頼性も高いため、本社籍だけおく企業が多く、法人税が歳入の40%を占める。その恩恵で個人には所得税や相続税などがない。アニメ映画『ルパン三世 カリオストロの城』のモデル国として知られ、中世の城や山々の風景が美しい。

ドイツ語でこんにちは

Hoi！

（ホイ）

DATA

人口：約3万8114人　面積：約160㎢　首都：ファドゥーツ　言語：ドイツ語　民族：ゲルマン民族（外国人34%）　宗教：カトリック79.9%、プロテスタント8.5%ほか　通貨：スイス・フラン　時差：日本より8時間遅れている（サマータイムあり）　GNI：US$11万6430／人

明日誰かに教えたくなる

リヒテンシュタインの雑学

▷年に一度、城を訪問できる

8月15日のナショナルデイには、ファドゥーツ城の庭が公に開放され、外国人も訪れることができる。

タックスヘイブンのミニ国家

モナコ公国

Principality of Monaco

フランス語でこんにちは

Bonjour！

（ボンジュール）

地中海に面した南仏の中にある世界第2位の小国。1人当たりのGDPは世界第1位（2018年）という豊かさだが、それは人口の8割を裕福な外国人が占めているため。グルメやエンターテインメントなども一流のものが揃う。公爵に嫁いだハリウッド女優グレース・ケリーのシンデレラストーリーは、突然の事故死とともに語り継がれている。

DATA

人口：約3万8300万人　面積：約2.02㎢　首都：モナコ市　言語：フランス語（公用語）　民族：モネガスク32.1%、フランス人19.9%ほか　宗教：カトリック　通貨：ユーロ　時差：日本より8時間遅れている（サマータイムあり）

〈フランス海外準県〉

ヌーヴェルフランスの名残

サンピエール・ミクロン

Saint-Pierre and Miquelon

フランス語でこんにちは

Bonjour！

（ボンジュール）

カナダのニューファンドランド島の南に浮かぶフランス領の小さな群島。18世紀の7年戦争でフランスは北米の植民地のほとんどを失ったが、これらだけがかろうじて残された。アメリカの禁酒法時代には、この地を経由して酒が密輸されたため、禁酒法博物館もある。北欧のような風景やバスク風の祭りなど、旅先としても魅力的。

DATA

人口：約5347人　面積：約242㎢　主都：サンピエール　言語：フランス語　民族：フランスからの入植者の子孫　宗教：おもにカトリック　通貨：ユーロ　時差：日本より12時間遅れている（サマータイムあり）

今なお影響力をもつかつての大帝国

イギリス（グレートブリテン及び北アイルランド連合王国）

United Kingdom of Great Britain and Northern Ireland

国旗の由来

通称ユニオンジャック。イングランド、スコットランド、アイルランドのデザインが合わさってできた。

英語でこんにちは

Hello !

（ハロー）

イギリスと呼ぶのは日本だけ。江戸時代の鎖国中に交易のあったポルトガルの「イングレス」、あるいはオランダの「エゲレス」という、当時の主力勢力だったイングランド王国を表す言葉が起源（諸説あり）。実際にはウェールズ、スコットランド、北アイルランドを含めた4国の連合王国であり、その英語の正式名称を略してU.K.（ユーケー）と呼ぶのが一般的。ほかのヨーロッパ諸国との大きな違いはイギリス国教会を国教として定めていること。16世紀にカトリックから離脱し、統治者は法王ではなく首長。現在ならエリザベス女王だ。世界で最も影響力のある国家のひとつであり、民主主義、立憲君主制などの発祥地。

DATA

人口：約6644万人
面積：約24万3000㎢
首都：ロンドン
言語：英語、ウェールズ語、ゲール語
民族：白人87.2%、黒人3%、インド系2.3%、パキスタン系1.9%、混血2%ほか
宗教：キリスト教59.5%、イスラム教4.4%、ヒンドゥー教1.3%、無神論者25.7%ほか
通貨：スターリング・ポンド
時差：日本より9時間遅れている（サマータイムあり）
GNI：US$4万1330／人

テムズ川の向こうに見えるビッグベン（2021年まで改修工事予定）と国会議事堂

COLUMN

大英博物館の珠玉のコレクション

かつて世界を席巻した大英帝国。建設した植民地は数知れず、現在でも世界中に英連邦を形成する国がある。進出した国々から持ち帰った宝物の数々が納められているのが、世界3大博物館のひとつ大英博物館だ。エジプトのヒエログリフ解読のカギとなったロゼッタストーン、ギリシアのパルテノン神殿のレリーフ(再三にわたってギリシアから返還要求がされている)、イースター島のモアイ像、イランのペルセポリスのレリーフなど、歴史的に最重要とされる品々が展示され、しかも入場無料なので、ロンドン訪問の際はぜひ訪れたい。

大英博物館の正面玄関

COLUMN

イギリス発の紅茶文化 アフタヌーンティー

アフタヌーンティーはイギリス発祥のティー文化で、19世紀中頃、公爵夫人アンナ・マリアが始めた間食が起源。3段のティースタンドに、上から菓子、スコーン、サンドイッチをのせ、紅茶やジャム、クロテッドクリームと楽しむ。紅茶とスコーンだけのクリームティーもポピュラー。

基本的なスタイル

バッキンガム宮殿のロイヤルガード

明日誰かに教えたくなる

イギリスの雑学

▷ウィンザー城は世界最古の城

エリザベス女王が週末を過ごすウィンザー城は、現存する居城としては世界最古かつ最大。1089年、ノルマン朝を興したウィリアム1世によって建てられた。女王が訪れているときには王室旗が掲げられる(普段はイギリス国旗が掲げられている)。

格式あるウィンザー城

▷すべての建物に異なる郵便番号が振られている

イギリスではすべての建物に郵便番号が割り振られているので、Googleマップなどでは郵便番号を打ち込むだけで目的地を表示できる。郵便番号はアルファベットと番号の組み合わせからなる。

GUIDEBOOK

地球の歩き方 イギリス

世界一幸福なおとぎの国

デンマーク王国

Kingdom of Denmark

国旗の由来

13世紀、エストニアでの十字軍の戦いの際に空から降ってきて、デンマーク軍を勝利に導いたという伝説がある。

デンマーク語でこんにちは

God dag !

（グッディ）

ユトランド半島と、大小約500の島々からなる国。首都コペンハーゲンも島にある。海抜は最高でも173mと低く、森、湖、フィヨルドなどの豊かな自然に包まれている。高緯度だが暖かいメキシコ湾流で極端には寒くならない。立憲君主制を布いており、王室は長い歴史をもっている。国民の約86%がデンマーク人で、公用語のデンマーク語は25～30の母音をもつ世界でも発音の難しい言語として知られる。海域に北海油田があり、石油自給率は100%と資源に恵まれている。福祉国家であるとともに環境先進国であり、高いCO_2削減率を実現。自転車保有率も高く、自転車専用道路は3000kmにも及ぶ。

DATA

人口：約581万人
面積：約4万3000㎢
首都：コペンハーゲン
言語：デンマーク語
民族：デンマーク人86.3%、トルコ系1.1%、ほかポーランド人、シリア人、ドイツ人、イラク人、ルーマニア人など
宗教：福音ルーテル派74.7%、イスラム教5.5%、ほかカトリック、エホバの証人、セルビア正教、ユダヤ教など
通貨：デンマーク・クローネ
時差：日本より8時間遅れている（サマータイムあり）
GNI：US$6万140／人

運河に沿ってカラフルな木造家屋が並ぶコペンハーゲンのニューハウン

COLUMN

世界で最も幸せな国

国連の世界幸福度報告書において、デンマークはたびたび幸福度世界第1位にランキングされている。これは1人当たりのGDP、平均余命、社会的支援、信頼、寛容さ、自由度の6つのテーマをもとに割り出されている。税率は高いが、社会福祉が充実しているのはほかの北欧諸国と同様。労働は週37時間（1日約7時間）と定められ、残業という概念は存在しない。そして世界に注目されているのが「ヒュッゲ」という概念。「人との触れ合いから生じるあたたかく居心地のよい雰囲気」くらいの意味で、彼らの幸福を考える際に大切な要素である。

自転車で出かけるデンマーク人

COLUMN

ヒッピーが作った町

コペンハーゲン、クリスチャンハウンの一画に、クリスチャニアChristianiaと呼ばれる地区がある。ここはヒッピーが集まってできたコミュニティ。独自のルールで自治を行っており、独自の旗も掲げている。1971年に誕生し、政府と激しく対立した時期もあったが、制限や監視のもとに現在も存続している。ちなみに納税義務はあり、社会福祉も受けている。

クリスチャニアの入口

アンデルセンの童話『人魚姫』がモチーフの像

明日誰かに教えたくなる

デンマークの雑学

▷世界で最も古い国旗

デンマークの国旗は「ターネフロウ」と呼ばれ、さまざまな伝説はあるが、13世紀にローマ法王によって授けられたものと一般的にはいわれている。現在使われている国旗では最も古いもの。

▷レゴはデンマークのおもちゃ会社

世界的に有名なレゴは、実はデンマーク発の会社。ビルンという町に本社があり、その郊外の世界最初のレゴランドは海外から多くの観光客が訪れる。また、近くにはレゴハウスという屋内ミュージアムもあり、さまざまな作品を見ることができる。

ビルンのレゴランド

GUIDEBOOK
地球の歩き方
北欧 収録

幸福度指数の高い教育先進国

フィンランド共和国

Republic of Finland

国旗の意味

白地に青十字。青は空と湖、白は雪を、そしてキリスト教の十字を象徴している

フィンランド語でこんにちは

Hyvää päivää !

（フヴァー パイヴァー）

日本ではムーミンやサンタクロース、サウナの国として知られる。バルト海に面し、“森と湖の国”の愛称のとおり大自然が広がり、人口密度は低い。平和なイメージが強いが、歴史的には、この地域で権勢をふるってきたスウェーデンと、大国ロシアに挟まれ、常に翻弄されてきた。世界一難しいといわれるフィンランド語はじめ、文化や習慣ではほかの北欧諸国との違いが大きい。世界一のIT大国でもあり、小学生からプログラミングの授業がある。競争的な社会ゆえ、世界で最も自由な国とされ、生活満足度は高い。男女平等意識が根付くが、これは古来より女性もよく働き、強い発言権をもってきた伝統による。

DATA

人口：約551万人
面積：約33万8431㎢
首都：ヘルシンキ
言語：フィンランド語（公式）87.6%、スウェーデン語（公式）5.2%、ロシア語1.4%ほか
民族：フィンランド人、スウェーデン人、ロシア人、エストニア人、ルーマニア人、サーミ人
宗教：福音ルーテル派69.8%、ギリシア正教1.1%ほか
通貨：ユーロ
時差：日本より7時間遅れ（サマータイムあり）
GNI：US$4万7820／人

湖のほとりに立つサマーハウスとサウナ

COLUMN

森と湖の国

フィンランドの65%は森林で占められ、首都であるヘルシンキにさえ大きな森がある。また、国内には18万を超える湖が点在し、森と湖はフィンランドの風景を形成する大切な要素だ。ヘルシンキに住む多くの人は森や湖のそばにサマーハウスと呼ばれる別荘をもち、休日をそこで過ごす。キノコ狩りをし、ラズベリーやクランベリーをつんでジャムを作り、家族で会話を楽しみ、あるいは読書をして穏やかな時間を過ごす。もちろんサウナと湖でのスイミングも外せない。人々は森や湖とともに生き、それらは人間に心の安寧を与えてくれる。

サマーハウスでの過ごし方

COLUMN

サウナ発祥の国

サウナSaunaはフィンランド語であり、その発祥ももちろんフィンランド。1000年以上の歴史がある、フィンランドを象徴する重要な文化だ。大切な社交の場としても知られている。人口551万人に対して、200～300万のサウナが存在するといわれ、1人当たりのサウナの数は世界一を誇る。ヘルシンキにある国会議事堂にもサウナがある。

フィンランド式サウナ(イメージ)

トラムが走るヘルシンキの旧市街

明日誰かに教えたくなる

フィンランドの常識

▷ サンタクロースの村がある

ラップランドのロヴァニエミにはサンタクロースの村があり、ここを拠点にサンタクロースがプレゼントを配り、世界中へ向けてサンタからの郵便を発送している。オフィスは1年中オープンしており、いつでもサンタに会うことができる。日本を含め世界中から観光客がやってくる。

ロヴァニエミのオフィス

▷ ヘビメタバンドの数が世界一

メタル大国と呼ばれるフィンランド。1人当たりのヘビメタバンドの数は世界一といわれ、学校の授業でも習う。

GUIDEBOOK

地球の歩き方
北欧 収録

資源に恵まれたEU非加盟国

ノルウェー王国

Kingdom of Norway

国旗の由来

赤地に白い縁取りの紺十字「スカンジナビアクロス」。デンマークとスウェーデンの旗のデザインを合わせたもの。

ノルウェー語でこんにちは

God dag !

（ゴダーグ）

北部は北極圏という高緯度にあるが、暖流の影響で気候は温暖。人口密度は極めて低い。フィヨルドやオーロラといった大自然や、豊かな漁場など平和的なイメージが強いが、歴史は複雑で、11世紀まではバイキング時代、14世紀にはデンマーク支配下、1814年からはスウェーデンに統治され、1905年に王国として独立した。19世紀までは貧しい国だったが、1970年代から石油採掘が始まり、現在は海洋石油開発の技術力では世界随一。その恩恵で豊かな福祉国家となり、1人当たりGDPは世界第4位（2018年）。ジェンダーフリーの国としても知られ共働きが普通で、2015年からは女性にも徴兵制度が適用された。

DATA

人口：約532万8212人
面積：約38万6000㎢
首都：オスロ
言語：ノルウェー語
民族：ノルウェー人（サーミ人6万を含む）83.2%、ヨーロッパ人8.3%ほか
宗教：福音ルーテル派70.6%、イスラム教3.2%、カトリック3%、そのほかのキリスト教3.7%ほか
通貨：ノルウェー・クローネ
時差：日本より8時間遅れている（サマータイムあり）
GNI：US$8万790／人

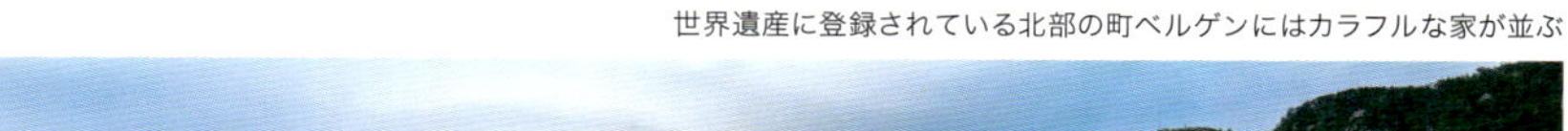

世界遺産に登録されている北部の町ベルゲンにはカラフルな家が並ぶ

COLUMN

優れた航海技術で各地に遠征したバイキング

バイキングとは、8～11世紀にかけて、今のノルウェーやスウェーデン、イギリス北部を拠点に西欧沿海部に遠征した北ゲルマン系の人々。遠征は広範囲にわたり、北大西洋、スコットランド諸島の一部、アイスランド、グリーンランド、果ては北米にまで達した。ちなみに彼らのアメリカ大陸上陸はコロンブスより5世紀も前のことだ。新たな通商路を開拓し、イギリスやフランスの北部、グリーンランドには入植も行っている。単に略奪者といわれることの多い彼らだが、その優れた造船技術と航海術により、中世以後のヨーロッパに多大な影響を与えた。

バイキングの船を模したボート

COLUMN

見逃せないフィヨルド観光

ノルウェーの西部海岸線は、氷河により浸食された入江（狭湾）が2万km以上にもわたって広がっている。これをノルウェー語でフィヨルドと呼び、「内陸部へ深く入り組んだ湾」を意味する。この大自然の景観はノルウェー観光のハイライト。数々の絶景ポイントがあり、フェリーやバス、鉄道で周遊しながらその美観を楽しむことができる。

美しいフィヨルドの風景

オーロラを見ることのできるスポットが点在し、リゾートも整備されている

明日誰かに教えたくなる

ノルウェーの雑学

▷ サーモンの寿司はノルウェーの提案で生まれた

日本では生のサーモンを食べる習慣はなかったが、そこに着目したノルウェー漁業相らがサーモンを寿司用に売り込み、サーモンの寿司が誕生。サーモンといえばノルウェーというイメージも定着した。

▷ 毎年イギリスにクリスマスツリーを提供

第2次世界大戦時の支援に感謝し、毎年イギリスにクリスマスツリーを送っている。

クリスマスツリーはロンドンのトラファルガー広場に飾られる

▷ 地獄という名の村がある

ノルウェーには「Hell（英語で地獄）」という名前の村がある。

GUIDEBOOK

地球の歩き方
北欧 収録

福祉の充実した幸福の国

スウェーデン王国

Kingdom of Sweden

国旗の意味

青は海や湖、黄は王冠の黄金を表している。

スウェーデン語でこんにちは

God dag !

（グッ ダーグ）

面積は日本とほぼ同じだが、人口は10分の1以下。人間と経済と自然が調和し、持続可能な発展への意識が高い。豊かな自然を残し“森と湖の国”とも呼ばれる。人々は短い夏は大自然の中で過ごし、長い冬には家の中の生活を楽しむ。暮らしに根付く洗練された北欧デザインが生まれたのはこのため。インテリアのIKEA、ファッションのH&M、車のボルボなどは世界の憧れだ。近年はIT関連企業が成長し、ストックホルムはシリコンバレーに次いでユニコーン企業(評価額10億ドル以上の非上場企業)の人口比率が高い。福祉国家としても有名だが、支えるのは25%の消費税や約30%の所得税といった高い税率だ。

DATA

人口：約1022万人
面積：約45万㎢
首都：ストックホルム
言語：スウェーデン語
民族：スウェーデン人80.9%、シリア人1.8%、フィンランド人1.4%、イラク人1.4%ほか
宗教：福音ルーテル派60.2%、ほかカトリック、東方正教、バプテスト、イスラム教、ユダヤ教、仏教など
通貨：スウェーデン・クローナ
時差：日本より8時間遅れている(サマータイムあり)
GNI：US$5万5070／人

旧市街ガムラ・スタンの町並み(ストックホルム)

COLUMN

幸福の国の福祉制度

スウェーデンの消費税はなんと25%（2020年現在)。軽減税率は適応されているが、それでも世界で指折りの高税率の国だ。スウェーデンの充実した社会福祉制度はこの高い税金をもとに行われている。税率が高くても最終的には政府を通してその恩恵を受けることができるのだ。まず大学までの授業料は一切かからない。奨学金も世界で最も利子が低いもののひとつだ。そして医療費は、基本的に20歳以下、85歳以上は無料。また、入院する場合もかかる費用は最高およそ1300円/日までと決められている。

ストックホルムの通りを歩く人々

COLUMN

スウェーデンの有名人

1833年、ストックホルムで生まれたアルフレッド・ノーベル。ノーベル賞、ダイナマイトの発明で世界に知られる人物だ。ダイナマイトやゼリグナイト(プラスチック爆弾)の発明で莫大な財を残し、その遺言でノーベル賞の創設を指示したといわれている。あまり知られていないが、生前は“死の商人”と呼ばれたこともある。

ストックホルムにあるノーベル博物館

伝統衣装を着てミッドサマー（夏至祭）を祝う子供たち

明日誰かに教えたくなる

スウェーデンの雑学

▷ 摂氏とはセルシウスのこと

スウェーデン生まれの天文学者アンデルス・セルシウスは、氷点を0度、沸点を100度とする世界初の実用的温度計を提唱した人物。摂氏とはセルシウスを意味している。ちなみに華氏(°F)はドイツ人のファーレンハイトが提唱した。

▷ 金曜はタコスの日

スウェーデンでは金曜日にタコスを食べる習慣がある。金曜日はfredagsmys(ほのぼのした金曜日くらいの意味)と呼ばれ、家族でタコスを食べゆっくり過ごす。

名物のサーモンを使ったタコス

GUIDEBOOK

地球の歩き方
北欧 収録

バルトのIT先進国

エストニア共和国

Republic of Estonia

国旗の意味

青は空やバルト海、黒は大地や森、白は雪や白夜を表す。また、青と白は苦難を克服してきた忠誠心と啓蒙運動の精神も象徴。

エストニア語でこんにちは

Tere päevast !

（テレ パエヴァスト）

バルト3国のひとつで九州ほどの大きさの小国。かつてのハンザ都市である首都タリンは、最も優れた状態で中世の面影を残す町とされ、おとぎの国にもたとえられる。自然や古いものを大事にする一方、無料通話ツールSkypeなどを生み出したIT先進国としても名高い。スーパーの多くが無人レジだったり、町にはレンタルの電動キックボードが走っていたり、ノスタルジーと未来が同居する。

DATA

人口：約132万人　面積：約4万5000㎢　首都：タリン　言語：エストニア語　民族：エストニア人68.7%、ロシア人24.8%ほか　宗教：東方正教16.2%、ルーテル派9.9%、無宗教54.1%ほか　通貨：ユーロ　時差：日本より7時間遅れている（サマータイムあり）　GNI：US$2万990／人

左）緑の多いタリン旧市街の町並み
右）旧市街のランドマーク、ヴィル門

明日誰かに教えたくなる

エストニアの雑学

▷無宗教者が世界一多い

ソ連時代に宗教が弾圧されたこともあり、無宗教の人の割合が半数以上を超える世界でも数少ない国。無宗教者が過半数の国はほかにチェコ、中国、北朝鮮などがある。

クリスマスのお祝いはする

GUIDEBOOK

地球の歩き方
バルトの国々

世界最古の民主議会をもつ金融立国

アイスランド共和国

Republic of Iceland

国旗の由来

赤、白、青のスカンジナビア十字。赤と青は民族衣装にも使われてきた伝統的な色。

アイスランド語でこんにちは

Góðan daginn !

（ゴウザン ダイイン）

北海道ほどの大きさの島国。火山が多いことで有名で、間欠泉、温泉、溶岩原が各地にある。エネルギーの大部分にはこの地熱が利用されている。巨大な氷河、白夜やオーロラといった神秘的な大自然や、バイキングの歴史や文化、真面目でフレンドリーな国民性により、注目を集めている。多くの人が妖精の存在を信じており、伝説の残る場所を保存する法律もある。

DATA

人口：約34万8580人　面積：約10万3000㎢　首都：レイキャビク　言語：アイスランド語　民族：北欧とケルトの混血81％ほか　宗教：福音ルーテル派67.2％、カトリック3.9％ほか　通貨：アイスランド・クローナ　時差：日本より9時間遅れている　GNI：US$6万740／人

左）首都レイキャビクの冬の景色
右）キルキュフェットル山とオーロラ

明日誰かに教えたくなる

アイスランドの雑学

▷バナナを生産している

南国フルーツのバナナを初めてヨーロッパで栽培したのが、北極圏にあるアイスランド。地熱や温泉の熱を利用し、温室栽培を行っている。

スーパーで売られているバナナ

GUIDEBOOK

地球の歩き方
Plat
アイスランド

多くの文豪を輩出したケルト文化の国

アイルランド

Ireland

国旗の意味

オレンジはプロテスタント、緑は共和主義(カトリック)、白は両者の平和を表す。

ゲール語でこんにちは

Dia dhuit !

(ジア グウィッチ)

中世以降イギリスとの宗教的対立があり、近世になり戦争を経て独立。1949年にはイギリス連邦も脱退し、残った「北アイルランド」を巡る紛争が続いていた。現在は和平への道を歩んでいる。高緯度にあっても暖流により温暖。草地の丘が連なり“緑の島”と呼ばれる。人々はパブをこよなく愛し、ケルト文化の伝統音楽や神話を大切に受け継いでいる。妖精の存在を信じる人も多い。

DATA

人口:約492万人　面積:約7万300㎢　首都:ダブリン　言語:ゲール語、英語　民族:アイルランド人82.2%ほか　宗教:カトリック78.3%、アイルランド教会2.7%ほか　通貨:ユーロ　時差:日本より9時間遅れている(サマータイムあり)　GNI:US$5万9360/人

左)修道院の廃墟前でたたずむヒツジ
右)パブが並ぶダブリンの町角

明日誰かに教えたくなる

アイルランドの雑学

▷ イギリスの話題は控えて

長い支配の後にようやく独立した経緯があるため、まだイギリスに敵対心を抱いている人も多い。イギリスやIRA(アイルランド共和軍)に関する話題には気を付けよう。

パブでの話題に注意

GUIDEBOOK

地球の歩き方
アイルランド

たび重なる被支配の歴史から独立

ラトビア共和国

Republic of Latvia

国旗の由来

13世紀にドイツ騎士団と戦った指揮官の白い布に染み付いた血の色に由来。世界で最も古い旗のひとつ。

ラトビア語でこんにちは

Labdien !

（ラブディエン）

1990年に旧ソ連から独立回復したバルト3国のひとつ。公用語はラトビア語だが、国民の約33%がロシア系でロシア語も広く使われる。英語やドイツ語などとのマルチリンガルが多いため、外国企業が多く進出。北海道の8割ほどの大きさの国土は、沿岸に長く続くビーチ、ほとんどが低地の内陸は広大な森林に覆われる。中世の面影を残す首都リガは“バルト海の真珠”とたたえられる。

DATA

人口：約193万人　面積：約6万5000㎢　首都：リガ　言語：ラトビア語　民族：ラトビア人62.2%、ロシア人33.8%ほか　宗教：ルーテル派36.2%、カトリック19.5%、東方正教19.1%ほか　通貨：ユーロ　時差：日本より7時間遅れている（サマータイムあり）　GNI：US$1万6880／人

左）“バルトのパリ”とも呼ばれるリガ旧市街
右）ドーム広場で行われるクリスマスマーケット

明日誰かに教えたくなる

ラトビアの雑学

▷インターネット先進国

800以上の図書館が無料Wi-Fiを整備しているほか、ホットスポットもたくさんある。2014年にリガは「ヨーロッパのフリー Wi-Fiの首都」を宣言した。

世界遺産に登録されているリガ旧市街

GUIDEBOOK

地球の歩き方
バルトの国々

森と湖に囲まれたバルトの国

リトアニア共和国

Republic of Lithuania

国旗の意味

黄は太陽や光、緑は森や自然、自由、希望、赤は勇気と祖国を守るために流れた血を表す。

リトアニア語でこんにちは

Laba Diana !

（ラバ ディエナ）

1990年に独立を回復したバルト3国で最も大きな国。世界的には平均所得は高く、インフラも整っているが、EUの中では低いため2004年の加盟時にはほかの加盟国への移住が増え問題となった。独立回復時には住民すべてに国籍を与え、旧ソ連では残留ロシア人の無国籍問題のない少ない国。国土の98%が緑の森林や農地で、そこに大小約4000もの湖が点在する。

DATA

人口：約281万人　面積：約6万5000㎢　首都：ビリニュス　言語：リトアニア語　民族：リトアニア人84.1%、ポーランド人6.6%、ロシア人5.8%ほか　宗教：カトリック77.2%、ロシア正教4.1%ほか　通貨：ユーロ　時差：日本より7時間遅れている（サマータイムあり）　GNI：US$1万7360／人

左）石畳が続くビリニュスの旧市街
右）古都トラカイのガルヴェ湖

明日誰かに教えたくなる

リトアニアの雑学

▷“東洋のシンドラー”が活躍した国

第2の都市カウナスは“東洋のシンドラー”と呼ばれる外交官、杉原千畝が活躍した町。ユダヤ人にビザを発給し、シベリア鉄道経由での亡命を手助け。6000人以上の命を救ったといわれている。かつての日本領事館は杉原記念館として公開されている。

GUIDEBOOK

地球の歩き方
バルトの国々

<デンマーク自治領>

氷に覆われた世界最大の島

グリーンランド

Greenland

クルスクのカラフルな家

グリーンランド語でこんにちは

Inuugujoq！

（イィヌゥギョック）

日本の国土の6倍もの面積がある世界最大の「島」。ここより大きいと大陸で、小さいと島という基準になっている説は有名（実際には明確な基準は存在しない）。9世紀から11世紀にわたってこの海域で活動した海賊バイキングによる発見が事実上の歴史の始まりとされる。地表の80%以上は氷に覆われている。デンマーク王国の一部だが、EU反対派が多く1985年に脱退。

DATA

人口：約5.7万人　面積：約216万㎢　主都：ヌーク　言語：グリーンランド語、デンマーク語　民族：グリーンランド人89.7%ほか　宗教：キリスト教、伝統宗教　通貨：デンマーク・クローネ　時差：日本より12時間進んでいる（ヌーク。ほか3つのタイムゾーンがある）

明日誰かに教えたくなる

グリーンランドの雑学

▷ **犬ぞりの編成が独特**

通常犬ぞりは縦2列に犬を配置するが、グリーンランドでは犬を横並びにつなぐ。

<イギリス王室属領>

独自の文化を育むタックスヘイブンの島々

チャネル諸島

Channel Islands

ジャージー島のモントルグイユ城

ジャージー語でこんにちは

Bouônjour！

（ブオンジュール）

イギリス海峡に浮かぶジャージーとガーンジーをはじめとする5つの島と周辺の小さな島々。英王室属領で、高度な自治権を有し、連合王国には含まれない。独自の議会と政府をもち、イギリスの法律や税制も適用されず、イギリス議会は支配をしないが外交と防衛は担う。良質の乳が取れるジャージー牛が有名。

DATA

人口：約16万8125人　面積：約194㎢　主都：セント・ピーター・ポート（ガーンジー）、セント・ヘリア（ジャージー）　言語：英語、フランス語、ジャージー語　民族：ジャージー人、ガーンジー人が約半分で、ほかヨーロッパ人　宗教：キリスト教　通貨：ジャージー・ポンド、ガーンジー・ポンド　時差：日本より9時間遅れている

明日誰かに教えたくなる

チャネル諸島の雑学

▷ **イギリス人と呼ばないで**

歴史的に独自の文化を育んできたため、ジャージー人やガーンジー人と呼んだほうがよい。

〈フィンランド自治領〉

スウェーデン系住民がほとんど

オーランド諸島

Åland Islands

スウェーデン語で こんにちは

God dag !
(グッ ダーグ)

スウェーデンとフィンランドの間に浮かぶ6700もの島々。第1次世界大戦後、その帰属をめぐって両国の間で紛争になるが、これを解決したのが、当時の国連事務次官だった新渡戸稲造。帰属はフィンランド、言語や文化はスウェーデン、そして強い自治権をもたせることで痛み分けとなった。黒パン、サーモンなどグルメな島としても知られる。

DATA

人口:約2万9884人　面積:約1580㎢　主都:マリエハムン　言語:スウェーデン語(公用語)、フィンランド語　民族:スウェーデン系　宗教:福音ルーテル派がほとんど　通貨:ユーロ　時差:日本より7時間遅れている(サマータイムあり)

〈デンマーク自治領〉

メルヘンチックな景色が広がる

フェロー諸島

Faroe Islands

フェロー語で こんにちは

Góðan dag !
(ゴウアン デア)

イギリスの北に位置する自然豊かな18の島々。デンマーク領ではあるが、独自の歴史や文化、言語をもち、国防と外交以外は自治政府が担う。北欧ならではのカラフルな家々や風変わりな芝屋根の町並みはまるでおとぎの国のよう。世界の果てを思わせる自然風景、パフィンをはじめ珍しい鳥たちなど、さまざまな魅力にあふれている。

DATA

人口:約5万1628人　面積:約1393㎢　主都:トースハウン　言語:フェロー語、デンマーク語　民族:フェロー人87.6%ほか　宗教:福音ルーテル派　通貨:フェロー・クローネ　時差:日本より9時間遅れている(サマータイムあり)

〈イギリス王室属領〉

オートバイレースの開催地

マン島

Isle of Man

マン島語で こんにちは

Fastyr mie !
(ファステ マイ)

1907年に始まったバイクのロードレースで世界的に知られる島。本田宗一郎もこのレースで優勝することを夢見ていたという。イギリスの王室属領で外交・軍事は英国政府に委ねられているが、マン島語をはじめ独自の文化や高い自治権をもっている。角の多いラクタン羊やノアの箱舟に関わる逸話をもつマンクス猫など固有の動物も多い。

DATA

人口:約9万499人　面積:約572㎢　主都:ダグラス　言語:マン島(ゲール)語　民族:白人96.5%ほか　宗教:プロテスタント、カトリック　通貨:マンクス・ポンド　時差:日本より9時間遅れている(サマータイムあり)

〈ノルウェー領〉

世界最北の町がある

スヴァールバル諸島

Svalbard

ノルウェー語で こんにちは

God dag !
(ゴダーグ)

人が定住する世界最北の町ロングイェールビーンがある小さな群島。人口は約2926人しかなく、周辺にすむホッキョクグマ(約3000頭)よりも少ないといわれる。ノルウェー領ではあるが独立行政区であり、スヴァールバル条約により、日本人でもビザや永住権なしで自由に就労、定住できる。世界種子貯蔵庫があることでも知られる。

DATA

人口:約2926人　面積:約6万2045㎢　主都:ロングイェールビーン　言語:ノルウェー語、ロシア語　民族:ノルウェー人ほか　宗教:おもにノルウェー国教会　通貨:ノルウェー・クローネ　時差:日本より8時間遅れている(サマータイムあり)

欧州で唯一イスラム教が多数派の国

アルバニア共和国

Republic of Albania

国旗の由来

赤地に黒い双頭の鷲。15世紀にオスマン帝国から一時的に独立を果たしたスカンデルベグの紋章が基になっている。

アルバニア語でこんにちは

Mirë dita !

（ミルディタ）

1978～91年は社会主義国家として鎖国をしていた。これは第2次世界大戦後に米ソ双方と距離をおいたため。この間は欧州最貧国だったが、皆が平等な状態にあったとされる。開国後には市場経済に慣れない国民にねずみ講が蔓延した。近年はアドリア海のビーチを中心に観光業が発展。欧米とイスラムの文化が融合、治安がよくて物価も安く、旅先として注目されている。

DATA

人口：約286万人　面積：約2万8700㎢　首都：ティラナ　言語：アルバニア語　民族：アルバニア人　宗教：イスラム教57%、カトリック10%、東方正教7%　通貨：レク　時差：日本より8時間遅れている（サマータイムあり）　GNI：US$4860／人

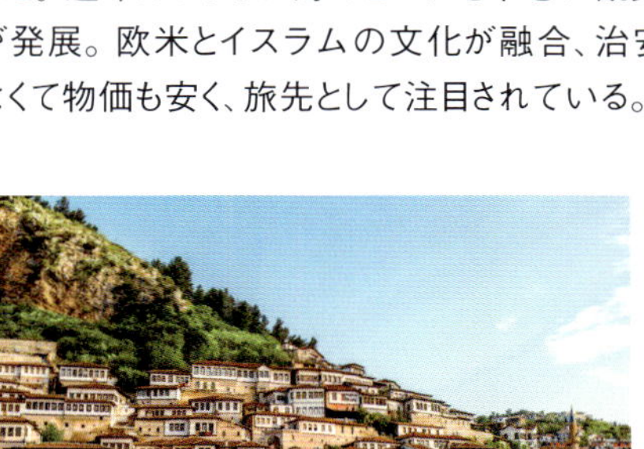

左）"千の窓の町"と呼ばれる歴史都市ベラト
右）サランダにあるクサミル・ビーチ

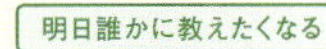

明日誰かに教えたくなる

アルバニアの雑学

▷シエスタと散歩の習慣がある

旅行者がまず驚くのが、昼間は人がほとんど外に出ていないこと。これは暑さとシエスタ（午睡）の習慣によるもの。夕方にはXhiroと呼ばれる散歩の習慣があり、夜にかけて徐々に町はにぎわい始める。散歩のために道路を封鎖する町もある。

GUIDEBOOK

地球の歩き方
中欧 収録

アドリア海に面した自然が美しい国

クロアチア共和国

Republic of Croatia

国旗の意味

赤白青の3色はスラヴカラーで、中央には5つの地域を表す紋章と、伝統的なチェック柄が描かれている。

クロアチア語でこんにちは

Dobar dan !

（ドーバル ダン）

内陸部にはディナル・アルプス山脈が縦断、アドリア海に面した長い海岸線には1000を超える島々が浮かび、変化に富んだ国土をもつ。ジブリ映画『魔女の宅急便』の舞台とうわさされる中世の城壁都市ドゥブロブニクは、ボスニア・ヘルツェゴビナによって分離された飛び地にある。1991年に旧ユーゴスラビアから分離した新しい国のイメージがあるが、8世紀末から9世紀にかけてクロアチア王国はすでに存在していた。人口の9割はクロアチア人で、これは1991 ～ 95年のクロアチア紛争により、在住していたセルビア人が流出、その一方でボスニアからクロアチア系住民が帰還した民族浄化の最成功例といわれている。

DATA

人口：約409万6000人
面積：約5万6594㎢
首都：ザグレブ
言語：クロアチア語
民族：クロアチア人90.4％、セルビア人4.4％、そのほか（ボスニャック人、ハンガリー人、スロベニア人、チェコ人、ロマ人を含む）4.4％
宗教：カトリック86.3％、東方正教4.4％、イスラム教1.5％ほか
通貨：クーナ
時差：日本より8時間遅れている（サマータイムあり）
GNI：US$1万3830／人

城壁が張り巡らされたドゥブロブニクの旧市街

COLUMN

“アドリア海の真珠”ドゥブロブニク

美しいアドリア海に浮かぶオレンジ色の要塞都市。ドゥブロブニクの旧市街は世界遺産に登録された人気観光地だ。中世の町並みが残る城壁内は、歴史ある教会やスポンザ宮殿、プラツァ通りなど、散歩に最適な名所旧跡であふれている。旧市街の城壁を築いたのは、この地で栄えた都市国家ラグーサ。オスマン帝国に貢納金を納め独自に交易活動を認められ、15～16世紀に国は最盛期を迎えた。その後、地震や戦争でたびたび破壊されているが、精力的な修復により危機遺産のリストからは外された。スルジ山からは旧市街を一望できる。

旧市街の通り

COLUMN

ヴェネツィア共和国の軌跡

クロアチアのアドリア海沿岸では、羽の生えたライオンの像をよく見かける。これはヴェネツィア共和国の守護聖人である聖マルコのシンボル。アドリア海の制海権を得るため、ヴェネツィアがアドリア海沿岸に進出した痕跡だ。クロアチアの食文化は周辺国の影響が見られるが、なかでもイタリアの影響が顕著。

いろんな場所で見られる聖マルコのシンボル

ボスニア・ヘルツェゴビナとの国境に位置するプリトヴィツェ湖群国立公園

明日誰かに教えたくなる

クロアチアの雑学

▷ダルメシアンはクロアチア生まれ

白に黒丸の模様が特徴的なダルメシアンは、クロアチア生まれ。ダルマチア地方で生まれたのでこの名前がつけられた。

▷ネクタイ発祥の地

中世、クロアチアの傭兵が首に巻いていたスカーフがネクタイの原型。おみやげにひとつ買って帰りたい。

▷著名な小説の殺人現場

アガサ・クリスティの『オリエント急行殺人事件』で殺人が起きたのは現クロアチア。

ザグレブのネクタイ店

GUIDEBOOK

地球の歩き方
クロアチア
スロヴェニア

ヨーロッパ文明が生まれたエーゲ海の国

ギリシア共和国

Hellenic Republic

国旗の意味

青は海と空、白は独立の純潔性、十字はギリシア正教、9本の横縞はトルコからの独立戦争時のスローガンの9音節を表す。

ギリシア語でこんにちは

Γεια σας !

（ヤーサス）

ギリシア語による正式名称は「エリニキ・デモクラティア」で、ギリシア人たちはそこから自らをエーリスと呼ぶことが多い。国のルーツはヨーロッパ文化の基礎を築いた古代ギリシア文明にある。彫刻、演劇、文学などの芸術、西洋哲学、歴史学、政治学、自然科学、数学的原理などの学問、そして民主主義にオリンピックと、ここで発祥した多くのものは現代社会にも大きな影響を及ぼしている。現在の主要産業は、オリーブに代表される農業と、歴史遺産と美しいエーゲ海が魅力の観光業。首都アテネのシンボル、パルテノン神殿など古代遺跡を中心に世界遺産登録数は18件。国土の大きさからしても世界有数だ。

DATA

人口：約1074万人
面積：約13万1957㎢
首都：アテネ
言語：ギリシア語
民族：ギリシア人91.6%、アルバニア人4.4%、そのほか4%
宗教：ギリシア正教（公式）81～90%、イスラム教2%、無宗教4～15%、そのほか3%
通貨：ユーロ
時差：日本より7時間遅れている（サマータイムあり）
GNI：US$1万9540／人

アテネにあるアクロポリスの丘

COLUMN

オリンピック発祥の地

オリンピック発祥の地といえばオリンピア。現在でも古代オリンピックが行われたオリンピアの遺跡で聖火が採火される。ギリシア神話にその起源となる逸話が残っている。当時この地の君主だったオイノマオスは「娘婿に王座を奪われる」という神託を受ける。そのため、娘ヒッポダメイヤの求婚者たちに対して、自分と戦車競走をして負ければ殺すと定めた。しかし、タンタロス(ゼウスの反抗的な息子)の息子ペロプスは、王の側近を買収し、王の戦車の車輪をひとつ外すことに成功。勝者となったペロプスはオイノマオスを殺してヒッポダメイヤと結婚し、ペロポネソス地方の王として君臨した。ゼウスの息子ヘラクレスは、オイノマオスに勝利したペロプスに敬意を表し、体育と陸上競技を始めたといわれている。

COLUMN

ロマンティックなエーゲ海の島 サントリーニ

エーゲ海の島々は、世界のセレブを魅了する人気デスティネーション。特に真っ白な町並みが美しいサントリーニ島は、世界中から観光客が殺到している。メディアでもよく登場する白い町並みとブルードームの教会の景色はイアという町のもの。複雑に入り組んだ町並みはまるで迷路のようだ。

イアの風景

採火の儀式が行われるオリンピア遺跡

明日誰かに教えたくなる

ギリシアの雑学

▷夏季と冬季の差が激しい

ギリシアのベストシーズンは6～9月の夏季。ヨーロッパ中から人が押しかけ、大にぎわいとなる。一方、冬は寒く、雨も多くなり、観光客は激減。落差が激しいのが特徴だ。ちなみに、冬季は遺跡巡りには適している。人は少なく、入場料も半額になる。

▷トルコの話題は控えたほうがよい

近代のギリシアはオスマン帝国(トルコ)に支配され、暗黒時代ともいわれるつらい時期を経験している。現代においてもさまざまな問題を抱えていて、トルコに関する話題は控えたほうがよい。

食堂で食事をする人々

GUIDEBOOK

地球の歩き方
ギリシアと
エーゲ海の島々

芸術、ファッション、グルメで知られる経済大国

イタリア共和国

Italian Republic

国旗の由来

ナポレオンが樹立したチザルピーナ共和国の旗に由来し、フランス国旗の影響を受けている。

イタリア語でこんにちは

Buon giorno !

（ボンジョルノ）

地中海に突き出した細長い形は、よく長靴にたとえられる。中央部を南北に火山帯のアペニン山脈が走り、地震や火山が多い。その歴史は古く紀元前6世紀頃には始まり、キリスト教とともに文化的、政治的な影響を世界に与え続けてきた。このため古代から中世の遺産が数多く残り、観光業が重要な産業となっている。また、ワインやパスタなどが思い浮かぶグルメの国らしくローマやナポリのある南部は農業も盛ん。一方のトリノやミラノを中心とする北部は工業地帯で、多くの世界的なファッションブランドや自動車メーカーの本拠地。カトリック教国として人々の信仰心は厚く、安息日の日曜日にはほとんどの店が休業する。

DATA

人口：約6060万人
面積：約30万1000㎢
首都：ローマ
言語：イタリア語（公用語）、ドイツ語、フランス語、スロヴェニア語
民族：イタリア人（ドイツ、フランス、スロヴェニア、ギリシア、アルバニア系も）
宗教：キリスト教（カトリックがほとんどで、ほかにプロテスタント、エホバの証人など）83.3%、イスラム教3.7%ほか
通貨：ユーロ
時差：日本より8時間遅れている
GNI：US$3万3560／人

左）フィレンツェの町並みとサンタ・マリア・デル・フィオーレ大聖堂
右）ナポリのギャレリア

COLUMN

世界遺産数 世界No.1

ローマ帝国の遺跡が各地に残るイタリア。ユネスコの世界遺産は、2019年時点で55件とその数は中国とともに世界最多。ここまで数が多いのは、まずローマ帝国の本拠地であったこと。そして湿気が少ないため、歴史的建造物の風化を免れたことなどがその理由だといわれる。5大都市のローマ、ヴェネツィア、フィレンツェ、ミラノ、ナポリは、それぞれ歴史地区が世界遺産に登録されている。ほかにも、一夜にして火山灰により埋没したポンペイ、キノコのような家が並ぶアルベロベッロ、世界一美しい海岸といわれるアマルフィなどが有名。

保存状態のよいローマのコロッセオ

COLUMN

ヴェネツィアが沈む!?

近年浸水が問題となっているヴェネツィアの歴史地区。もともと干潟で昔から浸水被害はあったが、工業化による地盤沈下、海面上昇も重なり、深刻な問題となっている。この対策として行われているのが「モーゼ計画」。海に可動式防潮堤を建設し、低い水位を保つというもの。2022年に完成する見通しだ。

運河に面して立つサンタ・マリア・デッラ・サルーテ聖堂

地中海沿いのアマルフィの海岸

明日誰かに教えたくなる

イタリアの雑学

▷蛇口の表示は「C」が温水で「F」が冷水

蛇口に「C」と書かれているとColdだと勘違いしてしまうが、これはイタリア語でCaldo（熱い）を意味する。冷水は「F」でFreddo（冷たい）。

▷ピザ屋でタバスコは出てこない

ピザの本場イタリアでは唐辛子を漬け込んだオリーブオイルが定番。

▷スパゲティはフォークだけで食べる

スパゲティをフォークとスプーンで食べるのはイタリアではマナー違反。フォークだけで食べるのが一般的だ。

イタリアといえばスパゲティ

GUIDEBOOK

地球の歩き方
イタリア

大航海時代を牽引したかつての小さな大国

ポルトガル共和国

Portuguese Republic

国旗の意味

緑は誠実と希望、赤は大海原に乗り出したポルトガル人の血を表す。紋章は天球儀で、イスラムから奪い返した7つの城、王を表す5つの楯からなる。

ポルトガル語でこんにちは

Boa Tarde !

（ボア タルジ）

ヨーロッパ最西端の国。その栄光は15世紀に始まる大航海時代にある。イスラム支配から領土を奪還すると、大西洋に面する地の利からアフリカ、インド、ブラジル、さらには東アジアへも到達し、海を制すパイオニアとして世界の頂点に君臨した。日本でも織田信長や豊臣秀吉らと南蛮貿易を行った。現在も残る歴史的建築物の多くはこの頃のもの。1975年に衰退し植民地を一度に失い、資源の安価な調達ができず経済は混乱した。2000年以降はGDP成長率が1%を割り、経済復興が大きな課題。世界的サッカー選手の輩出、伝統歌謡ファドに代表されるサウダージという郷愁を表す文化が有名。

DATA

人口：約1027万人
面積：約9万1985㎢
首都：リスボン
言語：ポルトガル語、ミランダ語
民族：ポルトガル人、アフリカ系、東ヨーロッパ系など
宗教：カトリック81%、そのほかのキリスト教3.3%、無宗教6.8%ほか
通貨：ユーロ
時差：日本より9時間遅れている（サマータイムあり）
GNI：US$2万1680／人

ポートワインで知られる第2の都市ポルトの風景

COLUMN

新天地を求めて世界へ

ヨーロッパ列強が大海原を駆け抜けた、いわゆる大航海時代。その先駆けとなったのがポルトガルだった。スペインのカスティーリャ王国の宗主下にあったポルトガルだったが、1385年、アヴィス朝のもとで完全独立。初代国王の王子エンリケは、莫大な資金源をもとに海に進出した。ちなみに“航海王子”と呼ばれているが、自身は航海には出ていない。その後、喜望峰にたどり着いた騎士バルトロメウ・ディアス、インドへの航路を切り開いたヴァスコ・ダ・ガマ、その後継者カブラルなどが続き、帝国主義の礎を築いていった。

エンリケ航海王子の銅像

COLUMN

聖母が現れたファティマの奇跡

第1次世界大戦中の1917年5月13日、中部にあるファティマという村で、3人の子供の前に聖母マリアが現れた。そして5ヵ月間、毎月13日に同じ時刻に同じ場所に現れると言い残し姿を消した。最後の13日には7万人もの人が集まったが、やはり見えたのは3人の子供だけ。この地に礼拝堂を建てるようにいい、3つの予言を告げたという。

ファティマのバジリカ

リスボンは7つの丘に広がる坂の多い町

明日誰かに教えたくなる

ポルトガルの雑学

▷天ぷらの起源はポルトガル

日本食のイメージが強い天ぷらだが、実はポルトガルの宣教師によって日本に紹介されたといわれている。一説には、ポルトガル語のテンポーラTemporasという四季の斎日が語源とされ、その期間、カトリック教徒は肉食を禁じ、野菜に衣をつけて食べる。

▷世界一古い本屋がある

リスボンのバイロ・アルト地区には世界で最も古い本屋「ベルトラン書店」があり、なんと1732年創業。店の外壁にはギネス認定のマークが堂々と飾られている。カフェもあるので休憩がてら訪れてみたい。

ギネスブック認定

GUIDEBOOK

地球の歩き方
ポルトガル

フラメンコと数々の歴史遺産で知られる情熱の国

スペイン王国

Kingdom of Spain

国旗の意味

中央の紋章は5つの王国(カスティーリャ、レオン、アラゴン、ナバーラ、グラナダ)を表す。

スペイン語でこんにちは

¡ Buenas tardes !

(ブエナス タルデス)

ブルボン王家が治める立憲君主制の国。15世紀半ばからの大航海時代には、ポルトガルと共に大規模な航海を行い、アメリカ大陸を中心に世界各地に広大な領土をもつ大帝国を築いた。とりわけ最も繁栄した16世紀中頃から17世紀前半までの約80年間は黄金世紀と呼ばれ、莫大な金銀財宝、香辛料などの富がもたらされ"太陽の沈まない国"と形容された。現在でもスペイン語は世界で2番目に多く話されている言語だ。世界一を誇るものは今も多く、ワインの輸出量、オリーブオイル輸出量のほか、年間観光客数もフランスと常に1位2位を争う。国民気質はマイペースで、昼寝のシエスタ習慣が根強く残る。

DATA

人口:約4693万人
面積:約50万6000㎢
首都:マドリード
言語:スペイン語、バスク語、カタルーニャ語、ガリシア語、バレンシア語、アラン語が公用語
民族:スペイン人86.4%、モロッコ人1.8%、ルーマニア人1.3%ほか
宗教:カトリック68.9%、無神論者11.3%、不可知論者7.6%ほか
通貨:ユーロ
時差:日本より8時間遅れている(サマータイムあり)
GNI:US$2万9450/人

左)建設工事が続けられるガウディ設計の教会サグラダ・ファミリア
右)イビサ島の美しいビーチ

COLUMN

一筋縄ではいかない独立問題

2017年に話題になったカタルーニャ州の独立問題。住民投票で賛成が約90%にのぼり、プッチダモン州首相は「独立国家になる権限を得た」と発表。スペイン政府はこれに強く反発し、自治を一部制限、独立宣言を行った州首相ほか閣僚たちを全員更迭した。カタルーニャはもともと独立した公国であり、独自の言語、文化をもつ。同じく独立した国であったカスティーリャ王国とフランスのブルボン朝の連合軍に敗北し、スペインとして組み込まれた経緯があり、これが独立運動の土壌となっている。ちなみに美食で知られるバスクも独立問題を抱える州だ。

家に掲げられた州旗

COLUMN

美食が注目されるバスク地方

カタルーニャと同じく独自の伝統文化をもつバスク。古来よりバスク語を話すバスク人が暮らし、その隔絶された地理により、独自の文化が保存されてきた。近年はその食文化が世界的に注目されている。特に避暑地サン・セバスチャンは"世界一の美食都市"と呼ばれ、100以上の美食倶楽部が存在するという。

バルのカウンターに並ぶピンチョスと呼ばれるスナック

アルハンブラ宮殿から見たグラナダの町並み

明日誰かに教えたくなる

スペインの雑学

▷チュッパチャップスはスペイン生まれ

世界一有名な棒付きキャンディ、チュッパチャップスはバルセロナ生まれ。スペインでは棒付きキャンディ以外にもさまざまな商品が手に入るのでおみやげにもぴったり。

▷サグラダ・ファミリアは135年以上工事中

バルセロナで最も人気の観光地サグラダ・ファミリアは、1882年に着工し、いまだに完成していない。2026年に完成予定。ちなみに日本人彫刻家の外尾悦郎氏は、2013年に芸術工房監督に就任し、いくつもの彫刻を手がけている。

さまざまな装飾が施されるサグラダ・ファミリア

GUIDEBOOK

地球の歩き方
スペイン

アフロディーテの生まれた小さな島国

キプロス共和国

Republic of Cyprus

国旗の意味

国土の形がキプロス特産の黄銅の色でデザインされている。下のオリーブの枝は平和を象徴している。

ギリシア語でこんにちは

Γεια σας !

（ヤーサス）

　四国の半分くらいの地中海の島国。ギリシア系とトルコ系の住民による1974年からの内戦から、事実上、南北に分断されている。北側約37%はトルコ系住民が独立宣言しているが、承認はトルコ1ヵ国のみ。世界的には島全体で1ヵ国とされる。地中海の中継地として歴史は古く、アフロディーテ信仰の古代遺跡も残り"ヴィーナスの生まれた島"と呼ばれる。

DATA

人口：約119万人　面積：約9251㎢
首都：ニコシア　言語：ギリシア語、トルコ語　民族：ギリシア系98.8%ほか　宗教：ギリシア正教89.1%、カトリック2.9%、プロテスタント2%ほか
通貨：ユーロ　時差：日本より7時間遅れている（サマータイムあり）
GNI：US$2万6300／人

左）アフロディーテ生誕の伝説の地ペトラ・トゥ・ロミウ海岸
右）ニコシアの町並み。トルコサイドのモスクが見える

明日誰かに教えたくなる

キプロスの雑学

▷世界最古のワインレーベル

　キプロスは古代から有数のワインの産地で、12世紀に「コマンダリア」と名づけられたワインが今でも作られている。これは世界最古のワインレーベルとして有名。

ワインを楽しむ人々

GUIDEBOOK

地球の歩き方
ギリシアとエーゲ海の島々 収録

聖ヨハネ騎士団の足跡残る小さな島

マルタ共和国

Republic of Malta

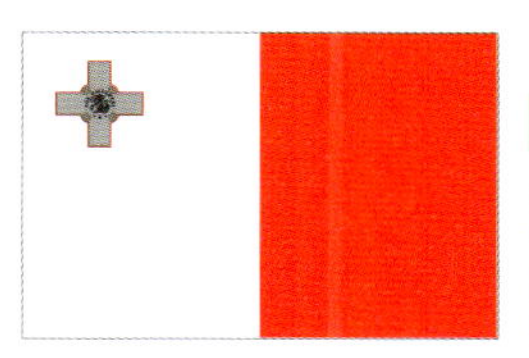

国旗の由来

独立時に第2次世界大戦中のマルタ人の勇敢な行動に対して英国より送られたジョージ・クロスが加えられた。

マルタ語でこんにちは

Bongu !

（ボンジュ）

リゾート地として人気の地中海の小さな島国。多くの歴史文化遺産がある。紀元前からはローマ帝国、1世紀後半にはイスラム帝国、15世紀にはスペインに支配され、16世紀にキリスト教聖地防衛団のマルタ騎士団が領有し、オスマン帝国の侵略を撃退した。以降、ナポレオンの支配、19世紀のイギリスの統治下を経て、第2次世界大戦後に独立。冷戦終結のマルタ会談でも有名。

DATA

人口：約43万人　面積：約316㎢　首都：バレッタ　言語：マルタ語と英語が公用語　民族：マルタ人（古代フェニキア、カルタゴ人の子孫）　宗教：カトリック90％以上　通貨：ユーロ　時差：日本より8時間遅れている（サマータイムあり）　GNI：US$2万6220／人

左）空から見た城塞都市バレッタ。ドーム型の建物は聖パウロ教会　右）中世の面影を残すバレッタの町並み

明日誰かに教えたくなる

マルタの雑学

▷マルチーズはマルタ原産

日本でもおなじみの犬種マルチーズは英語でMaltese。「マルタの～」という意味だ。名前の通りマルタ原産。ちなみにファラオハウンドという犬もマルタ生まれ。

日本でも人気

GUIDEBOOK

地球の歩き方
Platマルタ

中世の町並みと多彩な自然風景が広がる

スロヴェニア共和国

Republic of Slovenia

国旗の意味

白、青、赤のスラブ3色に、最高峰トリグラフ山と3つの星が描かれたスロヴェニアの紋章が加えられている。

スロヴェニア語でこんにちは

Dober dan !

(ドベルダン)

旧ユーゴスラビアから独立した国。アドリア海の最北部に位置し、古くから交易の要所として栄えた。アルプスの美しい山岳部、美しい旧市街を残すアドリア海沿岸の都市や、ヴェネツィアと向かい合いイタリア文化の影響を受けた町が点在するイストラ半島など、緑豊かで変化に富んだ美しい風景が広がっている。小国ながらバスケットボールの強豪で、NBA選手も多く輩出している。

DATA

人口:約206万人　面積:約2万273㎢　首都:リュブリャナ　言語:スロヴェニア語　民族:スロヴェニア人83.1%、セルビア人2%ほか　宗教:カトリック57.8%、イスラム教2.4%、東方正教2.3%ほか　通貨:ユーロ　時差:日本より8時間遅れている(サマータイムあり)　GNI:US$2万4670／人

左)アドリア海に面した港町ピラン
右)リゾート地としても人気のブレッド湖

明日誰かに教えたくなる

スロヴェニアの雑学

▷洞窟と同化した城がある

リュブリャナの南西約40kmにある、自然の洞窟を利用して建てられたプレッドヤマ城。世界で最も大きな洞窟城としてギネスブックに登録されている。

観光地としても人気

GUIDEBOOK

地球の歩き方
クロアチア
スロヴェニア

三つ巴の内戦が行われた

ボスニア・ヘルツェゴビナ

Bosnia and Herzegovina

モスタルのスタリ・モスト(橋)

旧ユーゴスラビアの構成国で、冷戦の終結とともに独立への道を歩み始めたが、民族対立により内戦が勃発。1995年終結し、ボスニャック人、クロアチア人主体のボスニア・ヘルツェゴビナ連邦とセルビア人主体のスルプスカ共和国での連合国となった。1984年には首都サラエボで、社会主義国では1980年のモスクワ以来、冬季では初となるオリンピックが開催されている。

DATA

人口:約353万人　面積:約5万㎢　首都:サラエボ　言語:ボスニア語、セルビア語、クロアチア語　民族:ボスニャック人、セルビア人、クロアチア人ほか　宗教:イスラム教ほか　通貨:兌換マルク　時差:日本より8時間遅れている(サマータイムあり)　GNI:US$5690/人

ボスニア語でこんにちは

Dobar dan !

(ドバル ダン)

明日誰かに教えたくなる

ボスニア・ヘルツェゴビナの雑学

▷ブルース・リーの銅像がある

モスタルはかつての民族紛争の舞台で、3民族共通の英雄としてブルース・リーの像が建てられた。

2006年にセルビアから分離独立

モンテネグロ

Montenegro

コトル湾に面した古都コトル

旧ユーゴスラビアの解体とともに1992年にセルビアとユーゴスラビア連邦共和国となり、後にセルビア・モンテネグロに国名変更。2006年に独立した。アドリア海に沿った海岸線の多くが美しい砂浜で、深いフィヨルドのような湾の奥にある中世の面影を残す城壁の町コトルや、ビーチリゾート地ブドヴァなど、風光明媚な自然が資源の観光立国。周辺国からの日帰り訪問が多い。

DATA

人口:約62万人　面積:約1万3812㎢　首都:ポドゴリツァ　言語:モンテネグロ語ほか　民族:モンテネグロ人、セルビア人、ボスニャック人ほか　宗教:キリスト教、イスラム教ほか　通貨:ユーロ　時差:日本より8時間遅れている(サマータイムあり)　GNI:US$8400/人

モンテネグロ語でこんにちは

Dobar dan !

(ドバル ダン)

明日誰かに教えたくなる

モンテネグロの雑学

▷EU加盟国ではないがユーロを使用

ユーロが流通しているが、EUは未加盟で公式の通貨協定は締結していない。

紀元前からの歴史があるバルカンの国

北マケドニア共和国

Republic of North Macedonia

スコピエのアレキサンダー大王像

　旧ユーゴスラビアの連邦国。1991年に独立。だがマケドニアは自国の地方名であると主張するギリシアの反対を受け、マケドニア旧ユーゴスラビア共和国へ変更、2019年には北マケドニア共和国にさらに変更した。1963年に首都スコピエを襲った大地震の後、日本の建築家の丹下健三の都市計画で再建した経緯から親日国。有名な修道女マザー・テレサはスコピエ生まれ。

DATA

人口：約208万人　面積：約2万5713㎢　首都：スコピエ　言語：マケドニア語、アルバニア語　民族：マケドニア人、アルバニア人ほか　宗教：マケドニア正教、イスラム教ほか　通貨：デナル　時差：日本より8時間遅れている（サマータイムあり）　GNI：US$5450／人

マケドニア語でこんにちは

Добар ден !

（ドバル デン）

明日誰かに教えたくなる

北マケドニアの雑学

▷ギリシアの抗議で国名変更

　マケドニアは古代アレキサンダー大王の国。大王の出身地はギリシアにあるためギリシアが抗議し、「北」を付けることに。

イタリアに囲まれた山頂の独立国

サンマリノ共和国

Republic of San Marino

ティターノ山の要塞

　世界で5番目に小さな国。現存する世界最古の共和国のひとつで、起源は4世紀初め。バチカン市国同様、イタリアの中に国土を構える。標高700mの山頂に城砦を築き、それによって独立を守り抜いてきたため“山頂の独立国”と呼ばれる。GDPの50%以上が観光業により、年間300万人以上が訪れる。通貨はユーロだが、独自の硬貨や切手は世界の収集家に人気。

DATA

人口：約3万3121万人　面積：約61.2㎢　首都：サンマリノ　言語：イタリア語　民族：サンマリノ人、イタリア人　宗教：カトリック　通貨：ユーロ　時差：日本より8時間遅れている（サマータイムあり）　GNI：US$3万8213／人

イタリア語でこんにちは

Buon giorno !

（ボンジョルノ）

明日誰かに教えたくなる

サンマリノの雑学

▷入国審査がない

　サンマリノへ入国する場合、入国審査はない。入国スタンプが欲しければ観光局で有料で押してもらえる。

旧ユーゴスラビアの中心地

セルビア共和国

Republic of Serbia

ベオグラードの聖サヴァ修道院

旧ユーゴスラビア領の中央に位置し、現首都のベオグラードは連邦の首都でもあった。解体後、1992年にモンテネグロと連邦共和国となったが、2006年に分離独立。1998年からは南部のコソヴォで紛争が起こり、2008年にコソヴォ共和国が独立を宣言したが、セルビアは認めていない。山がちな内陸国だが、山々と渓谷の自然が美しく、ローマや中世セルビア王国の遺産もある。

DATA

人口:約712万人　面積:約7万7474㎢　首都:ベオグラード　言語:セルビア語、ハンガリー語など　民族:セルビア人83.3%ほか　宗教:セルビア正教84.6%、カトリック5%、イスラム教3.1%ほか　通貨:ディナール　時差:日本より8時間遅れている　GNI:US$6390／人

セルビア語でこんにちは

Добар дан !

(ドバル ダン)

明日誰かに教えたくなる

セルビアの雑学

▷18人のローマ皇帝を輩出

セルビア生まれのローマ皇帝は、有名なコンスタンティヌス帝やガレリウス帝などを含む計18人。

カトリックの総本山

バチカン市国

Vatican City State

サン・ピエトロ広場

世界一小さな独立国。東京ディズニーランドの面積にも満たないが、国土のすべてが世界遺産。イタリアのローマ市街地内の都市国家で、教会建築として世界最大級であるカトリック教会の総本山サン・ピエトロ大聖堂があり、ローマ法王が住んでいる。世界で約13億人ともいわれる信者を擁するカトリック教会の最高機関でもある。国境らしきものは存在せず、入国審査等もない。

DATA

人口:約615人　面積:約0.44㎢　首都:バチカン　言語:ラテン語(公用語)、イタリア語、フランス語　民族:ほとんどがイタリア人聖職者、スイス人衛兵　宗教:カトリック　通貨:ユーロ　時差:日本より8時間遅れている(サマータイムあり)　GNI:ー

イタリア語でこんにちは

Buon giorno !

(ボンジョルノ)

明日誰かに教えたくなる

バチカンの雑学

▷法王を守る衛兵隊はすべてスイス人

人口のほとんどがイタリア人聖職者だが、衛兵はスイス人と決められている。

ピレネー山脈に囲まれた小さな国

アンドラ公国

Principality of Andorra

カタルーニャ語で
こんにちは

Bona tarde !
（ボナ タルダ）

フランスとスペインを隔てるピレネー山脈。その麓にあるミニ国家で、面積は金沢市と同じくらい。文化、言語などは両国の影響を受け、市内にはそれぞれの国のポストが設置されている。周辺国に比べて税率が低いため、ショッピングを楽しみに人々が訪れ、また、冬季はスキーリゾート、夏季はトレッキングの拠点としても人気。

DATA

人口：約7万6177人　面積：約468㎢　首都：アンドラ・ラ・ベリャ　言語：カタルーニャ語（公用語）、スペイン語ほか　民族：アンドラ人48.8%ほか　宗教：カトリック　通貨：ユーロ　時差：日本より8時間遅れている（サマータイムあり）

ヨーロッパで最も新しい国

コソヴォ共和国

Republic of Kosovo

アルバニア語で
こんにちは

Mirë dita !
（ミルディタ）

旧ユーゴスラビア連邦が崩壊し、アルバニア人とセルビア人の泥沼の民族紛争を経て、2008年、セルビアからの独立を宣言。日本もアメリカに追随して承認している。マザー・テレサはオスマン帝国時代のコソヴォ州（現在は北マケドニア）出身だったことから、首都プリシュティナの大聖堂には彼女の名前が付けられている。

DATA

人口：約180万5000万人　面積：約1万908㎢　首都：プリシュティナ　言語：アルバニア語、セルビア語　民族：アルバニア人92%、セルビア人5%ほか　宗教：イスラム教95.6%　通貨：ユーロ　時差：日本より8時間遅れている（サマータイムあり）

〈ポルトガル自治地域〉

北大西洋に浮かぶ孤立した島々

アソーレス諸島

The Azores

ポルトガル語で
こんにちは

Boa Tarde !
（ボア タルジ）

ポルトガルの西約1000km。ユーラシア、北米プレートがぶつかる火山活動で生まれた9つの島々からなる。火山島のため温泉やカルデラ湖、地熱を利用した煮込み料理などが有名。大陸から持ち込まれ、独自の進化を遂げた在来種のブドウを使ったワイン作りが盛んで、ピコ島のブドウ畑の景観はユネスコの世界遺産に登録されている。

DATA

人口：約24万6772万人　面積：約2351㎢　主都：ポンタ・デルガダ　言語：ポルトガル語　民族：ヨーロッパ系37%、アフリカ系30%ほか　宗教：おもにカトリック　通貨：ユーロ　時差：日本より10時間遅れている（サマータイムあり）

〈イギリス海外領土〉

イギリスが領有する地中海の要衝

ジブラルタル

Gibraltar

英語で
こんにちは

Hello !
（ハロー）

スペイン、ジブラルタル海峡に突き出た岬の一部はイギリスの海外領土になっている。1713年のスペイン継承戦争の講和条約によりスペインからイギリスに割譲されたが、スペインは現在も返還を求めている。ザ・ロックと呼ばれる巨大な岩山が乱気流を生み、その脇にある空港は「ヨーロッパで最も危険な空港」といわれている。

DATA

人口：約2万9581万人　面積：約6.5㎢　主都：ジブラルタル　言語：英語（公用語）　民族：ジブラルタル人79%ほか　宗教：カトリック72.1%ほか　通貨：ジブラルタル・ポンド　時差：日本より8時間遅れている（サマータイムあり）

経済多角化の岐路に立つ産油国

アゼルバイジャン共和国

Republic of Azerbaijan

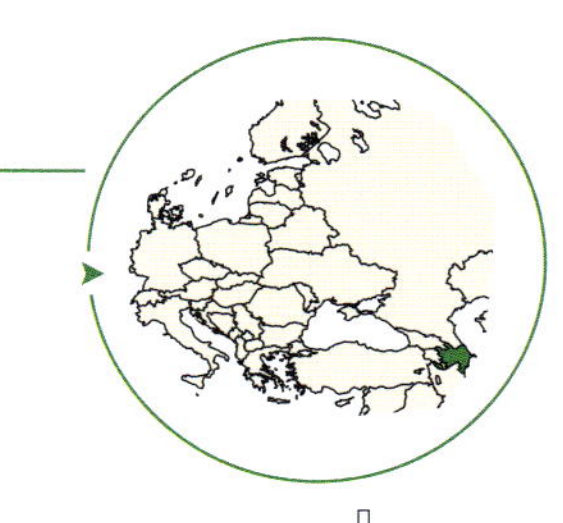

国旗の意味

青はトルコ民族、緑はイスラム、赤は近代化を表すといわれている。

アゼリー語でこんにちは

Salam !

（サラム）

コーカサス山脈と世界最大の湖カスピ海に面したアジアとヨーロッパにまたがる国。19世紀半ばに石油の本格的な採掘が始まり、世界初の油田は首都バクー近郊のものだった。20世紀初頭には世界の石油生産の約半分がバクー油田に集中していた。古くはシルクロードの交易地として栄え、キャラバンサライと呼ばれる旅する商人たちのための隊商宿が現存する。

DATA

人口：約1000万人　面積：約8万6600㎢　首都：バクー　言語：アゼリー語　民族：アゼリー人91.6%、レズギン人2%、ロシア人1.3%、アルメニア人1.3%、タリシュ人0.3%　宗教：おもにイスラム教（シーア派）　通貨：マナト　時差：日本より5時間遅れている　GNI：US$4050／人

左）高層ビルが立ち並ぶ首都バクー
右）油田で働く男たち

明日誰かに教えたくなる

アゼルバイジャンの雑学

▷ パンが神聖視される

この国ではパンは神聖な食べ物と考えられており、床に落とした場合、そっとキスをして謝罪する人もいる。残ったとしても決して捨てずに、袋に入れて高いところに結んでおいておく。

伝統的な窯でパンを焼く女性

GUIDEBOOK

地球の歩き方
ロシア 収録

東西の十字路に位置するスラブ人国家

ブルガリア共和国

Republic of Bulgaria

国旗の意味

オスマン帝国からの独立運動で使われた旗が由来。白は平和と友好、緑は農業と森林、赤は軍隊の勇気と忍耐を表す。

ブルガリア語でこんにちは

Добър ден！

（ドーバル デン）

日本ではヨーグルトで有名。東で黒海に面し、内陸部は山岳部、北のルーマニア国境にはドナウ川が流れ、多様な地形をもつ。地理的に東西文明が交わる場所に位置し、古くからギリシア、スラブ、オスマン帝国、ペルシャなどの影響を受けており、その遺産は伝統舞踊、音楽、衣装、工芸など数多い。ヨーロッパ建築の町並みの中にイスラム教のモスクが立っている風景も特別ではなく、エキゾチックな雰囲気に包まれている。バラの一大産地として世界のローズオイルの約7割を産出しており、バラの国とも呼ばれる。首都ソフィアは建都が紀元前 5 世紀にまで遡るという世界でも有数の歴史都市だ。

DATA

人口：約708万人
面積：約11万900㎢
首都：ソフィア
言語：おもにブルガリア語
民族：ブルガリア人76.9%、トルコ人8%、ロマ人4.4%、ロシア人、アルメニア人、ヴラフ人など0.7%ほか
宗教：ブルガリア正教59.4%、イスラム教7.8%、そのほかカトリック、プロテスタント、アルメニア正教、ユダヤ教など
通貨：レフ
時差：日本より7時間遅れている（サマータイムあり）
GNI：US$8860／人

ソフィアのアレキサンダル・ネフスキー寺院

COLUMN

トラキアの黄金文明

トラキアとはトルコ、ブルガリア、ギリシアにまたがるエリアの歴史的な地名。紀元前3000年頃からトラキア人と呼ばれる人々が住み着き、この地に黄金の文明を築いた。最盛期は前5世紀～前3世紀。あまり知られていないが、この文明はホメロスの『イリアス』にも黄金の国として登場し、トロイア戦争にも参戦した。2004年には、カザンラクの谷で世界に類を見ない黄金のマスクが発掘された。これはオドリュサイ王国のテレス1世の肖像と考えられている。近年さらなる発掘が進み、知られざる古代文明として世界の注目を集めている。

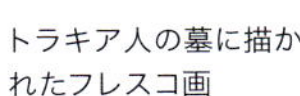
トラキア人の墓に描かれたフレスコ画

COLUMN

世界一のヨーグルト消費国

ブルガリアといえばやはりヨーグルト。このイメージを広めた明治のブルガリアヨーグルトはブルガリア政府に認められた正真正銘のブルガリアヨーグルトだ。そのヨーグルト消費量は世界一で、スーパーにはさまざまなタイプのものがずらりと並ぶ。料理にも頻繁に使われ、ヨーグルトスープやヨーグルトサラダなどが定番料理だ。

ヨーグルトのスープ

古都ヴェリコ・タルノヴォの町並み

明日誰かに教えたくなる

ブルガリアの雑学

▷キリル文字はブルガリア生まれ

中央・東ヨーロッパのスラブ人国家で用いられるキリル文字は、9世紀頃、キリルとメトディウスというふたりの僧侶によって発明された。

▷うなずくと「いいえ」、首を振ると「はい」を意味する

日本とは正反対で、うなずく動作は否定を意味し、首を振る動作は肯定を意味する。

▷ヨーロッパ3番目の遺跡大国

ギリシアやイタリアに次ぐ遺跡の宝庫といわれ、なかでもヴァルナ市近郊の遺跡では世界で最も古い黄金が出土した。

プロブディフのローマ劇場遺跡

GUIDEBOOK

地球の歩き方
ブルガリア
ルーマニア

芸術と歴史に彩られた中欧のおとぎの国

チェコ共和国

Czech Republic

国旗の由来

ボヘミアの赤白旗にスロヴァキア、モラヴィアの青い三角を合わせたデザイン。チェコスロヴァキア時代と同じ国旗。

チェコ語でこんにちは

Dobrý den !

（ドブリーデン）

中欧に位置する九州と同じくらいの大きさの内陸国。北海道より高い緯度にあり、夏は日差しが強く、冬の寒さは厳しく、はっきりとした四季がある。国を代表する作曲家スメタナの代表的な管弦楽曲モルダウで有名なボヘミア地方を筆頭に、モラヴィア、シレジアの3つの地方からなる。第2次世界大戦後は社会主義国チェコスロヴァキアとしてソ連の影響下にあったが、1968年のプラハの春と呼ばれた民主化運動の失敗を経て、ソ連崩壊後にスロヴァキアと分離した。中世の町がそのまま残る首都プラハは、ヨーロッパで最も美しい都市に挙げられることが多い。チェコビールとボヘミアングラスも世界的に有名。

DATA

人口：約1064万人
面積：約7万8866㎢
首都：プラハ
言語：チェコ語
民族：チェコ人64.3%、モラヴィア人5%、スロヴァキア人1.4%、ほかウクライナ人、ベトナム人など
宗教：カトリック10.4%、プロテスタント1.1%、無宗教34.3%ほか
通貨：コルナ
時差：日本より8時間遅れている（サマータイムあり）
GNI：US$2万250／人

プラハ城とモルダウ川に架かるカレル橋

COLUMN

プラハは町全体が博物館！

「世界で最も美しい町」「百塔の町」「ヨーロッパの魔法の都」。中世ヨーロッパの美しい町並みが残されているチェコの首都プラハをたたえる言葉はさまざまだ。丘にそびえるプラハ城は9世紀に建てられ、ボヘミア王国の最盛期であった14世紀に現在の形になった。そして町に点在する各時代の建築物群。ロマネスク、ルネッサンス、バロック、アールヌーボーなど、あらゆる建築様式の建物が保存され、これが町全体が博物館といわれるゆえんだ。モルダウ川に架かるのはカレル橋。1357年に着工し、60年かけて造られた。この橋塔はプラハの町並みを望む最高の展望スポットだ。

プラハの中心街

COLUMN

チェコのアニメーション

世界的に有名なチェコのアニメシーン。シュチェパーネク、ミレル、シュヴァンクマイエルなど名だたる監督が活躍し、世界の映画祭での受賞歴も豊富だ。その歴史は、絵によるアニメで世界を席巻したディズニーに対抗し、オペラ・アニメ（人形劇）によるアニメ製作を始めたところから開始された。

伝統的な人形劇

チェスキー・クロムルフの美しい風景

明日誰かに教えたくなる

チェコの雑学

▷ビールの消費量世界1位

2018年の調査では1人当たりのビール消費量がダントツの1位。チェコの人々は水のようにビールを飲むといわれている。ちなみに2位はオーストリア、3位はドイツ。

チェコビールで乾杯！

▷チェコスロヴァキア人と呼ばないで

1993年にチェコスロヴァキアからチェコとスロヴァキアに分離。同じ西スラブ民族で、同じ言語を使うため、ふたつの民族は兄弟ともいわれる。しかし、時とともに異なる民族意識をもつようになり、摩擦も増加していった。関係は改善されているが、パブなどでの発言には気を付けよう。

GUIDEBOOK

地球の歩き方
チェコ ポーランド
スロヴァキア

アジア系民族マジャール人の歴史ある国

ハンガリー

Hungary

国旗の意味

赤は強さ、過去の戦いで流された血、白は忠実さ、自由、河川、緑は希望、緑豊かで肥沃な土地を表すといわれている。

ハンガリー語でこんにちは

Jó napot !

（ヨー　ナポト）

現地語での国名はマジャールオルザーク、国民は自らをマジャールと呼び、英語名のハンガリーとはいわない。19世紀、影響力を落としていたハプスブルク家と組んでオーストリア＝ハンガリー二重帝国時代を築き、首都ブダペストには資本主義が興りヨーロッパ有数の近代都市として繁栄した。現在も当時の建築物を多く残し、“ドナウの美しき真珠”とたたえられる。この頃の貴族は音楽を愛し、保護下でハイドン、リスト、ベートーヴェンなど多くの音楽家を輩出した。第2次世界大戦後は親旧ソ連の社会主義国となったが、1989年の東欧革命でハンガリー共和国となった。温泉大国でもあり、その歴史は古代ローマに遡る。

DATA

人口：約980万人
面積：約9万3000㎢
首都：ブダペスト
言語：ハンガリー語
民族：ハンガリー人85.6%、ロマ人3.2%、ドイツ人1.9%ほか
宗教：カトリック37.2%、カルヴァン派11.6%、ルター派2.2%、東方カトリック1.8%ほか
通貨：フォリント
時差：日本より8時間遅れている（サマータイムあり）
GNI：US$1万4590／人

ドナウ川沿いに立つ1873年建造の国会議事堂

COLUMN

“ドナウ川の美しき真珠”ブダペスト

ハンガリーの魅力が詰まったブダペストは、ハンガリーで絶対に外せない見どころにあふれている。ドナウの流れを眺めながらさまざまなスポットを訪れたい。贅を尽くした国会議事堂はネオゴシック様式の傑作。きらびやかな大階段や、建国後950年も受け継がれてきた王冠などが見られる。国立オペラ劇場や聖イシュトバーン大聖堂も定番の観光ルートに含まれる。またハンガリーは温泉天国。市内には15の公衆浴場があり、日本とは異なる温泉文化を垣間見るのも楽しい。夜はドナウ川の夜景を望み、ナイトクルーズで昼間とは異なる顔を楽しみたい。

1884年に完成したオペラ劇場

COLUMN

国宝に認定された豚

ハンガリーには変わった豚が存在する。毛むくじゃらの風貌が特徴的なマンガリッツァ豚だ。2004年に国会で国宝に認定され、“食べられる国宝”としても有名。脂肪率が最も高い品種のため敬遠され絶滅寸前まで減少したが、うま味が強く、ビタミンやミネラルを多く含むということで再び珍重されるようになっている。訪れたらレストランでぜひ試してみよう。

縮れ毛が特徴

上)人気No.1のセーチェニ温泉　下)トカイワインは世界的に有名

明日誰かに教えたくなる

ハンガリーの雑学

▷日本と同じで名字、名前の順

ハンガリー人の名前は、ヨーロッパでは珍しく名字、名前の順になっている。例えばハンガリー国籍をもつ数学者のピーター・フランクルの本名はフランクル・ペーテル(ピーターは英語読み)。

▷蒙古斑をもつ子供がまれにいる

これもヨーロッパでは珍しく、モンゴロイドの特徴である蒙古斑をもつ子供が生まれる。一説にはモンゴル帝国の最大版図の西端がハンガリーで、モンゴル人の血が混じっているためといわれている。

伝統的な騎馬民族の衣装を着た人々

GUIDEBOOK

地球の歩き方
ハンガリー

敬虔なカトリック教徒の多い農業国

ポーランド共和国

Republic of Poland

国旗の意味

かつてのポーランド王国とリトアニア大公国の紋章の色を踏襲。白はポーランドの紋章に描かれた鷲と、リトアニアの紋章に描かれた馬に乗って疾走する騎士を象徴。

ポーランド語でこんにちは

Dzień dobry !

（ヂェイン ドブリィ）

10世紀には国家があり、16〜17世紀にかけリトアニアと共に共和国を形成し、ヨーロッパ有数の大国となった。ドイツとロシアに挟まれた場所にあるため、その後は戦場となることが多く、第2次世界大戦では人口の5分の1が命を落とした。負の歴史遺産としてアウシュビッツ強制収容所が有名。旧東欧諸国では最大、EUでも重要な農業国のひとつだ。国土は日本の約5分の4だが、農地面積は約3.2倍もあり、全面積の46%以上。首都ワルシャワは、第2次世界大戦で荒廃した旧市街をれんがのヒビにいたるまで復元し、往時の町並みを回復して世界遺産に登録された。音楽の都、ショパンの町としても有名。

DATA

人口：約3839万人
面積：約32万2000㎢
首都：ワルシャワ
言語：ポーランド語（公用）、シレジア語、ドイツ語ほか
民族：ポーランド人96.9%、シレジア人1.1%、ドイツ人0.2%、ウクライナ人0.1%ほか
宗教：カトリック85.9%、東方正教1.3%、プロテスタント0.4%ほか
通貨：ズロチ
時差：日本より8時間遅れている
GNI：US$1万4150／人

南部の古都クラクフの広場を通る馬車

COLUMN

ユダヤ人迫害の舞台となったポーランド

第2次世界大戦中、ナチス・ドイツの強制収容所となったアウシュビッツやビルケナウ。負の遺産として世界遺産に登録されており、クラクフを拠点に訪れることができる。ここに収容され、強制労働、大量虐殺という悲劇にあったのは9割がユダヤ人だった。ナチスの偏狭な人種主義により、ユダヤ人を絶滅させようとする恐るべきホロコーストが実行された。また、1200人のユダヤ人を自らの工場で庇護し、強制連行から救ったドイツ人実業家オスカー・シンドラーの工場がクラクフに残されている。ポーランドの旅はさまざまなことを考えさせられる旅となるだろう。

シンドラーの工場博物館

COLUMN

ショパンゆかりの地

“ピアノの詩人”と呼ばれるショパン。彼はワルシャワ近郊の村で生まれ、20歳までワルシャワで過ごした。ワジェンキ広場にはその銅像があり、その前では毎年夏にショパンコンサートが開かれる。ここから王宮広場へ続く道は「ショパンの道」と呼ばれ、さまざまなゆかりのスポットが点在している。ワルシャワを訪れたらぜひ立ち寄りたい。

銅像の立つワジェンキ広場

国際フォークフェスティバルで踊る、ポーランドの伝統衣装を着た女性

明日誰かに教えたくなる

ポーランドの雑学

▷ベーグルはポーランド生まれ

ニューヨークで人気に火のついたベーグルは、実はポーランドのユダヤ人がアメリカで広めたのがその起源。もともとオブヴァジャネックと呼ばれ、もちろん今でもポーランドで食べられている。

オブヴァジャネック

▷ドイツに戦争被害の賠償請求

第2次世界大戦時、ポーランドはドイツに占領され大きな被害を受けた。1953年に一度は条約で賠償請求権を放棄しているが、モラウィエツキ首相はこの条約を無効と主張している。これに対し、ポーランド侵攻から80年の2019年、ドイツの大統領が謝罪している。

GUIDEBOOK

地球の歩き方
チェコ ポーランド
スロヴァキア

東欧唯一のラテン系民族国家

ルーマニア

Romania

国旗の由来

青は空、黄は鉱物資源、赤は国民の勇気を表す。

ルーマニア語でこんにちは

Bună ziua !

（ブナ ズィア）

日本の本州ほどの大きさの国。西のセルビアと南のブルガリアとの国境はドナウ川、北のモルドバとの国境はプルト川で、ふたつの川は領土内の東部で合流し黒海に注ぐ。その河口付近は肥沃なドナウデルタを形成し、生物保護区となっている。気候は穏やかで、ドナウ川河畔と南部の平原に牧草地や果樹園が広がる農業国。中央部から北のカルパチア山脈に囲まれた森林地帯のトランシルヴァニアはドラキュラ伯爵の伝説で有名だ。1947年に独立後、社会主義下でのチャウシェスク大統領の独裁政権が続いたが、1989年に大統領夫妻の処刑で世界に衝撃を与えた革命により民主化。以来、経済発展が続いている。

DATA

人口：約1976万人
面積：約23万8000㎢
首都：ブカレスト
言語：ルーマニア語（公用語）、ハンガリー語
民族：ルーマニア人83.4%、ハンガリー人6.3%、ロマ人3.1%、ウクライナ人0.3%ほか
宗教：東方正教81.9%、プロテスタント6.4%、カトリック4.3%ほか
通貨：レイ
時差：日本より7時間遅れている（サマータイムあり）
GNI：US$1万1290／人

トランシルヴァニア地方にあるブラン城は『吸血鬼ドラキュラ』に出てくる城のモデル

COLUMN

流浪の民 ロマ

ルーマニアではロマと呼ばれる人々、いわゆるジプシーが人口の約3％を占める。ロマニ語はサンスクリット語から派生したもので、彼らの起源はインドにあるといわれている。ロマが多い国はほかにブルガリア、ハンガリー、セルビア、フランス、スペインなど。差別を受けながらインドから西へ西へと移動していった。現代においても差別は根強く存在し、その貧しさのせいで犯罪に関わる人も多い。彼らの文化でよく注目されるのが音楽。もともと放浪する旅芸人としての一面をもち、ジプシーミュージックは世界の音楽に影響を与えている。

伝統的な服装のロマの女性

COLUMN

中世の町並みが残るブラショフ

トランシルヴァニア地方の中心都市、そしてブカレストに次ぐ第2の都市でもあるブラショフ。中世の美しい町並みを残し、ドイツ移民に建設されたことから、「クロンシュタット」というドイツ語名ももつ。ロープウェイでアクセスできるトゥンパ山からは、緑に囲まれたオレンジ一色の町を一望できる。

ブラショフの目抜き通り

ブラショフのスファトゥルイ広場

明日誰かに教えたくなる

ルーマニアの雑学

▷ 国名は「ローマ帝国の市民」を意味する

ルーマニアという国名は「ローマ帝国の市民」という意味のラテン語Romanusに由来している。

▷ 世界で最も美しいドライブウエイがある

トランシルヴァニア山脈を越える峠道トランスファガラシャンは“世界で最も美しい道路”のひとつといわれている。

美しい峠道トランスファガラシャン

▷ コマネチはルーマニア出身

ナディア・コマネチはルーマニア人。世界で最も有名な体操選手のひとりである。

GUIDEBOOK

地球の歩き方
ブルガリア
ルーマニア

世界最大の領土をもつ大国

ロシア連邦

Russian Federation

国旗の意味

スラブ諸国の旗にも影響を与えた3色旗。汎スラブ色として知られている。色には特に意味はないとされる。

ロシア語でこんにちは

Здравствуйте !

（ズドラーストヴィチェ）

世界一大きな国で、日本の約45倍あるが人口はほぼ同じ。東西に最長で約1万km、ウラル山脈を境にヨーロッパとアジアの両方にまたがっている。そのため11ものタイムゾーンに分かれ、最大10時間の時差がある。1997年にルーブルが大暴落し経済危機に陥ったが、プーチン政権下になり原油･天然ガスなどの資源輸出を元に回復を続け、2017年にはヨーロッパで5番目の経済規模となった。根強いプーチン人気はここに起因する。ただし、貧富の差も拡大、富裕層と貧困層の所得差は十数倍と大きな課題。大自然と多くの遺産は旅先として魅力的だ。ウラジオストクを中心とした極東地域が日本で人気急上昇中。

DATA

人口：約1億4680万人
面積：約1710万㎢
首都：モスクワ
言語：ロシア語
民族：ロシア人77.7%、タタール人3.7%、ウクライナ人1.4%、バシキール人1.1%、チュバシ人1%、チェチェン人1%ほか
宗教：ロシア正教15～20%、イスラム教10～15%、そのほかキリスト教2%ほか
通貨：ルーブル
時差：日本より6時間遅れている（モスクワ。ほか10のタイムゾーンがある）
GNI：US$1万230／人

モスクワのクレムリンと赤の広場の景色。右の教会はポクロフスキー大聖堂

COLUMN

ロシア正教と玉ねぎ型の教会

ロシア正教会はギリシア正教(東方正教)会に属する独立正教会のひとつ。キリスト教は1054年に東方教会(正教会)と西方教会(カトリック)に分かれ、東方正教はギリシア、東欧諸国、ロシアへと広がり、各国でひとつずつ教会組織を備えている(ほかにルーマニア正教会、ブルガリア正教会など)。ロシア正教の教会は玉ねぎ型と呼ばれるが、これはビザンチン建築を模した丸いドームが、時代とともに雪が積もらないように変形していったもの。ドームの色によって意味が異なり、金色は重要な祭日に、青は聖母にささげられていることを意味する。

ブラゴヴェシチェンスキー大聖堂

COLUMN

最も近いヨーロッパ ウラジオストク

新たに直行便が続々と就航しているウラジオストク。日本からわずか2～3時間で行くことのできる最も近いヨーロッパとして人気が急上昇している。1992年までは軍港都市として出入りが制限されており、これもなじみがなかった理由のひとつ。おしゃれな雑貨、グルメ、ヨーロッパの町並みなどが人気。

金角湾に架かるゴールデンブリッジ

国立図書館にある文豪ドストエフスキーの銅像

明日誰かに教えたくなる

ロシアの雑学

▷つららで人が死ぬ

寒いロシアではつららが巨大。毎年つららによる事故で100人近くの人が亡くなっている。

▷イクラはロシア語

イクラは「魚卵」や「小さくて粒々したもの」を表すロシア語が由来。

▷美術館で猫が飼われている

ロシア最大のエルミタージュ美術館では、ネズミから作品を守るため、70匹もの猫が飼われている。

エルミタージュ美術館

GUIDEBOOK

地球の歩き方 ロシア

肥沃な大地に恵まれたひまわりの国

ウクライナ

Ukraine

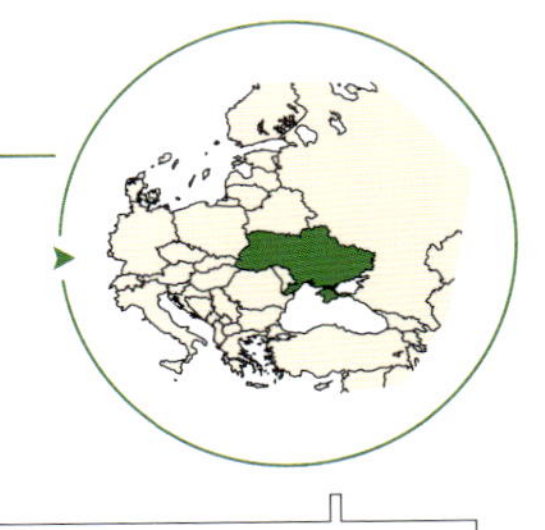

国旗の意味

青は空、黄は金色の麦畑を象徴する。

ウクライナ語でこんにちは

Добрий день !

（ドブリィ デン）

大陸性気候で夏は暑く、冬は寒さが厳しい。9世紀にあったキエフ大公国が13世紀にモンゴル帝国に滅ぼされたあとは独自の国家をもたず、特に17世紀頃からの長い期間、ロシアに支配されてきた。旧ソ連時代の1986年にはチェルノブイリ原子力発電所の爆発事故があった。1991年ソ連崩壊を受けて独立。国土に山岳地はほとんどなく、95%が緩やかに起伏の続く平原。いくつもの川が流れ、肥沃な土地のため、ヨーロッパの穀倉地帯と呼ばれる。鉄鉱石や石炭などの天然資源にも恵まれている。2014年のウクライナ政変を受け、ロシアがクリミア半島を一方的に併合したいわゆるクリミア危機が起こった。

DATA

人口：約4205万人
面積：約60万3700㎢
首都：キエフ
言語：ウクライナ語（国語）、ロシア語など
民族：ウクライナ人77.8%、ロシア人17.3%、ベラルーシ人0.6%、ほかモルドバ人、クリミア・タタール人、ユダヤ人など
宗教：ウクライナ正教及び東方カトリック、ローマ・カトリック、イスラム教、ユダヤ教など
通貨：フリヴニャ
時差：日本より7時間遅れている（サマータイムあり）
GNI：US$2660／人

ペチェールスカ大修道院とドニエプル川（キエフ）

COLUMN

ウクライナ生まれのヘルシースープ ボルシチ

ロシア料理のイメージがあるボルシチだが、実はウクライナ発祥の伝統料理(ポーランドやロシアも自国の料理であると主張している)。ビーツ(ビートルート)を煮込んだ真っ赤なスープで、世界3大スープとも呼ばれている。ウクライナではおふくろの味として親しまれ、日本でいうと味噌汁のようなもの。中に入れる具は家庭によりさまざまにアレンジして食べられている。

ところでビーツは栄養満点の野菜として近年注目を浴びている。動脈硬化の予防、抗酸化作用によるがんの予防、高血圧の予防、ダイエット効果などがあるとされ、“奇跡の野菜”ともいわれている。

ボルシチと伝統的なパン

COLUMN

チェルノブイリツアー

史上最悪の原発事故が起こったチェルノブイリ。公共の交通機関はないが、ツアーに参加すれば訪れることができる。事故のあった4号機まで100mの所まで近づくことができるほか、大量の放射性物質で赤い森と化したレッドフォレスト、ゴーストタウンとなったプリピャチなどを訪れる。教訓的な意味で人気観光スポットとなっている。

チェルノブイリの放射能標識

ウクライナはひまわりが有名で、映画『ひまわり』もウクライナで撮影された

明日誰かに教えたくなる

ウクライナの雑学

▷ 愛のトンネルと呼ばれるロマンティックな場所がある

近年絶景スポットとして人気なのが、クレーヴェンにある“愛のトンネル”。植物が線路を覆うように生い茂り、なんともロマンティックなトンネルとなっている。ちなみに緑の季節になると蚊が大量発生する。防虫対策はしっかりしていきたい。

愛のトンネル

▷ 世界有数の美女大国

ウクライナは美人が多いといわれ、ビートルズの歌詞にも出てくるほど。ハリウッド女優のミラ・ジョボビッチや元首相のユーリヤ・ティモシェンコなどが有名。

GUIDEBOOK

地球の歩き方
ロシア ウクライナ ベラルーシ コーカサスの国々

社会主義の独裁国家

ベラルーシ共和国

Republic of Belarus

国旗の意味

赤はファシストから土地を解放した赤軍とパルチザン、緑は春、希望、再生、白は国民の精神的な純粋さを象徴している。

ベラルーシ語でこんにちは

Прыв танне！

（プリヴィターニィェ）

東欧の内陸国で、国土は最高点でも海抜345mと平坦。その約半分を占める森林が天然資源。同時に自動車などの製造業と、ITの分野も盛んで世界有数のソフトウェア開発技術国となっている。旧ソ連領では珍しく親ロシアな国民が多く、往時の雰囲気を最も残すとされ、“欧州最後のソビエト”“欧州最後の独裁国”などと呼ばれる。料理や衣装などには独特の歴史的文化も残している。

DATA

人口：約949万人　面積：約20万7600㎢　首都：ミンスク　言語：ベラルーシ語、ロシア語　民族：ベラルーシ人83.7%、ロシア人8.3%、ポーランド人3.1%、ウクライナ人1.7%　宗教：ロシア正教84%、カトリック7%ほか　通貨：ベラルーシ・ルーブル　時差：日本より6時間遅れている　GNI：US$5670／人

左）ブレストの聖ニコライ教会
右）ドイツの侵攻に対するソ連の抵抗を記念する記念碑

明日誰かに教えたくなる

ベラルーシの雑学

▷ベラルーシはソ連好き?

旧ソ連の国々では唯一、ソ連時代の旗をほとんどそのまま使っている国。首都ミンスクにはレーニンの像も残されている。政策的にも親ロシアで、周囲の国とは一線を画す。

ミンスクの独立広場のレーニン像

GUIDEBOOK

地球の歩き方
ロシア ウクライナ ベラルーシ コーカサスの国々

文明の十字路にあるキリスト教国

ジョージア

Georgia

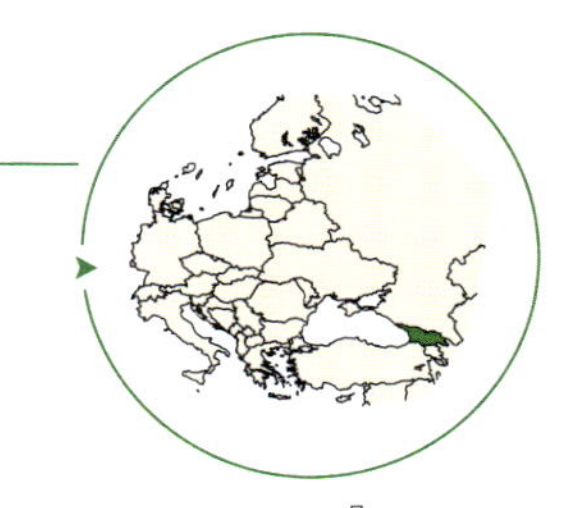

国旗の由来

中世ジョージア王国の旗を採用。中央は聖ゲオルギウス十字で、4つの小さい十字はエルサレム十字。

ジョージア語でこんにちは

გამარჯობა！

（ガーマルジョバ）

カスピ海と黒海の間にあるコーカサス地方の国。かつてはロシア語読みのグルジアと呼ばれていたが、ロシアとの関係悪化から英語読みのジョージアへ呼称変更を世界に働きかけ、日本も2015年に正式に変えた。コーカサス山脈の素朴な村落の風景や黒海のビーチ、首都トビリシの中世の町並みなど、美しい国で、治安がよく、食文化が豊か、物価も安いことから旅先として注目度が高い。

DATA

人口：約390万人　面積：約6万9700㎢　首都：トビリシ　言語：ジョージア語　民族：ジョージア人86.8%、アゼリー人6.2%、アルメニア人4.5%、ロシア人0.7%、オセチア人0.4%　宗教：おもにジョージア正教　通貨：ラリ　時差：日本より5時間遅れている　GNI：US$4130／人

左）トビリシにあるシオニ大聖堂
右）ジョージアの伝統的な料理の数々

明日誰かに教えたくなる

ジョージアの雑学

▷ワイン発祥の地!?

ワイン発祥の地はジョージア、アルメニア、アゼルバイジャンなどのコーカサス地方の国々というのが定説。それぞれが発祥の地をうたっている。

カズベク山を背景に乾杯

GUIDEBOOK

地球の歩き方
ロシア 収録

中欧の交通の要衝として栄えてきた

スロヴァキア共和国

Slovak Republic

国旗の意味

国章の3つの丘はカルパチア山脈の3つの峰を表す。ダブルクロスはキリスト教をもたらした聖キリルと聖メトディウスの伝統を象徴している。

スロヴァキア語でこんにちは

Dobrý deň !

（ドブリー デニュ）

1993年にチェコスロヴァキアがふたつに分かれてできた九州くらいの大きさの国。中央ヨーロッパの内陸部に位置し、交通や戦略の要衝にあることから、中世からハンガリー、ハプスブルク、ナチス・ドイツ、そして第2次世界大戦後にはソ連と、古代の一時期以外は他国の支配下や影響下にあった時代が長い。カヌー競技の強豪国として知られ、日本を含め拠点を移す外国選手も多い。

DATA

人口：約545万人　面積：約4万9037㎢　首都：ブラチスラヴァ　言語：スロヴァキア語　民族：スロヴァキア人80.7%、ハンガリー人8.5%ほか　宗教：カトリック62%、プロテスタント（ルター派）6%ほか　通貨：ユーロ　時差：日本より8時間遅れている（サマータイムあり）　GNI：US$1万8330／人

左）紅葉に囲まれるスパニア・ドリナの修道院
右）中欧最大級の城、スピシュ城

明日誰かに教えたくなる

スロヴァキアの雑学

▷ウィーンまでわずか60km

ブラチスラヴァと隣国オーストリアの首都ウィーンはわずか60km、車で約1時間。ヨーロッパで最も首都同士が近いとされ、2都市を同時に訪れる旅人も多い。

ブラチスラヴァの町並み

GUIDEBOOK

地球の歩き方
チェコ ポーランド
スロヴァキア

歴史と伝説に彩られた文明の十字路

アルメニア共和国

Republic of Armenia

寺院の遺跡とアララト山

　1991年にソビエト連邦から独立。アルメニア高原はメソポタミアの一部であることから、世界最古の文明発祥地のひとつとして知られる。また国家として世界で最初にキリスト教を国教に制定したことでも有名。「ノアの方舟」伝説で有名なアララト山はアルメニア人にとっては神聖な存在で、多くの神話や伝説が語り継がれている。山は古代アルメニアの領地だったが、現在はトルコ領。

DATA

人口：約290万人　面積：約2万9800㎢　首都：エレバン　言語：アルメニア語　民族：アルメニア系98.1%ほか　宗教：アルメニア正教92.6%ほか　通貨：ドラム　時差：日本より5時間遅れている　GNI：US$4230／人

アルメニア語でこんにちは

Բարև !

（バレーフ）

明日誰かに教えたくなる

アルメニアの雑学

▷世界初のキリスト教国

　アルメニアは古い歴史をもつ国で、紀元301年に世界で初めてキリスト教を国教に定めた国として知られる。

世界にワインを輸出する農業国

モルドバ共和国

Republic of Moldova

ワインの国ならではの噴水

　ウクライナとルーマニアに挟まれた内陸国。ヨーロッパで最も貧しい国といわれ、訪れる人も一番少ないが、国土の75%が肥沃な黒土で、穀物や野菜、果物などの農業が盛ん。なだらかな丘陵地帯では昔からブドウの栽培も行われており、世界最古のワイン生産地のひとつともいわれている。現在ではテーブルワインから英国王室御用達のものまで造られている。

DATA

人口：約268万2000人　面積：約3万3843㎢　首都：キシナウ　言語：ルーマニア語　民族：おもにモルドバ（ルーマニア系）人　宗教：東方正教ほか　通貨：レイ　時差：日本より7時間遅れている（サマータイムあり）　GNI：US$2990／人

ルーマニア語でこんにちは

Bună ziua !

（ブナ ズィア）

明日誰かに教えたくなる

モルドバの雑学

▷世界最大のワインセラー

　東欧屈指のワイン大国で、「ミレスチ・ミーチ」という世界最大（250km）の地下ワインセラーがある。

America

アメリカ

アメリカ大陸とは、南北アメリカ大陸をあわせた呼称で、語源はアメリカ大陸を探検したイタリア人探検家のアメリゴ・ヴェスプッチ。大陸にまず足を踏み入れたのはアジアから渡ってきたモンゴロイドで、いわゆる北米のインディアン、中南米のインディオと呼ばれる先住民族だ。大航海時代以降、西洋各国が進出する。

地域共同体

OAS ■ Organization of American States

（米州機構）

1951年に発足したアメリカ州における唯一の国際機関。同地域における安全保障、紛争の解決、民主化の確立などに取り組んでいる。

〈参加国〉アメリカ、カナダ、アルゼンチン、アンティグア・バーブーダ、ウルグアイ、エクアドル、エルサルバドル、ガイアナ、キューバ、グアテマラ、グレナダ、コスタリカ、コロンビア、ジャマイカ、スリナム、セントビンセント及びグレナディーン諸島、セントクリストファー・ネービス、セントルシア、チリ、ドミニカ国、ドミニカ共和国、トリニダード・トバゴ、ニカラグア、ハイチ、パナマ、バハマ、パラグアイ、バルバドス、ブラジル、ベネズエラ、ベリーズ、ペルー、ボリビア、ホンジュラス、メキシコ

MERCOSUR（メルコスール） ■ Mercado Común del Sur

（南米南部共同市場）

EU（欧州連合）のような自由貿易市場の創設を目的とする南米諸国の関税同盟。アルゼンチン、ウルグアイ、パラグアイ、ブラジルが中心となって1995年に発足した。

〈参加国〉アルゼンチン、ボリビア、ブラジル、パラグアイ、ウルグアイ、ベネズエラ、チリ、コロンビア、エクアドル、ガイアナ、ペルー、スリナム

アメリカ
(P.156)
カナダ
(P.158)
アメリカ
(P.156)
サンピエール・ミクロン
(P.99)
バミューダ
(P.182)
左図
ベリーズ
(P.164)
メキシコ
(P.160)
キューバ
(P.170)
(P.168)
ホンジュラス
ニカラグア
(P.169)
グアテマラ
(P.167)
エルサルバドル
(P.166)
コスタリカ
(P.165)
パナマ
(P.162)
ベネズエラ
(P.194)
スリナム
(P.201)
仏領
ギアナ (P.201)
コロンビア
(P.190)
ガイアナ
(P.201)
エクアドル
(P.198)
ペルー
(P.192)
ブラジル
(P.186)
ボリビア
(P.196)
パラグアイ
(P.199)
チリ
(P.188)
アルゼンチン
(P.184)
ウルグアイ
(P.200)
フォークランド諸島
(P.201)

世界最大の影響力を持つ移民大国

アメリカ合衆国

United States of America

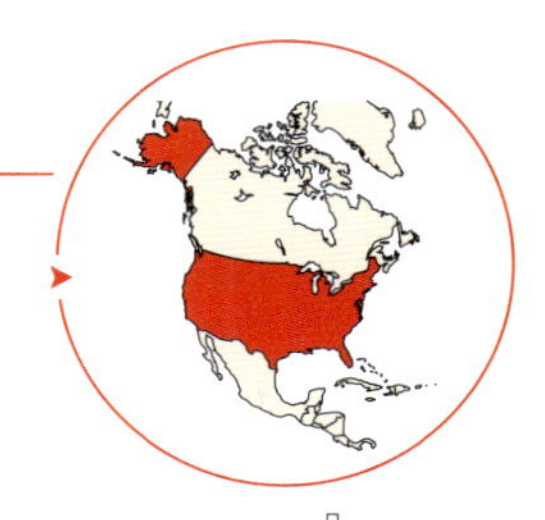

国旗の意味

赤と白の横縞は独立時の13の入植地、星は50の州を表す。通称「星条旗」。

英語でこんにちは

Hello !

（ハロー）

日本の約26倍、ロシア、カナダに次ぐ世界第3位の大国。人口も世界第3位で日本の約2.6倍が暮らす。50の州による連邦制国家で、太平洋のハワイや北のアラスカも含まれる。世界の経済をリードし、先進技術で世界に進出する有名企業は数えきれない。そもそも鉄鉱石や石炭、石油や天然ガスなどの資源に恵まれており、工業の発展の盤石な基盤となってきた。一方で国土の40%は農地という農業大国でもあり、牛肉と穀物の輸出では世界一。世界の政治にも巨大な影響力をもち、冷戦後の唯一の超大国とも呼ばれる。音楽や映画など、エンターテインメントの発信基地として、文化的な面でも世界を牽引する。

DATA

人口：約3億2775万人
面積：約962万8000㎢
首都：ワシントンD.C.
言語：英語、スペイン語、中国語ほか
民族：ヨーロッパ系72.4%、アフリカ系12.6%、アジア系4.8%、先住民族0.9%、ネイティブハワイアンなど太平洋の先住民族0.2%ほか
宗教：プロテスタント46.5%、カトリック20.8%、ユダヤ教1.9%、モルモン教1.6%、イスラム教0.9%、エホバの証人0.8%ほか
通貨：アメリカ・ドル
時差：日本より13時間遅れている（東部。ほか5のタイムゾーンがある。地域によりサマータイムあり）
GNI：US$6万2850／人

自由の女神とニューヨークのマンハッタン島

COLUMN

ミックスカルチャーによりさまざまな音楽が誕生

人種のるつぼといわれるアメリカ。その音楽もまたさまざまだ。アメリカで生まれた音楽は日本人にもなじみ深く、そのジャンルはブルース、ジャズ、ラグタイム、カントリー、ゴスペル、R&B、ソウル、ロック、ヘビーメタル、パンクなどと挙げればきりがない。その多くは黒人によって生まれたものだ。まずルーツとして黒人奴隷のアフリカ音楽があり、これが黒人霊歌となってブルースへと進化する。そこからジャズ、R&Bなどが生まれ、おもにブルースをもとにしてロックンロールが誕生した。ちなみにファンクやヒップホップも黒人が生み出した音楽だ。

トランペットを吹く黒人男性

COLUMN

全米住みたい町No.1 ポートランド

オレゴン州の最大都市ポートランドは、近年アメリカでなにかと注目されている町。特にこれといった観光地はないが、国内外の旅行者に絶大な人気を誇る。その秘密は居心地のよさ。環境への取り組み、ローカルファーストの町づくりなど、世界的にも先進的な都市の見本として各国で手本とされている。コーヒーがおいしい町としても有名だ。

ポートランドの街角

アメリカを横断するルート66は数多くの映画や音楽、小説の題材となった

明日誰かに教えたくなる

アメリカの雑学

▷ アメリカとロシアは、実は約4kmしか離れていない

ベーリング海峡に浮かぶふたつの島の間が両国の国境で、その距離はわずか3.7kmしか離れていない。

▷ 3人に1人は肥満

体重と身長の比率から算出するBMI(ボディマス指数)でいえば、アメリカ人の3人に1人が肥満で、世界第2位の肥満大国として知られる。

▷ 公用語は英語ではない

国としての公用語はとくに定められていない。

ファストフードが人気

GUIDEBOOK

地球の歩き方
アメリカ

世界で2番目に面積が大きな国

カナダ

Canada

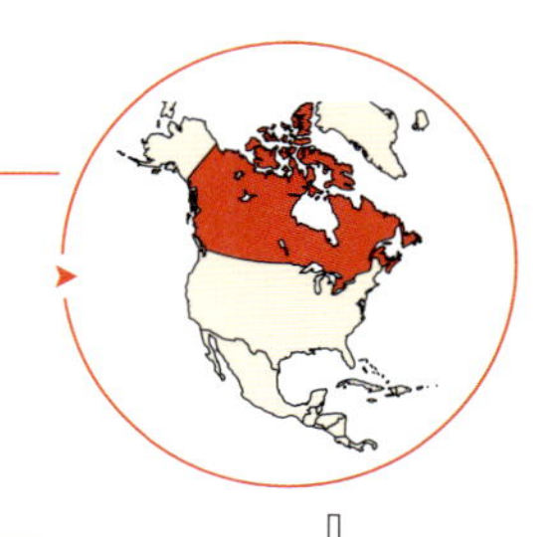

国旗の意味

カナダのシンボル、カエデの葉を中央に配置。左右のラインは太平洋と大西洋をイメージしている。

英語でこんにちは

Hello !

（ハロー）

ロシアに次いで第2位の面積を誇る大国。しかし、人口は日本の3分の1ほどしかなく、雄大な大自然が多く残されている。それらは魅力的な観光資源となっており、ナイアガラの滝やカナディアン・ロッキー山脈を擁するバンフなどは有名。植民地時代のふたつの宗主国の言語である英語とフランス語が両方とも公用語となっている。その平等性は徹底しており、例えば飛行機の機内にフランス語を母語とする乗客が常時5%以上いる定期便は、両方の言語でのサービスが法律で定められている。人権尊重や男女平等の意識がほかの欧米諸国より高いとされ、差別を好まず偏見も少ないのがカナダ人の特徴だ。

DATA

人口：約3789万人
面積：約998万5000㎢
首都：オタワ
言語：英語とフランス語が公用語
民族：カナダ人32.3%、イギリス系18.3%、スコットランド系13.9%、フランス系13.6%、アイルランド系13.4%、ドイツ系9.6%、中国系5.1%、イタリア系4.6%、インディアン8.4%ほか
宗教：キリスト教67.3%、無宗教23.9%ほか
通貨：カナダ・ドル
時差：日本より13時間遅れている（オタワ。ほか5つのタイムゾーンがある。サマータイムあり）
GNI：US$4万4860／人

左）カナダとアメリカにまたがるナイアガラの滝　右）国旗のモチーフでもあるサトウカエデの木

COLUMN

大自然の絶景！　カナディアン・ロッキー

ブリティッシュ・コロンビア(BC)州とアルバータ州にまたがるカナディアン・ロッキー。シーズン中は宿の予約が取れないほど絶大な人気を誇る。拠点となるのはおもにバンフとジャスパーという町。両者とも同名の国立公園になっており、切り立つ峰々の合間にレイク・ルイーズなどエメラルド色に輝く数々の湖が広がっている。バンフからジャスパーへのドライブを楽しんだり、山頂へのゴンドラで大迫力の絶景を見たり。あるいは鉄道の建設中に見つかった温泉につかるのもいい。ハイキングやラフティング、カヤックなどの自然を堪能するアクティビティもおすすめだ。

さまざまな動物が生息

COLUMN

赤毛のアンの舞台
プリンス・エドワード島

好奇心旺盛な女の子アン・シャーリーが主人公のモンゴメリの代表作『赤毛のアン』。その舞台となったのは、カナダ東部にある島プリンス・エドワード島。モンゴメリはこの美しい島で暮らしながら、『赤毛のアン』を執筆した。今でも物語の舞台となったさまざまな風景が残されている。

アンが育った家のモデル

ターコイズブルーのモレーン湖(カナディアン・ロッキー)

明日誰かに教えたくなる

カナダの雑学

▷くまのプーさんの生まれ故郷

くまのプーさんの英名はWinnie-The-Poohといって、Winnieはマニトバ州のウィニペグのこと。プーさんのモデルはWinnieという実在した子熊で、その飼い主がウィニペグ出身。

▷村落を意味する「Kanata」が由来

国名はネイティブインディアンの言葉で村落を意味する「Kanata」が由来。

▷独立運動をしている州がある

独立運動をしているケベック州はフランス系の住民が多数派で言葉もフランス語。

フランス文化の香るケベック

GUIDEBOOK

地球の歩き方
カナダ

マヤ文明の遺跡が残る観光大国

メキシコ合衆国

United Mexican States

国旗の意味

緑は独立、白はカトリック、赤はメキシコ人とスペイン人の団結を表す。ヘビをくわえたワシがサボテンの上にとまっている図は、アステカ人の神話に基づいている。

スペイン語でこんにちは

¡ Buenas tardes !

（ブエナス タルデス）

スペイン語圏では最も人口の多い国。歴史は古く、紀元前からはマヤ帝国、15世紀にはアステカ帝国が築かれ、16世紀にスペイン植民地化、18世紀末に革命を経て独立した。これらの遺産は、ビーチ、山、砂漠、ジャングルといった多様な自然景観、さらには先住インディオの文化とともに観光資源となっている。中南米では最も経済が安定し、賃金が安く、複雑な外交関係がないことから外国企業の進出が続き、日本の自動車関連企業も多い。アメリカとの国境線は3141kmに及び、毎年延べ3億5000万人と世界で最も頻繁に横断されている国境だ。一方でアメリカへの不法移民もたびたび大きな問題となる。

DATA

人口：約1億2619万人
面積：約196万㎢
首都：メキシコ・シティ
言語：スペイン語、ほか少数民族の言語
民族：ヨーロッパ系（スペイン系など）と先住民の混血60%、先住民30%、ヨーロッパ系（スペイン系等）9%ほか
宗教：カトリック82.7%、ペンテコステ派1.6%、エホバの証人1.4%、そのほかの福音派5%ほか
通貨：メキシコ・ペソ
時差：日本より15時間遅れている（サマータイムあり）
GNI：US$9180／人

ユカタン半島にあるチチェン・イツァのピラミッド

COLUMN

アメリカ大陸最多!　世界遺産の宝庫

メキシコにはなんと34件もの世界遺産がある(2020年現在)。マヤやテオティワカン、アステカなどの古代文明の遺跡、コロニアル建築の町並み、自然遺産などバラエティ豊か。なかでも見逃せないのがマヤ文明の遺跡。マヤ文明はメキシコ南東部、グアテマラ、ベリーズにわたって栄えた古代文明。紀元前2000年頃から始まり、9世紀頃から徐々に衰退していった。おもな特徴は高度に発達した文字をもっていたこと、ピラミッド型の神殿をもつことなど。パレンケ、チチェン・イツァ、ウシュマルなどが代表的な遺跡だ。

古代マヤ暦が描かれている

COLUMN

世界屈指のビーチリゾート カンクン

メキシコ南東部、カリブ海に面したカンクンはメキシコ随一のリゾート地。カリビアンブルーの海と成熟したサービスを楽しみながら優雅な休日を体験できる。オールインクルーシブスタイルのホテルが多く、一度支払ってしまえば追加で支払う必要はないのも魅力。周辺には遺跡などの観光地もあり、ここを拠点にメキシコを楽しむのが定番となっている。

大型リゾートが並ぶ

メキシコ音楽マリアッチのバンド

明日誰かに教えたくなる

メキシコの雑学

▷ テキーラとタバスコはメキシコの地名

テキーラがメキシコの地名の名前だというのは有名だが、タバスコも実はメキシコ31州のひとつタバスコ州に由来する。

▷ 世界一大きなピラミッドはメキシコにある

チョルーラという町にある地下に埋もれるピラミッドはなんと世界最大。底辺の長さでいうとクフ王のピラミッドの約2倍。

チョルーラのピラミッド

▷ さまざまな作物の原産地

メキシコ原産の作物はトマト、トウモロコシ、バニラ、唐辛子などさまざま。

GUIDEBOOK

地球の歩き方
メキシコ

太平洋と大西洋をつなぐ運河がある豊かな国

パナマ共和国

Republic of Panama

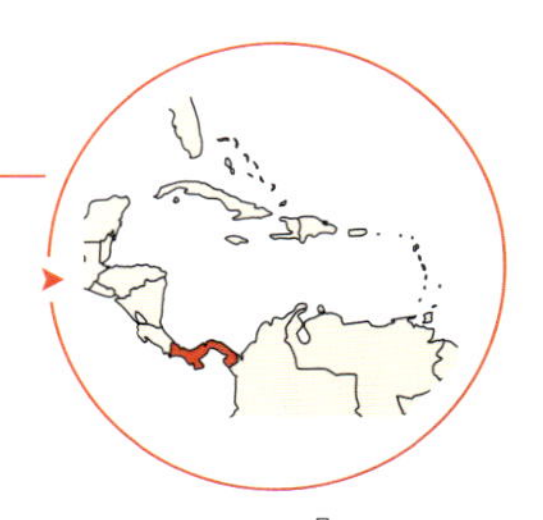

国旗の意味

赤は独立当時の2大政党の自由党、青は保守党、白は両者間の平和を象徴。青い星は純粋さと誠実さ、赤い星は権威と法を表す。

スペイン語でこんにちは

¡Buenas tardes!

（ブエナス タルデス）

平均気温は約27℃、年間雨量は3000mmに達することもある。狭い地峡に掘られたパナマ運河は、大西洋と太平洋を結ぶ重要な輸送ルート。人類の大偉業とされるが、歴史はこの運河に翻弄されてきた。1903年、運河の莫大な利権を狙ったアメリカに後押しされ独立。その承認と引き換えにフランスと条約を調印し、頓挫していた運河建設を始め、国土を二分した。1913年に完成しても運河地帯はアメリカの領土のまま国民に何の還元せず、これにより反米運動が起こり、1977年に返還条約調印、1999年に返還された。現在は運河収入とともに、中南米の金融センターとして発展し、中米随一の豊かさを誇る。

DATA

人口：約418万人
面積：約7万5517㎢
首都：パナマ・シティ
言語：スペイン語、クナ語などの少数民族の言葉
民族：メスティソ（インディアンと白人の混血）65%、ネイティブアメリカン12.3%、アフリカ系9.2%、ムラート6.8%、白人6.7%
宗教：カトリック85%、プロテスタント15%
通貨：バルボア（硬貨）、アメリカ・ドル
時差：日本より14時間遅れている
GNI：US$1万4370／人

パナマ運河のミラフローレスゲートに入る船

COLUMN

運河と独立の歴史

運河とともに歴史を歩んできたパナマ。運河による収入は国家予算の約8%を占め、付随する産業も国の主要産業を担っている。工事を最初に行ったのはフランスで、その後アメリカに引き継がれた。パナマの独立後にパナマ政府と条約を結び、運河の建設・管理権や運河地帯の永久租借権を得て運河を完成させた。第2次世界大戦後は民族主義が高まり、運河の返還を求める声が強くなっていく。20年間ほどの共同経営を経て、1999年ついにアメリカは完全撤退し、これはパナマの"3度目の独立"といわれている。

水位を調整してふたつの海をつなぐ

COLUMN

ターコイズブルーの海とカラフルな民族衣装

本土の北、カリブ海に浮かぶ350の島々からなるサン・ブラス諸島。手つかずの美しい海が広がり、クナ族の人々が伝統的な暮らしを送っている。モラと呼ばれる独特の刺繍が入ったカラフルな民族衣装など、独自の文化を保持しており、一帯は特別自治区にも指定されている。

はっとするほど美しい海

パナマ・シティには近代的な高層ビルが立ち並ぶ

明日誰かに教えたくなる

パナマの雑学

▷同じ日に太平洋と大西洋で泳ぐことができる

パナマは太平洋とカリブ海（大西洋の一部）に挟まれ、最も狭いところだと約1時間（車）で太平洋から大西洋へ移動できる。

▷パナマ運河でスクーバダイビングができる

パナマ運河の一部になっているガトゥン湖ではスクーバダイビングが楽しめる。ガトゥン湖はチャグレス川をせき止めてできた人造湖。水の中ではダム建設の際に沈められたかつての町や線路跡などを見ることができる。

膨大な量の雨が降るガトゥン湖

GUIDEBOOK

地球の歩き方
中米 収録

世界遺産の珊瑚礁の穴ブルーホールで有名

ベリーズ

Belize

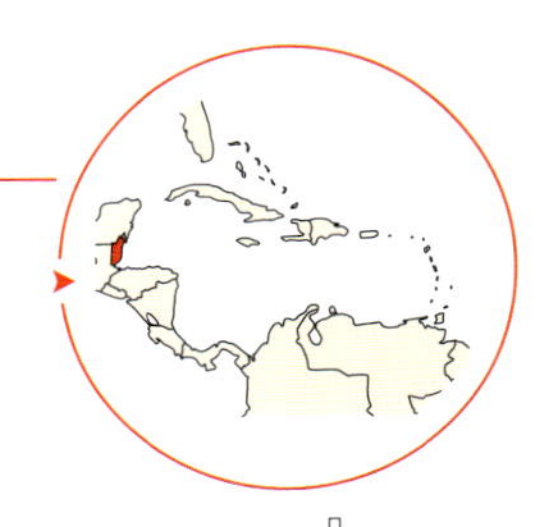

国旗の意味

青は海を表しており、紋章にはこの国で働く住民や帆船、道具類、マホガニーなどが描かれている。

ベリーズ・クレオール語でこんにちは

Weh di go aan ?

（ウェディゴ アアン）※How are you ?

ユカタン半島の付け根に位置し、東はカリブ海、西は密生したジャングル。海岸線に沿ってキーという標高の低い約450の小島があり、広大な珊瑚礁保護区は海洋生物の宝庫で“カリブ海の宝石”と呼ばれている。内陸のジャングルにはピラミッドなどマヤ文明の遺跡が残されている。17世紀以降イギリス植民地だったため、中南米で唯一公用語が英語。経済発展が最重要課題。

DATA

人口：約38万3000人　面積：約2万2970㎢　首都：ベルモパン　言語：英語（公用語）、スペイン語、ベリーズ・クレオール語など　民族：メスティソ（混血）52.9%、クレオール25.9%、マヤ11.3%ほか　宗教：カトリック40.1%、プロテスタント31.5%ほか　通貨：ベリーズ・ドル　時差：日本より15時間遅れている　GNI：US$4720／人

左）ダイビングで潜ることもできるブルーホール
右）ラマナイ考古学保護区のマヤ遺跡

明日誰かに教えたくなる

ベリーズの雑学

▷最初の入植者はカリブの海賊

17世紀中頃、カリブの島々を拠点にスペインの財宝を狙うイギリス系の「バッカニア」と呼ばれる海賊がまず入植し、その後イギリス人がやってきた。

かつて海賊が行き交った海

GUIDEBOOK

地球の歩き方
中米 収録

豊かな自然に抱かれた幸せの国

コスタリカ共和国

Republic of Costa Rica

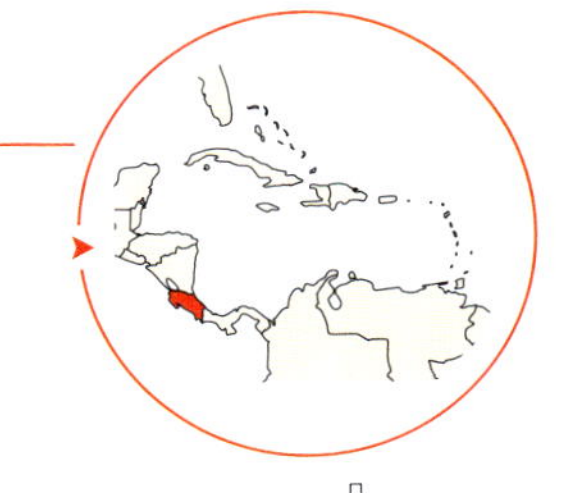

国旗の意味

赤は自由のために流された先人の血、白は平和、青は空を表す。

スペイン語でこんにちは

¡ Buenas tardes !

（ブエナス タルデス）

民主主義の伝統をもち、政治的安定と良好な経済状態が続く中米の優等生。自然保護と観光を両立させるエコツーリズム発祥の地としても有名。美しい海、高山や活火山、熱帯雨林と自然が多様。「地球のたった0.03%に約5%の生物が生息する」といわれる。手塚治虫の『火の鳥』のモデルとされ、世界一美しいといわれるケツァール(→P.167)は、見ると幸せになるという伝説の鳥。

DATA

人口：約499万人　面積：約5万1100㎢　首都：サンホセ　言語：スペイン語　民族：メスティソ（混血）83.6%、ムラート6.7%、先住民2.4%ほか　宗教：カトリック71.8%、福音派とペンテコステ派12.3%ほか　通貨：コロン　時差：日本より15時間遅れている　GNI：US$1万1510／人

左）アレナル火山国立公園の景色
右）熱帯雨林に生息するアカメツリーフロッグ

明日誰かに教えたくなる

コスタリカの雑学

▷通貨コロンはコロンブスが由来

コスタリカの通貨コロンはクリストファー・コロンブス（スペイン語でクリストバル・コロン）が由来。1896年、コスタリカ・ペソに代わって導入された。

コスタリカの紙幣

GUIDEBOOK

地球の歩き方
中米 収録

中米で唯一カリブ海に面していない

エルサルバドル共和国

Republic of El Salvador

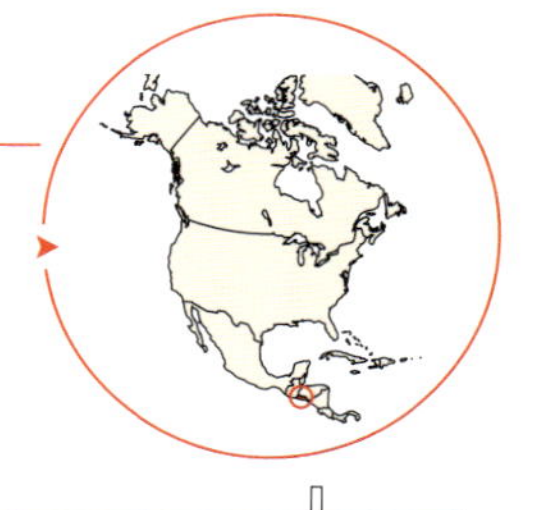

国旗の意味

青は太平洋とカリブ海、白は平和を象徴。中央の国章は中米独立5ヵ国を意味する5山5旗に3権を表す正三角形、周囲に国内14県を表す月桂樹を配置している。

スペイン語でこんにちは

¡Buenas tardes!

(ブエナス タルデス)

島国を除く南北アメリカ大陸では最小の国。しかし、歴史的に国土の開発が進んでいたため、人口密度は米州で最も高い。環太平洋火山帯の上にある火山国で地震が多いこと、国民の勤勉さが似ていることなどから中米の日本と呼ばれていた。1980〜92年に和平が合意するまで続いた政府と社会主義勢力の内戦の際、移住したエルサルバドル人がアメリカに200万人以上いる。

DATA

人口:約664万人　面積:約2万1040㎢　首都:サン・サルバドル　言語:スペイン語　民族:メスティソ(混血)84%、先住民5.6%、白人10%　宗教:カトリック50%、プロテスタント36%、無宗教12%ほか　通貨:アメリカ・ドル　時差:日本より15時間遅れている　GNI:US$3820/人

左)マーケットでトルティーヤを焼く女性
右)サンタ・アナ火山のカルデラ湖

明日誰かに教えたくなる

エルサルバドルの雑学

▷国名は「救世主」を意味する

エルサルバドルはスペイン語で「救世主」を意味する。スペインが占領したときに砦の名前として付けたものだ。漢字表記では救世主国となる。

サン・サルバドルのモニュメント

GUIDEBOOK

地球の歩き方
中米 収録

マヤ文明の末裔が暮らす

グアテマラ共和国

Republic of Guatemala

国旗の意味

両側の青は太平洋と大西洋(カリブ海)を表しており、中央は国鳥ケツァールが描かれている。

スペイン語でこんにちは

¡Buenas tardes!

(ブエナス タルデス)

日本同様、火山が多く温泉が各地で湧く国。名産のコーヒー園が広がるアティトラン湖も火口湖。古代マヤ文明が繁栄した地なので、マヤ系先住民族が国民の半数を占め、伝統文化を色濃く残し、遺産も多い。密林に5つのピラミッドがあるティカルはマヤ文明最大の都市遺跡。また、植民地時代の古都アンティグアはスペイン語学校の町としても有名で、日本人も多く通う。

DATA

人口:約1691万人　面積:約10万8889㎢　首都:グアテマラ・シティ　言語:スペイン語、ほかマヤ系語　民族:マヤ系先住民46%、メスティソ(混血)・ヨーロッパ系30%、ほかガリフナ族、シンカ族など24%　宗教:カトリック、プロテスタントほか　通貨:ケツァル　時差:日本より15時間遅れている　GNI:US$4410/人

左)古代マヤ文明のティカル遺跡
右)世界遺産に登録されているアンティグアの町並み

明日誰かに教えたくなる

グアテマラの雑学

▷世界で一番美しい鳥がいる

"幻の鳥""世界で一番美しい鳥"などと呼ばれるケツァールはグアテマラの国鳥。長い尾羽が特徴的だ。通貨の名前にもなっている。和名はカザリキヌバネドリ。

尾羽をなびかせて飛ぶ

GUIDEBOOK

地球の歩き方
中米 収録

かつてバナナ共和国と呼ばれた

ホンジュラス共和国

Republic of Honduras

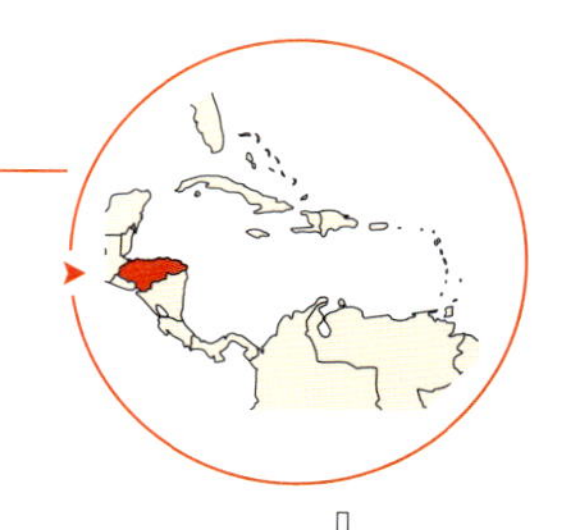

国旗の意味

上下の紺は大西洋と太平洋、白は平和を象徴。中央のホンジュラスを示す星の周りを4つの星(グアテマラ、エルサルバドル、ニカラグア、コスタリカ)が囲む。

スペイン語でこんにちは

¡Buenas tardes!

(ブエナス タルデス)

古代マヤ文明の遺跡が眠る熱帯雨林や、カリブ海の巨大珊瑚礁など魅力的な自然を誇る。人口の7割が農業に従事、バナナやコーヒーを栽培しているが、近年はエルニーニョや豪雨などの異常気象で食料不足が慢性化。国民の約6割が貧困状態にある。国民性は保守的で、2009年に軍事クーデターは経験したが、周辺諸国のような激しい内戦は起こっていない。

DATA

人口:約927万人　面積:約11万2490㎢　首都:テグシガルパ　言語:スペイン語　民族:メスティソ(混血)91%、先住民6%、アフリカ系2%、ヨーロッパ系1%　宗教:カトリック　通貨:レンピーラ　時差:日本より15時間遅れている　GNI:US$2330/人

左)テグシガルパのイグレシア・ロス・ドローレス教会
右)世界遺産に登録されているコパンの古代マヤ遺跡

明日誰かに教えたくなる

ホンジュラスの雑学

▷海賊の子孫が住んでいる島がある

バイア諸島にはブロンドヘアに青い目の人々が住んでいる。彼らは約500年前にやってきてこの海域で略奪を行ったイギリスの海賊の子孫といわれている。

美しい海が広がるバイア諸島

GUIDEBOOK

地球の歩き方
中米 収録

自然豊かな湖と火山の国

ニカラグア共和国

Republic of Nicaragua

国旗の意味

青はカリブ海と太平洋、ニカラグアのふたつの湖、正義、忠誠心など、白は純粋さ、平和などを象徴。中央の国章の三角形は平等、5つの山は中米5ヵ国の団結と友愛を示す。

スペイン語でこんにちは

¡ Buenas tardes !

（ブエナス タルデス）

国民の70%以上がメスティソと呼ばれる混血で、中米の中では先住民の比率が低い。1978～90年にかけて米ソ代理戦争でもある内戦が続き、自然環境やインフラが破壊され経済は破綻。現在は民主主義を実現し、中南米で最も安全ともいわれる。湖と活火山が多く、マサヤ山では火口縁でマグマをのぞける。中米最大のニカラグア湖に浮かぶ島も火山でできている。

DATA

人口：約647万人　面積：約13万370㎢　首都：マナグア　言語：スペイン語　民族：メスティソ（混血）70%、ヨーロッパ系17%、アフリカ系9%、先住民4%　宗教：カトリック50%、福音派33.2%ほか　通貨：コルドバ　時差：日本より15時間遅れている　GNI：US$2030／人

左）マサヤ火山国立公園の火山噴火口
右）スペイン・コロニアル建築が残るグラナダ

明日誰かに教えたくなる

ニカラグアの雑学

▷人食いザメが生息する湖がある

中米最大の湖であるニカラグア湖には、人間を襲う危険性のあるオオメジロザメが生息している。オオメジロザメは海水、淡水どちらでも生きることができるサメだ。

ニカラグア湖とコンセプシオン火山

GUIDEBOOK

地球の歩き方 中米 収録

独自の道を歩む陽気な社会主義国

キューバ共和国

Republic of Cuba

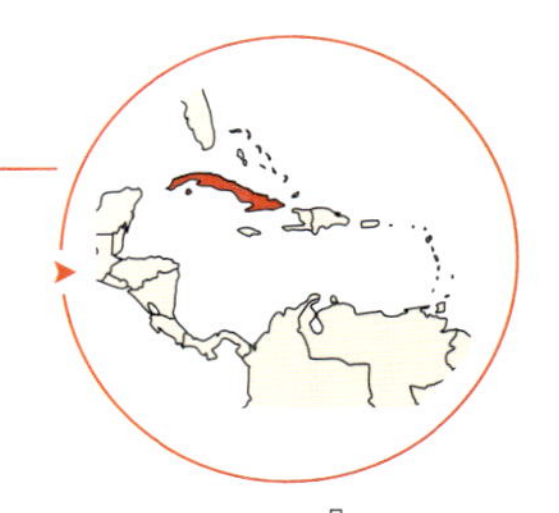

国旗の意味

青は独立時の3州、白は独立の理想の純粋さ、三角形は自由、平等、友愛、赤は独立闘争で流された血、白い星は自由を象徴している。

スペイン語でこんにちは

¡Buenas tardes!

（ブエナス タルデス）

東西に細長いカリブ海最大の島である本島と、1600余りの島や岩礁からなる。1492年のコロンブスの第1次航海でヨーロッパが確認。以降、スペインの植民地となった。1902年にアメリカの後押しで独立。アメリカ資本が数多く進出し栄華を極めたが、それは搾取でもあった。その不満から後に議長となるカストロ、チェ・ゲバラらが中心となって武装解放闘争を起こし1959年にキューバ革命が起こる。社会主義国となり、2015年の54年ぶりの国交回復までアメリカは厳しい経済封鎖を行ってきた。音楽とラム酒、それに経済制裁が残したクラシカルな町並みや車など、魅力的な観光資源に期待がかかる。

DATA

人口：約1148万人
面積：約10万9884㎢
首都：ハバナ
言語：スペイン語
民族：ヨーロッパ系64.1％、混血26.6％、アフリカ系9.3％
宗教：キリスト教59.2％、伝統宗教（アフリカ起源のものやカトリック、プロテスタント由来のものなど）17.4％、無宗教23％ほか
通貨：キューバ・ペソおよび兌換ペソ
時差：日本より14時間遅れている（サマータイムあり）
GNI：US$7230／人

アメリカ産のクラシックカーとコロニアル建築の町並み（ハバナ）

COLUMN

医療、教育、食料がほぼ無料

医療費、大学までの教育費は無料で、食料は配給制でこれもほとんど無料に近い。どんな人でも最低限の人間的な暮らしが保証されている。また国民のほとんどは公務員で、弁護士の月給が3000円程度と、過度に裕福にならないようなシステムを採用。それでも近年はもう少し贅沢がしたいとサイドビジネスをする人も多く、2019年4月に私有財産を承認する新憲法が発布された。社会主義と資本主義のバランスをいかにとるか。今は少数派となってしまった数少ない社会主義国家としてキューバは独自の道を歩んでいる。

街角のストリートミュージシャン

COLUMN

キューバ名物 クラシックカー

2015年にようやく国交が正常化したが、キューバとアメリカは半世紀にわたって対立してきた。かつての政権はアメリカの傀儡で、このときアメリカ産の車が大量にキューバに輸入された。そして両国が国交断絶をした1961年以降、輸入は断たれ、2011年まで新車の販売も禁止されていた。こうしてキューバにアメリカのクラシックカーが多く残された。

カリブ海によく似合う

キューバ名物の葉巻を楽しむ女性

明日誰かに教えたくなる

キューバの雑学

▷2重通貨システムを採用

キューバにはなんと通貨がふたつある。おもに地元の人が使うキューバ・ペソ(CUP)と、おもに外国人が使う兌換ペソ(CUC)。価値が異なるので、旅行する際には気をつけたい。

兌換ペソ

▷識字率が世界トップクラス

「すべての人々に教育を」というカストロの理念から、社会主義政策のなかで教育が重視され、識字率向上プロジェクトにより世界トップクラスの識字率99%を誇っている。決して高くはないGDPから考えるとこれは驚くべき数字である。

GUIDEBOOK

地球の歩き方
キューバ バハマ
ジャマイカ カリブの島々

世界無形遺産に登録されたレゲエが発祥した島

ジャマイカ

Jamaica

国旗の意味

黒は国民の強さと創造力、金(黄)は陽光と富、緑は希望と農業を象徴している。

パトワ語でこんにちは

Wa Gwan?

(ワー グワン)※How are you ?

美しいビーチリゾートとして知られるカリブ海の島国。岐阜県ほどの広さだが、中央部には濃密な熱帯雨林に覆われた山脈が連なり、そこから流れ出る河川は120にも及ぶ。国名はかつての先住民アラワク族の言葉で木と水の大地を表すザマイカが語源だ。2256mの最高峰ブルー・マウンテン山は、上質なコーヒーの産地として有名で、海からの湿った空気が山肌とぶつかり、霧を生み雨が多いことが豆の品質を高める。レゲエの生まれた島であり、レゲエの神様と呼ばれるボブ・マーリーの故郷。冬のないこの国からカルガリーオリンピックにボブスレー代表が参加した経緯を描いた映画『クール・ランニング』は人気を呼んだ。

DATA

人口:約293万4000人
面積:約1万990㎢
首都:キングストン
言語:英語(公用語)、ジャマイカ・クレオール語(パトワ語)
民族:アフリカ系92.1%、混血6.1%ほか
宗教:プロテスタント64.8%、カトリック2.2%、エホバの証人1.9%、ラスタファリズム1.1%ほか
通貨:ジャマイカ・ドル
時差:日本より14時間遅れている
GNI:US$4990/人

ビーチリゾートとして人気のモンテゴ・ベイ

COLUMN

さまざまな音楽が生まれた国

労働力として多くの黒人が連れてこられたカリブの国々では、黒人の間でさまざまな音楽が生まれた。フォーク音楽のメント、トリニダード・トバゴで発達したカリプソ。ほかにアメリカのR&B、ジャズ、ブルースなどが人々に楽しまれていた。1959年の独立以降、アイデンティティを模索していたジャマイカのミュージシャンが、既存の音楽から創りあげたのがスカやロックステディと呼ばれる音楽だった。そして1968年頃、ジャマイカ音楽の代名詞ともいえるレゲエが生まれ、ボブ・マーリーによって世界に広がる。2018年、レゲエは世界無形遺産に登録された。

キングストンの路上で踊る人々

COLUMN

独自のスラング パトワ（ジャマイカ・クレオール語）

パトワとはジャマイカなまりの英語。といっても黒人奴隷たちが主人である白人にわからないように、さまざまなスラングを織り交ぜて成立した経緯があり、本来の英語とはかけ離れた表現も多い。これがジャマイカの音楽にはちりばめられているため、例えばレゲエを学ぶ人はまずこのパトワを勉強するという。

ドレッドヘアはポピュラー

切手にも登場する英雄ボブ・マーリー

明日誰かに教えたくなる

ジャマイカの雑学

▷ラスタファリズムの神はエチオピア皇帝

レゲエミュージシャン、ボブ・マーリーによって世界的に知られるようになったラスタファリズムは、神の化身としてエチオピアの皇帝ハイレ・セラシエをあがめている。

▷カリブ海で唯一自国の車がある

エクセルモータース社製のアイランドクルーザーと呼ばれる自国の車がある。

▷ラムバーの数が世界一

町には特産のラム酒を飲ませるバーが多く、1人当たりのラムバー数は世界一といわれる。

ハイレ・セラシエ

GUIDEBOOK

地球の歩き方
キューバ バハマ
ジャマイカ カリブの島々
収録

金融と観光業で栄えるカリビアンリゾート

バハマ国

Commonwealth of The Bahamas

国旗の意味

黒は団結した人々の力、金(黄)は太陽、アクアマリンは海、三角形は豊富な資源を開発し所有する人々の決意を表す。

バハマ・クレオール語でこんにちは

What da wybe is ?

(ワッダ ワイブ イズ)※What's going on ?

フロリダ半島の東沖88kmほどから、南東方面へ約800kmの海域に点在する珊瑚礁の小さな島々からなる。その数、島が700、岩礁が2400にものぼるが、95%は無人島で、人の住む島は30ほどしかない。資源もほとんどなく、観光業とタックスヘイブンなどの金融業が経済を支える。大型クルーズ船の周航地として有名なほか、無人の小島には世界のセレブが別荘を構える。

DATA

人口:約38万5000人　面積:約1万3880㎢　首都:ナッソー　言語:英語、バハマ・クレオール語　民族:アフリカ系90.6%、ヨーロッパ系4.7%、混血2.1%ほか　宗教:プロテスタント69.9%、カトリック12%ほか　通貨:バハマ・ドル　時差:日本より14時間遅れている(サマータイムあり)　GNI:US$3万210/人

左)ナッソーにある超豪華リゾート、アトランティス
右)ナッソーのパステルカラーの家々

明日誰かに教えたくなる

バハマの雑学

▷豚と泳げるビーチがある

ビッグ・メジャー・キーという島にあるビーチには豚が住み着いており、一緒に泳げるビーチとして世界的に有名。主都ナッソーからスピードボートで約3時間。

今やバハマの名物

GUIDEBOOK

地球の歩き方
キューバ バハマ
ジャマイカ カリブの島々

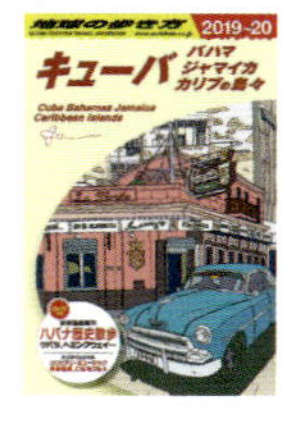

カリブ海有数の歴史ある首都がある野球大国

ドミニカ共和国

Dominican Republic

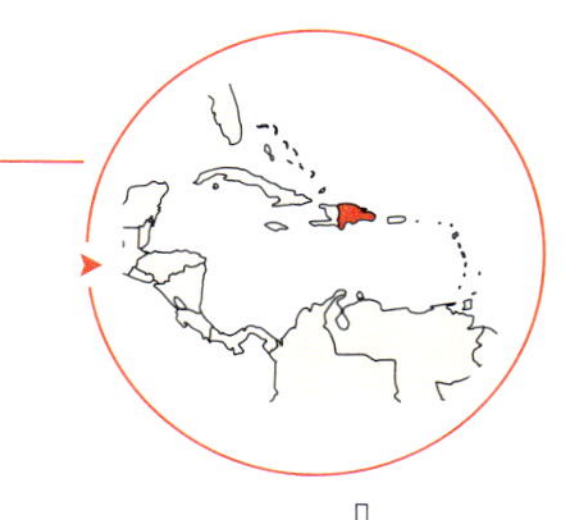

国旗の意味

赤は独立戦争で流された血、青は空、白は平和と団結を表す。真ん中には聖書や十字架などを描いた国章。

スペイン語ドミニカ方言でこんにちは

Saludo！

（サルード）

西インド諸島の大アンティル諸島に位置する共和制国家。大アンティル諸島では2番目に大きな島であり、同島西部にあるハイチと島を分けている。米州で最初にヨーロッパ人が定住した土地で、その後のスペインの侵略拠点となった。首都サント・ドミンゴは米州で最も早い1496年に建設された植民都市であり、同州初の大学、大聖堂、要塞が建設された。

DATA

人口：約1076万人　面積：約4万8442㎢　首都：サント・ドミンゴ　言語：スペイン語　民族：混血73%、ヨーロッパ系16%、アフリカ系11%　宗教：カトリック47.8%、プロテスタント21.3%、無宗教28%ほか　通貨：ドミニカ・ペソ　時差：日本より13時間遅れている　GNI：US$7370／人

左）国内最大のリゾート地、プンタカナ
右）サント・ドミンゴ中心部の通り

明日誰かに教えたくなる

ドミニカ共和国の雑学

▷メジャーリーガー 第2の輩出国

メジャーリーガーの出身国は米州がほとんどで、なかでもドミニカ共和国は出身国ランキングでアメリカに次いで第2位。ほかにプエルトリコ、ベネズエラなども有名。

サント・ドミンゴ要塞の壁

GUIDEBOOK

地球の歩き方
キューバ バハマ ジャマイカ カリブの島々 収録

世界初の黒人による共和制国家

ハイチ共和国

Republic of Haiti

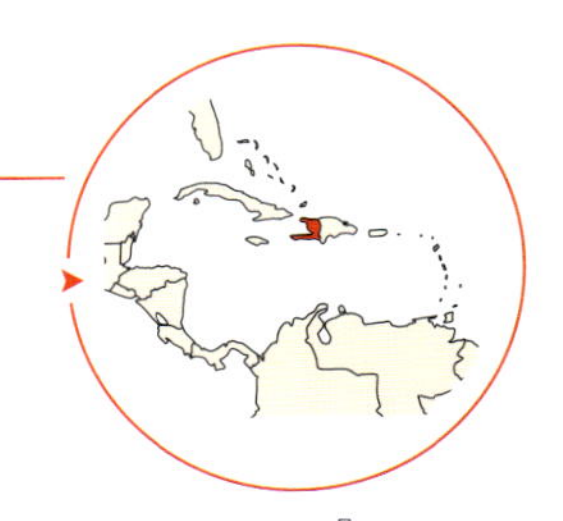

国旗の意味

青は黒人、赤は白人と黒人の混血であるムラートを表す。中央はヤシの木や大砲などが描かれた国章。

ハイチ・クレオール語でこんにちは

Alo !

（アロ）

カリブ海のイスパニョーラ島の西を、東のドミニカ共和国と分け合う。1804年に独立し、世界初の黒人による共和国となったが、独裁政治とそれに対する経済制裁の影響で荒廃し、経済は破綻。加えて2010年死者30万人以上を出した大地震が起き、いまだ復旧途上。ただ19 世紀の貴重な建築の多くは無傷で、美しい海もあり、70年代のカリブ随一の観光国復活が期待される。

DATA

人口：約1112万3000人　面積：約2万7750㎢　首都：ポルトー・プランス　言語：フランス語、ハイチ・クレオール語　民族：アフリカ系95％ほか　宗教：カトリック54.7％、プロテスタント28.5％、ブードゥー教2.1％ほか　通貨：グルド　時差：日本より14時間遅れている（サマータイムあり）　GNI：US$800／人

左）ラバディーのプライベートビーチ
右）ポルトー・プランスの町並み

明日誰かに教えたくなる

ハイチの雑学

▷ 歴史のある黒人国家

西半球で最も貧しい国といわれるハイチ。その歴史は意外に古く、独立は1804年。黒人による初めての共和制国家だ。また、ラテンアメリカでは最初の、アメリカ大陸ではアメリカに次いで2番目の独立国家でもある。

フランスの侵攻から守るために造られた要塞

リオ、ベネチアと並ぶ世界3大カーニバルで知られる

トリニダード・トバゴ共和国

Republic of Trinidad and Tobago

国旗の意味

黒は強い絆でつながれた国民、赤は国土と人の活力や太陽、白は熱望の純粋さや太陽の下の平等を表す。

トリニダード・クレオール語でこんにちは

Wuz de scene ?

(ワズ ディ シーン)※What's up?

南米とはかつて陸続きでアマゾンの生態系が残るトリニダードと、珊瑚礁でできたトバゴのふたつの島からなる。住民は34%がアフリカ系、35%がインド系、残りが混血で、カレーが日常的に食され、ヒンドゥー教の行事なども行われる。イギリス植民地時代、奴隷制廃止後にインドから多くの移民が入ったためだ。石油と天然ガスの資源に恵まれ、政治的にも安定している。

DATA

人口：約139万人　面積：約5130㎢　首都：ポート・オブ・スペイン　言語：英語（公用語）、ヒンディー語、クレオール語ほか　民族：インド系35.4%、アフリカ系34.2%ほか　宗教：キリスト教53.7%、ヒンドゥー教18.2%ほか　通貨：トリニダード・トバゴ・ドル　時差：日本より13時間遅れている　GNI：US$1万6240／人

左）カーニバルの時期は世界中から観光客が訪れる
右）ポート・オブ・スペインの聖三位一体教会

明日誰かに教えたくなる

トリニダード・トバゴの雑学

▷リンボーダンス発祥の地

ひざを曲げて尻をつかずに棒をくぐるリンボーダンスはトリニダード島で生まれた。カリブ海のリゾートでは、ゲスト同士の触れ合いのためにリンボーダンスが催されることもある。

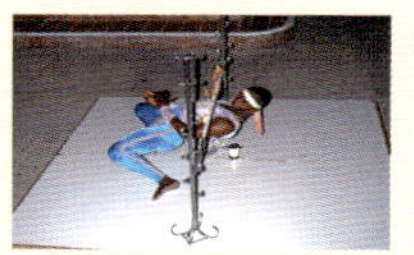

リンボーダンサー

GUIDEBOOK

地球の歩き方
キューバ バハマ ジャマイカ カリブの島々 収録

クルーズ船の寄港地として有名な島々

アンティグア・バーブーダ

Antigua and Barbuda

緑豊かなアンティグア島

英連邦に属する独立国のひとつ。アンティグア島、バーブーダ島、レドンダ島という3つの火山島からなり、多くのビーチを有する熱帯の楽園だ。首都セントジョンズはカリブ海を巡るクルーズ船の寄港地として有名で、免税店の入ったおしゃれなショッピングモールが建ち並ぶ。世界的ギタリストのエリック・クラプトンが、自らの体験をもとに薬物依存症の更生施設を建てたことでも知られる。

DATA

人口:約9.8万人　面積:442.6㎢　首都:セントジョンズ　言語:英語(公用語)、アンティグア・クレオール語　民族:アフリカ系87.3%ほか　宗教:キリスト教ほか　通貨:東カリブ・ドル　時差:日本より13時間進んでいる　GNI:US$1万5810／人

アンティグア・クレオール語でこんにちは

Ah wha g'wan?

(アー ワグワーン)※What's going on?

明日誰かに教えたくなる

アンティグア・バーブーダの雑学

▷すべてはあいさつから

例えばバーに入るとき、あいさつをしないとサービスが悪くなることも。あいさつはじっくり時間をかけて行おう。

カリブの優等生

バルバドス

Barbados

ラム酒のテイスティング

珊瑚礁でできた種子島ほどの島。1500年にはスペイン人が全先住民を奴隷として移住させ無人化。1625年に英植民地となり、1650年代にカリブ初のサトウキビのプランテーションが導入され、現在の国民の先祖となる黒人奴隷が入った。1966年の独立は混乱もなく行われ、議会制民主主義が定着し"カリブの優等生"と呼ばれる。観光業が経済を支え、カリブでは最も裕福。

DATA

人口:約28.6万人　面積:約430㎢　首都:ブリッジタウン　言語:英語　民族:アフリカ系92.4%、混血3.1%ほか　宗教:キリスト教ほか　通貨:バルバドス・ドル　時差:日本より13時間進んでいる　GNI:US$1万5240／人

バヤン・クレオール語でこんにちは

Wa gine on ?

(ワガイノン)※What's going on?

明日誰かに教えたくなる

バルバドスの雑学

▷ラム酒発祥の地

ラム酒といえばカリブ海だが、この小さな島こそが発祥の地として知られ、観光の大きな魅力にもなっている。

グレナダ侵攻で知られる香辛料の島

グレナダ

Grenada

国旗にも描かれているナツメグ

グレナダ・クレオール語でこんにちは

Wah go/Wah say?

（ワゴー／ワセイ）※How are you?

　19世紀のフランス、イギリスの植民地時代から、カカオ、綿花、コーヒー、サトウキビなどが栽培され、特にスパイスが有名。海の美しさでも知られ、カリブで最も美しいといわれる港もある。冷戦下の1979年に親ソ政権が樹立、1983年に政権内でクーデターが起こると、自国民保護を口実にアメリカと一部の親米国の軍が介入するグレナダ侵攻が起き、親米政権となった。

DATA

人口：約11.1万人　面積：約340㎢　首都：セントジョージズ　言語：英語（公用語）、グレナダ・クレオール語　民族：アフリカ系82.4％ほか　宗教：キリスト教ほか　通貨：東カリブ・ドル　時差：日本より13時間遅れている　GNI：US$9780／人

明日誰かに教えたくなる

グレナダの雑学

▷国名の由来はグラナダ

　スペインのグラナダが国名の由来だが、混同しやすく、実際に間違ったフライトに乗ってしまう人もいるという。

<アメリカ合衆国自治領>

メジャーリーガーを多数輩出

プエルトリコ

Commonwealth of Puerto Rico

サン・ファンの町並み

スペイン語プエルトリコ方言でこんにちは

Kes-Lah-Keh ?

（ケセラケ）※What's going on?

　アメリカの領土ではあるが、内政を自ら行う自治領。住民はアメリカ国籍をもつが、納税義務はなく、大統領選挙の投票権もない。1508年から約400年間はスペイン統治下にあり、多くの住民はスペイン語しか話せない。観光が主産業で、アメリカに移住した人々からの送金も大きな収入源。しかし2017年に連邦地裁に破産申請し、債務整理を進めている。

DATA

人口：約318万人　面積：約9104㎢　首都：サン・フアン　言語：スペイン語、英語　民族：白人75.8％、アフリカ系12.4％、混血3.3％ほか　宗教：カトリック85％、プロテスタントほか15％　通貨：アメリカ・ドル　時差：日本より13時間遅れている

明日誰かに教えたくなる

プエルトリコの雑学

▷ピニャコラーダ発祥の地

　世界的に有名なパイナップルジュースのカクテル、ピニャコラーダはプエルトリコのバーで初めて出された。

先住カリブ族が暮らす島

ドミニカ国

Commonwealth of Dominica

ボイリングレイク

同じカリブ海のドミニカ共和国と同名だが別。こちらのほうがかなり小さい。カリブの先住民カリブ族の系譜が残る貴重な島で、政府とは別に島の北東の海岸にテリトリーをもち、1903年から自治政府が設けられている。バナナ栽培が主産業。観光開発は進んでいない。

ドミニカ・クレオール語でこんにちは

Bon jou !

（ボンジュ）

DATA　人口：約7.1万人　面積：約750㎢　首都：ロゾー　言語：英語、クレオール語　民族：アフリカ系86.6%、カリブ族2.9%ほか　宗教：キリスト教　通貨：東カリブ・ドル　時差：日本より13時間遅れている　GNI：US$7210／人

西インド諸島で最初の英国植民地

セントクリストファー（セントキッツ）・ネービス

Saint Christopher (Kitts) and Nevis

バセテールの港

セントクリストファーとネービスのふたつの火山島からなり、面積と人口は南北アメリカで最小。名の由来は守護聖人クリストファーで、コロンブスが命名。1967年に英国自治領化、1980年に隣国アンギラが分離、1983年に独立した。熱帯雨林やビーチなど自然豊かで観光が主要産業。

セントキッツ・クレオール語でこんにちは

Wha gine on ?

（ワガイノン）※What's going on?

DATA　人口：約5.2万人　面積：約260㎢　首都：バセテール　言語：英語　民族：アフリカ系92.5%ほか　宗教：キリスト教　通貨：東カリブ・ドル　時差：日本より13時間遅れている　GNI：US$1万8640／人

キリスト教聖人の名を冠する島

セントルシア

Saint Lucia

急峻なピトン山

双子の山と呼ばれ、絵本のように尖った峰があるふたつのピトン山がシンボル。コロンブスが訪れたのが聖ルチアの祝日だったのが名前の由来。火山島で平地は少なく、いくつもの滝が流れる豊かな熱帯雨林がほとんど。農業が主産業でバナナが中心。観光開発も期待されている。

セントルシア・クレオール語でこんにちは

Bonjou !

（ボンジュ）

DATA　人口：約18.1万人　面積：約620㎢　首都：カストリーズ　言語：英語、クレオール語　民族：アフリカ系85.3%ほか　宗教：キリスト教　通貨：東カリブ・ドル　時差：日本より13時間遅れている　GNI：US$9460／人

『パイレーツ・オブ・カリビアン』の撮影が行われた

セントビンセント及びグレナディーン諸島

Saint Vincent and the Grenadines

ワリラボウにある撮影地

英語でこんにちは

Hello !

（ハロー）

国名のとおりセントビンセント島とグレナディーン諸島からなる。音楽のたいへん盛んな島で、カリプソ音楽に合わせて仮装した人々がダンスを踊る12日間のカーニバル「ヴィンシー・マス」やR&Bフェスティバルなどが有名。カリブの海賊を描いた映画『パイレーツ・オブ・カリビアン』の撮影地としても知られる。

DATA

人口：約11万人　面積：約390㎢　首都：キングスタウン　言語：英語（公用語）、セントビンセント・クレオール語　民族：アフリカ系72.8%、混血20%、カリブ族3.6%ほか　宗教：プロテスタント75%、カトリック6.3%、ラスタファリズム1.1%ほか　通貨：東カリブ・ドル　時差：日本より13時間遅れている　GNI：US$7340／人

明日誰かに教えたくなる

セントビンセントの雑学

▷ 古代の岩面彫刻が残る

島には西洋人の侵入で数が激減したカリブの先住民族アラワク人によるペトログリフ（岩面彫刻）が残されている。

＜フランス海外県＞

リゾート開発の進むフレンチカリブ

マルティニーク

Martinique

※非公式の旗

マルティニーク・クレオール語でこんにちは

Bonjou !

（ボンジュー）

カリブ族の言葉「マディニーナ Madinina（花の島）」が国名の由来。熱帯ならではのさまざまな花が咲き乱れ、数百種もの花が見られるバラタ植物園は旅行者に人気の観光地となっている。ナポレオンの最初の妻ジョゼフィーヌはこの島出身で、彼女の生家跡がラ・パジュリ記念館として保存されていて、こちらも多くの人が訪れる。

DATA

人口：約37万6480人　面積：約1128㎢　主都：フォール・ド・フランス　言語：フランス語、マルティニーク・クレオール語　民族：おもにアフリカ系　宗教：キリスト教90%ほか　通貨：ユーロ　時差：日本より13時間遅れている

＜オランダ自治領／フランス海外準県＞

南北でふたつに分かれる

セント・マーチン島

Saint Martin

セントマーチン・クレオール語でこんにちは

Good Day/Bonjou !

（グッデイ／ボンジュー）

多国籍の人々が仲よく暮らす“フレンドリーアイランド”。島の中央を国境線が走り、北側がフランス領でサン・マルタン、南側がオランダ領でシント・マールテンと呼び分けられている。空港に隣接するマホ・ビーチは、頭上スレスレを飛行機が通る「世界一危険なビーチ」として有名。

DATA

人口：約7万4639人　面積：約87㎢　主都：フィリップスブルフ／マリゴ　言語：フランス語、英語、オランダ語、クレオール語　民族：おもにアフリカ系　宗教：キリスト教、ヒンドゥー教ほか　通貨：オランダ領アンティルギルダー／ユーロ　時差：日本より13時間遅れている

<オランダ構成国>

カリブのダイビングパラダイス

アルバ

Aruba

オランダ王国を構成する国のひとつ。美しいビーチやカジノが点在するリゾート地で"カリブ海のラスベガス"と呼ばれることも。オランダ語をベースにさまざまな言語が混ざったパピアメント語が話される。

DATA
人口:約12万人　面積:約180㎢　主都:オラニエスタッド　言語:パピアメント語　民族:アルバ人66%ほか　宗教:キリスト教80.2%ほか　通貨:フロリン　時差:日本−13時間

<イギリス海外領土>

世界のセレブの隠れ家

アンギラ

Anguilla

セントクリストファー・ネービス(→P.180)から分離し、単独でイギリス自治領となった。カリブで最も美しいビーチともいわれるショールベイ・ビーチをはじめ、きれいな海が世界のセレブをひきつけている。

DATA
人口:約1.8万人　面積:約91㎢　主都:バレー　言語:英語　民族:アフリカ系85.3%ほか　宗教:キリスト教90.9%ほか　通貨:東カリブ・ドル　時差:日本−13時間

<イギリス海外領土>

隔絶された大西洋に浮かぶ島

バミューダ

Bermuda

政治・経済の面で自立した権限をもつ英領の島。金融や観光産業が盛んで、1人当たりGDPは先進国並み。赤いサンゴが混じったピンク色のビーチや、首都ハミルトンのパステルカラーの歴史的町並みが人気。

DATA
人口:約7.1万人　面積:約54㎢　主都:ハミルトン　言語:英語ほか　民族:アフリカ系ほか　宗教:キリスト教ほか　通貨:バミューダ・ドル　時差:日本−13時間(サマータイムあり)

<オランダ構成国>

※ボネール島の旗

オランダの一部である3つの島

ボネール、シント・ユースタティウス及びサバ

Bonaire, Sint Eustatius and Saba

ベネズエラの北に浮かぶボネール島と、約650km離れたシント・ユースタティウス島とサバ島からなり、オランダ王国の一部という位置づけ。シント・ユースタティウスの自治権は2018年に失われている。

DATA
人口:約2万5987人　面積:約328㎢　言語:オランダ語　民族:アフリカ系ほか　宗教:おもにキリスト教　通貨:アメリカ・ドル　時差:日本−13時間

<イギリス海外領土>

高いGDPを誇るタックスヘイブンの島

ケイマン諸島

Cayman Islands

キューバの南に位置する3つの島からなる。タックスヘイブン(租税回避地)であり、金融、観光の2大産業によりカリブ唯一の先進地域といわれる。スクーバダイビングの聖地としても世界的に有名。

DATA
人口:約6.2万人　面積:約264㎢　主都:ジョージタウン　言語:英語　民族:混血40%ほか　宗教:キリスト教81.9%ほか　通貨:ケイマン・ドル　時差:日本−14時間

<オランダ構成国>

カラフルな町並みの首都は世界遺産

キュラソー

Curacao

ベネズエラの北にあるオランダの構成国。主都ウィレムスタッドには、17～18世紀に建てられたパステルカラーの建物が並び、世界遺産に登録されている。ラム酒とオレンジの果皮で作ったキュラソー酒が有名。

DATA
人口:約15万人　面積:約444㎢　主都:ウィレムスタッド　言語:パピアメント語ほか　民族:おもにアフリカ系　宗教:おもにキリスト教　通貨:蘭領アンティル・ギルダー　時差:日本−13時間

<フランス海外県>

※非公式の旗

移民の多いフレンチカリブ

グアドループ

Guadeloupe

６つの有人島からなるフランス海外県の島々。混血であるクレオールがほとんどで、さまざまな文化が混ざり合いズークという独自の音楽が生まれた。また、著名な黒人クラシック音楽家サン・ジョルジュも輩出。

DATA 人口:約39.5万人　面積:約1628㎢　主都:バステール　言語:フランス語、クレオール語　民族:アフリカ系ほか　宗教:おもにキリスト教　通貨:ユーロ　時差:日本−13時間

<イギリス海外領土>

火山の噴火により遷都した

モントセラト

Montserrat

リーワード諸島に属するイギリス領土の小さな島。活火山のスフリエール・ヒルズが1995年、1997年、2003年とたびたび噴火し、主都のプリマスが壊滅。新主都としてリトルベイが建設されている。

DATA 人口:約5373人　面積:約102㎢　主都:リトルベイ　言語:英語　民族:おもにアフリカ系　宗教:おもにキリスト教　通貨:東カリブ・ドル　時差:日本−13時間

<フランス海外準県>

※非公式の旗

セレブがお忍びで訪れる楽園

サン・バルテルミー

Saint Barthelemy

コロンブスの弟バーソロミューが名前の由来。フランスの海外準県だけあり、おしゃれなブティックやグルメが充実。セブンマイル・ビーチなど絶景ビーチが島を取り囲み、“小さな熱帯の楽園”ともいわれる。

DATA 人口:約7122人　面積:約25㎢　主都:グスタビア　言語:フランス語、英語　民族:アフリカ系、ヨーロッパ系、混血　宗教:おもにキリスト教　通貨:ユーロ　時差:日本−13時間

<イギリス海外領土>

アメリカ人に人気のリゾート

タークス・カイコス諸島

Turks and Caicos Islands

キューバやドミニカ共和国などと同じ大アンティル諸島に属する、カリビアンブルーの美しい海が魅力の島々。アメリカでは非常にポピュラーなリゾート地で、アマンなど洗練された５つ星ホテルが揃う。

DATA 人口:約5.5万人　面積:約948㎢　主都:コックバーン・タウン　言語:英語　民族:おもにアフリカ系　宗教:キリスト教　通貨:アメリカ・ドル　時差:日本−13時間(サマータイムあり)

<アメリカ保護領>

アメリカ屈指のリゾートアイランド

米領ヴァージン諸島

United States Virgin Islands

“アメリカのパラダイス”と呼ばれ、年間150隻ものクルーズ船が停泊する寄港地として知られる。パナマ運河を守るため、1917年にアメリカがデンマークからUS$2500万で購入したという歴史をもつ。

DATA 人口:約10.6万人　面積:約346㎢　主都:シャーロット・アマリー　言語:英語、スペイン語　民族:おもにアフリカ系　宗教:キリスト教　通貨:アメリカ・ドル　時差:日本−13時間

<イギリス海外領土>

海外投資の集まるタックスヘイブン

英領ヴァージン諸島

British Virgin Islands

米領ヴァージン諸島とのつながりが強く、通貨は米ドル。米領に比べ、こちらは比較的静かな雰囲気。観光が主要産業ではあるが、タックスヘイブンとしても有名で、世界有数の金融センターの顔をもつ。

DATA 人口:約3.7万人　面積:約151㎢　主都:ロードタウン　言語:英語　民族:おもにアフリカ系　宗教:おもにキリスト教　通貨:アメリカ・ドル　時差:日本−13時間

ヨーロッパの香り漂うタンゴ発祥の国

アルゼンチン共和国

Argentine Republic

国旗の意味

空と海の色、自由や正義を表すブルーと白のストライプ。中央の太陽はスペインからの独立を表す自由のシンボル。

スペイン語でこんにちは

¡ Buenas tardes !

（ブエナス タルデス）

南米ではブラジルに次ぐ面積をもつ大国。アンデス山脈、大草原パンパ、氷河地帯など変化に富んだ自然が広がる。とりわけ大陸の最南端、南緯40度付近を流れるコロラド川より南のチリとまたがる地域パタゴニアには、険しい山岳地に氷河があり、その活動で生まれた青い氷河湖など、壮大な自然景観で知られ、希少な動植物の宝庫でもある。世界で最も南に位置する町ウシュアイアもある。一方、首都ブエノスアイレスは南米のパリとも呼ばれ、コロニアルな町並みが美しい南米有数の大都会。タンゴ発祥の地といわれており、芸術・文化の都となっている。サッカー強豪国であり、世界的プレイヤーのメッシは有名。

DATA

人口：約4449万人
面積：約278万㎢
首都：ブエノスアイレス
言語：スペイン語（公式）、イタリア語、英語、ドイツ語、フランス語、先住民族の言葉（マプチェ語、ケチュア語など）
民族：スペイン、イタリアなどヨーロッパ系97%、先住民3%
宗教：カトリック92%、プロテスタント2%、ユダヤ教2%ほか
通貨：アルゼンチン・ペソ
時差：日本より12時間遅れている
GNI：US$1万2370／人

左）巨大なオベリスクがそびえるブエノスアイレス　右）街角でタンゴを踊る男女

COLUMN

スケールは世界No.1！　イグアスの滝

ブラジルとアルゼンチンの国境にまたがるイグアスの滝（グアラニー族の言葉で「大いなる水」の意）。ブラジル、アルゼンチンからアクセスするのが一般的だが、パラグアイからも行くことができる。最大落差は80m、毎秒6万5000トンもの水流を誇り、そのスケールは、同じく3大瀑布のビクトリア、ナイアガラの滝をしのぐ。両国とも滝周辺は国立公園に指定されており、さまざまなトレイル、展望スポットが整備されている。豊かな自然の中でクルーズやヘリツアーなどのアクティビティに挑戦するのもおすすめ。

展望台から「悪魔ののど笛」を望む

COLUMN

氷河を越えて世界最南端の町へ

パタゴニアとは南緯40度以南のチリとアルゼンチンに広がるエリアのこと。氷河や国立公園など、壮大な自然の景観を楽しみに多くの旅行者が訪れる場所だ。世界遺産の国立公園、ロス・グラシアレス内にあるペリト・モレノ氷河はパタゴニアのハイライト。南極の目と鼻の先、世界最南端のウシュアイアの町も見逃せない。

海から見たウシュアイアの町

上）パタゴニアのハイライト、ペリト・モレノ氷河　下）ロス・グラシアレス国立公園にあるフィッツロイ山

明日誰かに教えたくなる

アルゼンチンの雑学

▷毎月29日にニョッキを食べる

月末の29日になると、人々はニョッキを食べる。もともとイタリア移民によって持ち込まれた習慣だが、安価で給料日前の食卓に適していることも習慣になった要因だとか。

▷南米で最大の映画製作国

国民は映画が大好きで、世界的に有名な監督も多い。

▷LGBTに寛容な国

LGBTに寛容な国であり、2010年、ラテンアメリカで初めて同性婚を合法とした。

カフェで楽しむカップル

GUIDEBOOK

地球の歩き方
アルゼンチン チリ
パラグアイ ウルグアイ

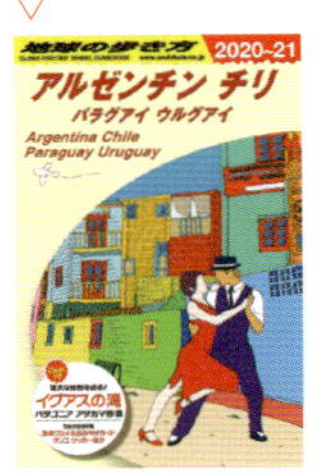

人種と文化のるつぼといわれる新興産業国

ブラジル連邦共和国

Federative Republic of Brazil

国旗の意味

緑は森、黄色は鉱物、青い丸は空を表している。空の中の27個の星は、26州と首都ブラジリアを意味している。

ブラジル・ポルトガル語でこんにちは

Boa tarde !

（ボア タルジ）

国土は南米大陸の約半分を占め、世界でも第5位。人口は世界第6位の大国だ。26の州と連邦直轄区である首都ブラジリアで構成される連邦制。アマゾンがある赤道直下の北部の熱帯から、亜熱帯を経て、壮大なイグアスの滝がある温帯の南部まで、気候は幅広い。国民は先住民と欧州系・アフリカ系が混血を重ね、日本を含む多くの国からの移民もいて多様性を極め、人種や文化のるつぼといわれる。砂糖やコーヒー、トウモロコシなどの農業が盛ん。航空機製造や石油関係の産業などの工業国でもあり、新興産業国BRICSの一員。サッカー強豪国で、大きな試合がある日は町から人が消えるといわれる。

DATA

人口：約2億947万人
面積：約851万2000㎢
首都：ブラジリア
言語：ポルトガル語
民族：ヨーロッパ系48%、アフリカ系8%、アジア系1.1%、混血43%、先住民0.4%
宗教：カトリック64.6%、プロテスタント22.2%、無宗教8%ほか
通貨：ブラジル・レアル
時差：日本より12時間遅れている（ブラジリア。ほか3つのタイムゾーンがある。エリアによってサマータイムあり）
GNI：US$9140／人

コルコバードの丘のキリスト像（リオ・デ・ジャネイロ）

COLUMN

世界有数のサッカー王国になるまで

ブラジルといえば世界に名だたるサッカー王国。サッカー・ワールドカップでは5回も優勝し、これは最多記録。この国にサッカーを持ち込んだのは、英国系ブラジル人のチャールズ・ウイリアム・ミラー。イングランドに留学した際にサッカーのとりこになり、「サンパウロ・アスレチック・クラブ」を創設してその普及に励んだ。黒人や混血の人々もプレイするようになり、1901年にはブラジル初のプロサッカーリーグが誕生。その後、"サッカーの神様"と呼ばれるペレなど、さまざまなスター選手を輩出している。

ブラジル代表のサポーター

COLUMN

キリスト教と黒人文化の融合

世界3大カーニバルのひとつに数えられるリオのカーニバル。派手な山車とダンサーが練り歩き、毎年100万人以上が訪れる大規模な祭りだ。これはもともとキリスト教において四旬節(食事を制限する期間)の前に食べ納めをする祭り。これが黒人奴隷によって生み出されたサンバと組み合わさって、18世紀頃に始められた。タイミングが合えば訪れたい。

カラフルな衣装のダンサー

熱帯雨林に囲まれたアマゾン川を進むボート

明日誰かに教えたくなる

ブラジルの雑学

▷リオはかつてポルトガルの首都だった

1808年にナポレオンに本国領土を奪われてからブラジルが独立する1822年まで、リオ・デ・ジャネイロはポルトガルの首都で、王室もリオに移っていた。

▷150年以上コーヒー生産量世界No.1

コーヒー生産国として有名だが、なんと150年以上もNo.1の座を守り続けている(2位はベトナム、3位はコロンビア)。シェアは世界の生産量の約3割を占める。近年はコーヒー消費大国としても知られ、アメリカに次いで世界第2位。

熟したコーヒー豆

GUIDEBOOK
地球の歩き方
ブラジル
ベネズエラ

ワイン生産で知られる南北に細長い国

チリ共和国

Republic of Chile

国旗の意味

白はアンデス山脈に積もる雪、赤は国花コピウエの花とスペイン軍と戦って流した戦士の血、青地の白い星はチリの統一を表す。

スペイン語でこんにちは

¡ Buenas tardes !

（ブエナス タルデス）

南北は4329kmもあるが、東西は445km、最も狭いところは約90kmと世界で最も細長いといわれる。このため気候も多様で、国土の北3分の1を占める北部のアタカマ砂漠から、中央部の地中海性気候、ツンドラ気候の最南部パタゴニア地方までがある。モアイ像で有名な3700km離れた南太平洋の孤島イースター島も領土で、こちらは亜熱帯だ。経済は輸出で成り立ち、世界一の生産量がある銅などの鉱業、農業や漁業も盛ん。雨が少なく日照時間の長い気候を利用したブドウは熟度が高く、それで作られるワインは世界的人気。地震の多さや、控えめで真面目な国民性などから日本と似ている国といわれる。

DATA

人口：約1873万人
面積：約75万6000㎢
首都：サンティアゴ
言語：スペイン語
民族：スペイン系75%、そのほかのヨーロッパ系20%、先住民系5%
宗教：カトリック66.7%、福音派またはプロテスタント16.4%、ほかエホバの証人など
通貨：チリ・ペソ
時差：日本より13時間遅れている（ほか2つのタイムゾーンがある。エリアによりサマータイムあり）
GNI：US$1万4670／人

左）パタゴニア地方のトーレス・デル・パイネ国立公園　右）バルパライソのカラフルな町並み

COLUMN

神秘に包まれたモアイの島 イースター島

巨大なモアイ像があるイースター島はチリ本土から約4000km離れている絶海の孤島。島の名前は、1722年のイースター（復活祭）の日にこの島に上陸したオランダ人が付けたもの。島民は「ラパヌイ（大きな島）」あるいは「テ・ピト・オ・テ・ヘヌア（地球のへそ）」と呼ぶ。1888年にチリ領になり、スペイン語のイスラ・デ・パスクアが正式名称となっている。この島を世界的に有名にしたのは1000体ものモアイ像。誰が何のために造ったのか謎に包まれたままだ。42%の面積がラパヌイ国立公園に指定されている。

伝統衣装でダンスを踊る島民

COLUMN

チリのワインは輸入量No.1

日本ではワインといえば長くフランスやイタリアなどのヨーロッパが輸入先として主流だった。しかし2007年頃から急速に輸入量が高まり、2015年から他国を抑えNo.1の座に君臨し続けているのがチリ。経済連携協定を結んでいるので関税が抑えられ、低価格ながらも質のよいワインとして認知されている。

ワイナリー巡りも人気

南太平洋に浮かぶイースター島のモアイ像

明日誰かに教えたくなる

チリの雑学

▷政府が公式にUFOを研究している

チリは政府が公式にUFO研究をしている数少ない国。チリでは多くのUFO目撃例があり、チリ政府認定のUFO映像も公開されている。

▷最古のミイラ文化をもつ

カマロネス渓谷で発見されたチンチョーロ族のミイラは約7000年前のもので、ミイラ文化としてはエジプトを超える世界最古のものだ。

▷世界で最も乾燥した砂漠がある

アタカマ砂漠は世界一乾燥した砂漠で、40年以上降雨のなかった場所もある。

カマロネス渓谷

GUIDEBOOK

地球の歩き方
アルゼンチン チリ
パラグアイ ウルグアイ

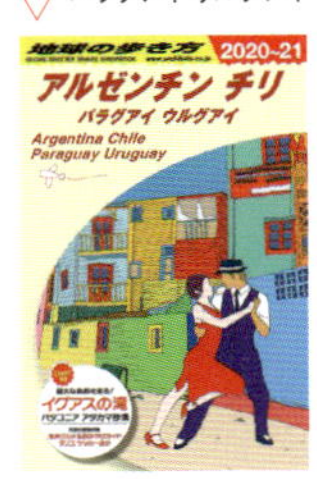

治安が改善されつつあるコーヒー生産大国

コロンビア共和国

Republic of Colombia

国旗の意味

黄は富、青は太平洋と大西洋、赤は英雄が流した血を表している。

スペイン語でこんにちは

¡Buenas tardes!

（ブエナス タルデス）

キューバ革命を機に活発化した左翼活動組織が、戦闘行為やテロ活動を行い、さらには右翼的な民兵組織とも対立、その資金源としていずれもが麻薬を使うなど、悲惨な内戦が50年も続き危険な国のイメージが強いが、2017年にファン・マヌエル・サントス大統領が内戦終結を宣言。少しずつ和平に歩み始め、経済発展もしている。もともと自然が豊かな美しい国で、カリブ海と太平洋の両方に面し、アンデス高地、アマゾンのジャングルと多様性もある。スペイン統治時代の美しい建築物群、謎の古代遺跡サン・アグスティンなど魅力的な観光資源も多く、長く眠っていたぶん、世界中の旅好きの注目を集めている国だ。

DATA

人口：約4965万人
面積：約113万9000㎢
首都：ボゴタ
言語：スペイン語
民族：メスティソ（混血）とヨーロッパ系87.6%、アフリカ系6.8%、先住民族4.3%ほか
宗教：カトリック79%、プロテスタント14%（ペンテコステ派6%、メインライン（主流派）・プロテスタント2%、そのほか6%を含む）ほか
通貨：コロンビア・ペソ
時差：日本より14時間遅れている
GNI：US$6190／人

行政機関が集まるボリバル広場に立つ大聖堂（ボゴタ）

COLUMN

世界遺産の港湾都市 カルタヘナ

スペイン統治時代のノスタルジックな町並みが残るカルタヘナ。旧市街に残る堅牢な要塞跡、スペイン風の建造物群など、町全体が世界遺産に登録されている。町の始まりは、金や香辛料を送り出すためにスペインが作った港。これが南米の一大貿易拠点に成長し、町は栄華を極める。それに目をつけたイギリスやフランス、そしてフランシス・ドレークなどの海賊たちから町を守るため、スペインは強固な城壁を建設した。近代的なビル群、カリブ海のビーチなど、旧市街以外にも見どころが多く、ぜひ訪れたい都市である。

旧市街のカラフルな町並み

COLUMN

世界屈指の美人の国

コロンビアには美人が多いというのは世界的に有名。南米ではコスタリカ、チリとともに3大美女大国と呼ばれている。美人が多い理由は、歴史的にヨーロッパ、先住民、ラテン、アフリカなどさまざまな人種が混血しているからなどといわれている。なかでも第2の都市メデジンは美人の産地として知られる。国内でのコンテストも毎年開催されている。

コロンビアの女性たち

上)サン・アグスティンのミステリアスな石像
下)観光客に人気があるシパキラの塩の教会

明日誰かに教えたくなる

コロンビアの雑学

▷ 国名はコロンブスが由来

イタリアの探検家クリストファー・コロンブスが国名の由来。彼はカリブ海に浮かぶ多数の国々の名付け親でもある。ちなみにアメリカの由来は、同じく探検家であったアメリゴ・ヴェスプッチ。

▷ ユリやマリーゴールドを贈ってはいけない

ユリやマリーゴールドは葬式のための花で、人に贈ると侮辱と受け取られる。

▷ 毎日定刻に国歌を流す

公共放送は毎日6:00、18:00に国歌を流さなければならない。

首都ボゴタの景色

GUIDEBOOK

地球の歩き方
ペルー ボリビア
エクアドル コロンビア

インカ文明の栄えた魅力あふれる国

ペルー共和国

Republic of Peru

国旗の意味

中央の紋章の左上には水色の地に右を向いたビクーニャ、右上には白地にキーナの木、下には赤地に山羊の角からこぼれている金貨が描かれており、豊かな自然と資源を表している。

ケチュア語でこんにちは

Allianchu ?

（アリランチュ）※How are you?

大きく3つの地域に分けられ、西側はコスタと呼ばれる海岸地方で、古くから栄え首都リマを筆頭に都市が形成されてきた。内陸部はシエラというアンデスの山岳地で標高6000mを超える山もある。東側は動植物の楽園アマゾンの熱帯雨林でセルバと呼ばれる。古代インカ都市であるマチュピチュ遺跡やナスカの地上絵などから高地のイメージが強いが、実はアマゾン地帯が約60%と最も広い。国民は先住民が25.8%、メスティソという混血が60.2%。スペイン語を公用語に先住民のケチュア語、アイマラ語も話される。1899年、南米で最初に日本人移民が行われ、現在も日本が最大の援助国と結びつきが深い。

DATA

人口：約3199万人
面積：約129万㎢
首都：リマ
言語：スペイン語、ケチュア語、アイマラ語、アシャニンカ語など
民族：混血60.2%、先住民25.8%、ヨーロッパ系5.9%、アフリカ系3.6%、日本・中国系1.2%ほか
宗教：カトリック60%、そのほかのキリスト教14.6%など
通貨：ソル
時差：日本より14時間遅れている
GNI：US$6530／人

ペルーに来たら見逃せない“天空都市”マチュピチュ

COLUMN

設計に隠されたマチュピチュのすごさ

15世紀、インカ帝国の要塞都市として建設されたマチュピチュ。1983年に世界複合遺産に登録されている。石造りの建造物が尾根に広がる壮大な景色で知られるが、実はその建築こそ注目すべきポイント。漆喰を使わずに建てられたにもかかわらず、石はカミソリの刃も通らないほど精巧に組まれている。「地震が起こると建物が踊りだす」といわれ、揺れると石が衝突し合い、最終的に元の位置に収まるという。また、土台を地下深くまで掘り下げ、粉砕した石を敷いて水はけをよくしてある。設計にその高度な技術が隠されている。

精巧に組み合わさった石組

COLUMN

“天空の湖”で先住民族の文化に触れる

ペルーとボリビアにまたがるチチカカ湖は、標高3810mに位置し“天空の湖”とも呼ばれる。世界的にも珍しい古代湖のひとつである。トトラと呼ばれる葦科の植物でできた浮島ウロス島では、伝統衣装を着たウル族という先住民が暮らしており、民宿で宿泊することもできる。

ウロス島のウル族

伝統衣装を着た女性とアルパカ

明日誰かに教えたくなる

ペルーの雑学

▷ 絵に描いたようなオアシスの村がある

砂丘に囲まれたワカチナという村は、まさに絵に描いたようなオアシスの村。観光地として人気でレストランやカフェ、ホテルもある。サンドバギーや湖でのカヤックなど、アクティビティも豊富。

▷ ペルー料理は世界的に注目されている

2019年、旅行業界のアカデミー賞ともいわれるワールド・トラベル・アワードにおいて、ペルーは「世界をリードする食のデスティネーション」に選ばれ、8年連続の選出となった。さまざまな文化が融合した多彩な料理の数々を楽しみたい。

シーフードのセビーチェ

GUIDEBOOK

地球の歩き方
ペルー ボリビア
エクアドル コロンビア

世界一の埋蔵量を誇る石油に依存

ベネズエラ・ボリバル共和国

Bolivarian Republic of Venezuela

国旗の意味

黄は豊かな資源、青はカリブ海、赤は独立闘争で流された血と勇気、7個の星は1811年に大コロンビアとして独立した際の7州を表す。2006年の法改正で8つ目の星が加えられた。

スペイン語でこんにちは

¡Buenas tardes!

(ブエナス タルデス)

大西洋とカリブ海に面し、ギアナ高地と、そこから流れ落ちる世界最大の落差を誇るエンジェル・フォールなど、日本の2.5倍ほどの国土の半分が豊かで美しい森林。かつては貧しい農業国だったが、1914年に北西にある南米最大の湖マラカイボ湖近辺で石油を発見。確認埋蔵量は中東サウジアラビアを超える世界第1位。これをきっかけに、当時のゴメス大統領の独裁政権下、近代化が一気に進むが、同時に貧富の差も呼ぶ。1999年就任したチャベス大統領は企業を接収し国営化し社会主義化。裕福層を凋落させ、貧困層にばらまきを行い、平等化したが、そのためインフレになり、経済的混乱が続いている。

DATA

人口:約2753万人
面積:約91万2050㎢
首都:カラカス
言語:スペイン語、各先住民族語
民族:混血51.6%、ヨーロッパ系(スペイン、イタリア、ポルトガル、ドイツなど)43.6%、アフリカ系3.6%、ほか
宗教:カトリック96%、プロテスタント2%ほか
通貨:ボリバル
時差:日本より13時間遅れている
GNI:US$1万3080/人

左)首都カラカスのボリバル広場。シモン・ボリバルの銅像が立つ
右)炎を上げる石油精製工場

COLUMN

解放者 シモン・ボリバル

正式名称のベネズエラ・ボリバル共和国は、ベネズエラ、コロンビア、ペルー、ボリビア、エクアドルの独立を実現した革命家シモン・ボリバルの名からきている。ボリバルはカラカスのクリオーリョ（スペイン領植民地でスペイン人を親として現地で生まれた人々）の名家出身。欧州留学後にベネズエラの独立運動に身を投じ、コロンビア共和国（いわゆる大コロンビアで、現在のベネズエラ、コロンビア、エクアドル、パナマ。後に各国に分離）の初代大統領となる。その後ペルー、ボリビアの解放も成し遂げ、両国の大統領も務めた。その功績により"南アメリカ解放の父"と呼ばれている。

通貨の単位にもなっている

COLUMN

最後の秘境 ギアナ高地

いまだ未開拓のため"今世紀最後の秘境"などと呼ばれるギアナ高地。ベネズエラ、ガイアナ、仏領ギアナなど南米6つの国と地域にまたがる。カナイマ国立公園は世界遺産に登録され、世界一の落差をもつエンジェル・フォール（→下記）、コナン・ドイルが書いたSF小説『失われた世界』の舞台となったロライマ山など見どころが多い。

切り立つロライマ山

ギアナ高地のエンジェル・フォール

明日誰かに教えたくなる

ベネズエラの雑学

▷世界一ガソリンの安い国

ベネズエラの石油埋蔵量は世界一。当然ガソリンも安く、リッター当たり3～4円などというただ同然の価格で手に入る。

▷カラカスは世界屈指の危険な都市

首都カラカスは2015年の統計で、世界一殺人の多い都市。ちなみに5位のマチュリン、7位のバレンシアもベネズエラの都市。

カラカスのスラム街

▷世界一落差の大きい滝がある

ギアナ高地にあるエンジェル・フォールの最大落差は979mと世界一。

GUIDEBOOK

地球の歩き方
ブラジル
ベネズエラ

アンデスに抱かれたティワナク文化発祥の地

ボリビア多民族国

Plurinational State of Bolivia

国旗の意味

赤は独立闘争で流された血、黄は豊かな鉱物資源、緑は森林資源を表す。紋章はポトシの銀山やコンドルが描かれている。

ケチュア語でこんにちは

Imaynalla！

（イマイナリャ）

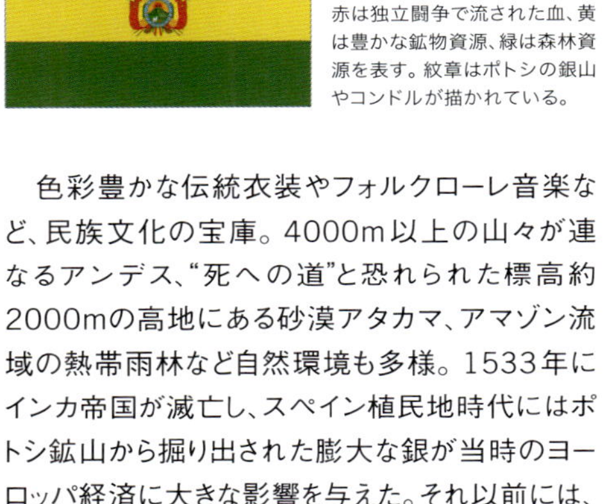

色彩豊かな伝統衣装やフォルクローレ音楽など、民族文化の宝庫。4000m以上の山々が連なるアンデス、"死への道"と恐れられた標高約2000mの高地にある砂漠アタカマ、アマゾン流域の熱帯雨林など自然環境も多様。1533年にインカ帝国が滅亡し、スペイン植民地時代にはポトシ鉱山から掘り出された膨大な銀が当時のヨーロッパ経済に大きな影響を与えた。それ以前には、アンデス文明の一段階とされるティワナク文化があったが、文字をもたず謎が多い。ラパスは世界最高所の首都とされ、標高は富士山とほぼ同じ3640m、空港はなんと4061m。ペルーとの国境には南米最大のチチカカ湖がある。

DATA

人口：約1135万人
面積：約110万㎢
首都：スクレ（事実上はラパス）
言語：スペイン語、ほかケチュア語やアイマラ語など36言語
民族：メスティソ（混血）68%、先住民20%、ヨーロッパ系5%ほか
宗教：カトリック76.8%、福音派とペンテコステ派8.1%、プロテスタント7.9%、無宗教5.5%ほか
通貨：ボリビアーノ
時差：日本より13時間遅れている
GNI：US$3370／人

"天空の鏡"とも呼ばれる雨季のウユニ塩湖

COLUMN

1日遊べるウユニ塩湖

アンデス山脈が隆起したときに海底が海水ごと持ち上げられ、1万㎢もの広大な塩原ができた。雨季になると見渡す限りの平原に水が張った状態になり、風のない状態だと天然の水鏡ともいえる状態になる。ここで写真を撮るのが近年大流行し、さまざまな写真がSNSに投稿されている。一面塩の結晶で埋め尽くされる乾季も人気がある。また、幻想的な夕暮れ時、満天の星空が反射される夜もとってもフォトジェニック。1日中遊べる観光地だといえるだろう。ちなみに塩湖の標高はなんと3700m。高山病になる恐れもあるので注意しよう。

水鏡に移る天の川

COLUMN

価格革命を起こした銀の山

1545年、標高4000mのアンデス山脈にあるポトシで、リャマを追ったインディオにより銀が発見され、町は劇的な変貌を遂げる。支配者であるスペインは銀山の採掘権を得て、インディオに強制労働を課し採掘を進めた。ヨーロッパに送られた銀は価格革命を引き起こし、ポトシの人口はなんと16万人にまで膨れ上がったという。

ポトシにある銀山のセロ・リコ山

南米3大カーニバル、オルーロのカーニバル

明日誰かに教えたくなる

ボリビアの雑学

▷ラパスは世界で一番標高が高い首都？

3640mという驚きの標高に位置するラパス。世界で一番標高の高い首都といわれるが、正しくは世界で一番標高の高い「事実上の」首都。憲法上の首都はスクレだ。

ラパスでは高山病に注意

▷ウユニ塩湖には宝が眠っている

絶景スポットとして人気のウユニ塩湖だが、その地下には世界最大規模といわれるほどのリチウムを埋蔵する。リチウムはコンピューターや携帯電話など、電子機器の電池になくてはならない素材。南米で最も貧しい国のひとつだが、リチウムに経済発展の期待がかけられている。

GUIDEBOOK

地球の歩き方
ペルー ボリビア
エクアドル コロンビア

秘境ガラパゴスを擁する"赤道"の国

エクアドル共和国

Republic of Ecuador

国旗の意味

黄は富と太陽と田園、青は空と海、赤は独立で流された血を表す。紋章にはコンドル、チンボラソ山、商船、太陽と黄道などが描かれている。

ケチュア語でこんにちは

Alli puncha !

(アジ プンチャ)

首都キトはピチンチャ県にあり、市街地は海抜2850mのアンデス山脈の中央にある。近くに地球を二分する赤道が通っていることから、スペイン語で赤道を意味する「エクアドル(Ecuador)」が国名の由来。1822年のピチンチャの戦いの後、エクアドルはスペインの植民地支配から独立。シモン・ボリバルの統率する大コロンビアに併合された。1830年に大コロンビアは解体し独立。

DATA

人口:約1708万人　面積:約25万6000㎢　首都:キト　言語:スペイン語、ケチュア語、シュアール語ほか　民族:ヨーロッパ系と先住民の混血72%、先住民7%　宗教:おもにカトリック　通貨:アメリカ・ドル　時差:日本より14時間遅れている(ガラパゴス諸島は15時間)　GNI:US$6120／人

左)クエンカの歴史的な町並みを走るトラム
右)ガラパゴス島に生息する海イグアナ

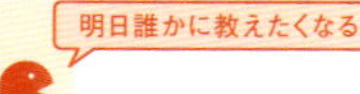

明日誰かに教えたくなる

エクアドルの雑学

▷世界一高い山はエクアドルにある

世界一高い山といえばヒマラヤ山脈のエベレストだが、これは海抜高度で考えた場合。地球の中心からの距離で考えるとチンボラソ山が世界一となる。

チンボラソ火山とラマ

GUIDEBOOK

地球の歩き方
ペルー ボリビア
エクアドル コロンビア

日系人が農業発展に貢献してきた

パラグアイ共和国

Republic of Paraguay

国旗の意味

赤は独立戦争で流れた兵士の血、白は平和、青は自由と秩序を表す。紋章の星は独立の星。

グアラニー語でこんにちは

Mba´éichapa nde ka´aru !

（バエイシャパ デ カアル）

中央を流れるパラグアイ川が地域を分け、西は不毛な土地で人口も少なく、チャコ（平原）と丘陵地帯からなる肥沃な東に人口の97％近くが暮らす。パラナ川には、発電用で世界最大のブラジルと共有するイタイプ・ダムと、アルゼンチンと共有するジャスレタ・ダムがあり、世界一の電力輸出国。1936年からの移民の歴史があり、日本人・日系人約7000人が住む。

DATA

人口：約696万人　面積：約40万6752㎢　首都：アスンシオン　言語：スペイン語とグアラニー語が公用語　民族：混血（ヨーロッパ系と先住民）95％、先住民2％、ヨーロッパ系2％ほか　宗教：おもにカトリック　通貨：グアラニー　時差：日本より13時間遅れている（サマータイムあり）　GNI：US$5680／人

左）アスンシオンの古い町並みが残るエリア
右）牛肉料理のアサド

明日誰かに教えたくなる

パラグアイの雑学

▷国旗は表と裏が異なる

国旗には表と裏があり、中央の紋章の柄が違う。表は国章、裏は自由の帽子とライオンが描かれる。ほかにはサウジアラビアも表と裏が異なる。

パラグアイ国旗の裏

GUIDEBOOK

地球の歩き方
アルゼンチン チリ
パラグアイ ウルグアイ

安定した経済成長を見せる南米で2番目に小さな国

ウルグアイ東方共和国

Oriental Republic of Uruguay

国旗の意味

白と青の9本のストライプは独立時の9つの地方を表し、青は自由、白は平和を意味している。太陽は先住民の独立のシンボル。

スペイン語でこんにちは

¡ Buenas tardes !

（ブエナス タルデス）

南米ではスリナムに続いて2番目に小さい国。比較的生活水準は安定し、政治の自由度ではこの地域で最高水準を誇る。山はほとんどなく、広がる草原地帯での牧畜業が盛ん。国土の90%以上が牧場で、牛肉の消費量は世界トップクラス。2015年2月末まで大統領を務めたホセ・ムヒカは、報酬のほとんどを寄付し、質素な暮らしをする世界で最も貧しい大統領として有名になった。

DATA

人口：約345万人　面積：約17万6000㎢　首都：モンテビデオ　言語：スペイン語　民族：ヨーロッパ系90%、ヨーロッパ系と先住民の混血8%、アフリカ系2%　宗教：カトリック47%、そのほかのキリスト教11.1%ほか　通貨：ウルグアイ・ペソ　時差：日本より12時間遅れている　GNI：US$1万5650／人

左）歴史的な町並みが残るコロニア・デル・サクラメント　右）独立広場から見るサルボ宮殿

明日誰かに教えたくなる

ウルグアイの雑学

▷南米随一の自由な国

同性婚が法的に認められているLGBTに寛容な国であり、世界で初めて大麻を合法化した国としても知られている。開放的なビーチタウンも点在する。

プンタ・デル・エステのビーチ

GUIDEBOOK

地球の歩き方
アルゼンチン チリ
パラグアイ ウルグアイ

インド系が4割を占める

ガイアナ共和国

Republic of Guyana

ガイアナ・クレオール語でこんにちは

How yuh do ?

（ハウユードゥ）※How are you ?

南米の秘境といわれるギアナ3国のひとつ。同じイギリス植民地から移民としてやってきたインド系の人々が人口の4割を占める。南米最貧国のひとつだったが、2015年に巨大油田が発見され、2020年の経済成長率予測は85.6%という驚くべき数字に。ベネズエラ国境に広がるギアナ高地など自然の見どころが多い。

DATA

人口：約77.9万人　面積：約21万5000㎢　首都：ジョージタウン　言語：英語、クレオール語　民族：インド系、アフリカ系ほか　宗教：キリスト教、ヒンドゥー教ほか　通貨：ガイアナ・ドル　時差：日本−13時間　GNI：US$4760／人

南米の人種のるつぼ

スリナム共和国

Republic of Suriname

スラナン語でこんにちは

Odi !

（オディ）

1975年の独立までの約300年間オランダの植民地で、公用語もオランダ語。ガイアナと同様インド系住民が多いが、インドネシア系も多く、世界でも指折りの複雑な民族構成をもつ。豊かな天然資源をもちながらも政情が安定しないのはこのため。中央スリナム自然保護区と首都パラマリボの歴史的町並みは世界遺産に登録されている。

DATA

人口：約57.6万人　面積：約16.3万㎢　首都：パラマリボ　言語：オランダ語、スラナン語ほか　民族：インド系27.4%、マルーン系21.7%ほか　宗教：キリスト教、ヒンドゥー教ほか　通貨：スリナム・ドル　時差：日本−12時間　GNI：US$4990／人

<イギリス海外領土>

アルゼンチンとイギリスが領有権を争う

フォークランド諸島

Falkland Islands

英語でこんにちは

Hello !

（ハロー）

アルゼンチンの東に浮かぶイギリス領の島。1982年、領有権をめぐって両国の間にフォークランド紛争が起き、いまだに決着はついていない。ちなみにアルゼンチン側の名前はマルビナス諸島。新潟県ほどの領土にわずか3000人が暮らしている。5種のペンギンを含む63種（うち16は固有種）もの鳥類が生息し、海生哺乳動物も多い。

DATA

人口：約3198人　面積：約1万2173㎢　主都：スタンリー　言語：英語、スペイン語　民族：フォークランド諸島人48.3%、イギリス系23.1%ほか　宗教：キリスト教57.1%ほか　通貨：フォークランド・ポンド　時差：日本−12時間

<フランス海外県>

流刑の地として使われた

仏領ギアナ

French Guiana

フランス語でこんにちは

Bonjour !

（ボンジュール）

19～20世紀にはフランス本国から政治犯などの囚人が送られ、国土の9割がアマゾンの森林を占めることから“緑の地獄”などと呼ばれていた。手つかずの自然が残され、6ヵ所が自然保護区に指定されている。一方で、赤道に近く、静止軌道の打ち上げに適しているため宇宙センターがおかれ、関連産業がGDPの25%を占める。

DATA

人口：約29万人　面積：約8万3534㎢　主都：カイエンヌ　言語：フランス語、クレオール語　民族：アフリカ系とフランス系の混血など　宗教：カトリック54%ほか　通貨：ユーロ　時差：日本−12時間

Africa

アフリカ

地域共同体

AU ▪ African Union

エーユー

（アフリカ連合）

アフリカ55の国と地域が加盟する地域共同体。2002年、アフリカ統一機構（OAU）を発展させる形で発足した。アフリカ諸国の国際社会での地位向上、統一通貨「アフロ」の導入、紛争や独裁政治の根絶などを具体的な目標にしている。本部はエチオピアのアディスアベバ。

〈参加国〉アルジェリア、アンゴラ、ウガンダ、エジプト、エスワティニ、エチオピア、エリトリア、ガーナ、カーボベルデ、ガボン、カメルーン、ガンビア、ギニア、ギニアビサウ、ケニア、コートジボワール、コモロ、コンゴ共和国、コンゴ民主共和国、サントメ・プリンシペ、ザンビア、シエラレオネ、ジブチ、ジンバブエ、スーダン、セイシェル、赤道ギニア、セネガル、ソマリア、タンザニア、チャド、中央アフリカ、チュニジア、トーゴ、ナイジェリア、ナミビア、ニジェール、ブルキナファソ、ブルンジ、ベナン、ボツワナ、マダガスカル、マラウイ、マリ、南アフリカ、南スーダン、モザンビーク、モーリシャス、モーリタニア、モロッコ、リビア、リベリア、ルワンダ、レソト、西サハラ

SADC ▪ Southern African Development Community

（南部アフリカ開発共同体）

南部アフリカ域内の開発、平和・安全保障、経済成長の達成を目的とする。

〈参加国〉タンザニア、ザンビア、ボツワナ、モザンビーク、アンゴラ、ジンバブエ、レソト、エスワティニ、マラウイ、ナミビア、南アフリカ、モーリシャス、コンゴ民主共和国、マダガスカル、セイシェル、コモロ

ECOWAS ▪ Economic Community of West African States

（西アフリカ諸国経済共同体）

西アフリカの域内経済統合を推進する準地域機関として設立。

〈参加国〉ベナン*、ブルキナファソ*、カーボベルデ、コートジボワール*、ガンビア、ガーナ、ギニア、ギニアビサウ*、リベリア、マリ*、ニジェール*、ナイジェリア、セネガル*、シエラレオネ、トーゴ*
※*のついた上記8か国は2020年に新通貨ECOを導入予定。

ECCAS ▪ Economic Community of Central African States

（中部アフリカ諸国経済共同体）

1983年に発足した、域内の紛争の予防・解決を目的とした経済共同体。

〈参加国〉アンゴラ、ガボン、カメルーン、コンゴ共和国、コンゴ民主共和国、サントメ・プリンシペ、赤道ギニア、チャド、中央アフリカ、ブルンジ

AMU ▪ Arab Maghreb Union

（アラブ・マグレブ連合）

北アフリカの、マグレブと呼ばれる５ヵ国による経済協力機構。

〈参加国〉リビア、チュニジア、アルジェリア、モロッコ、モーリタニア

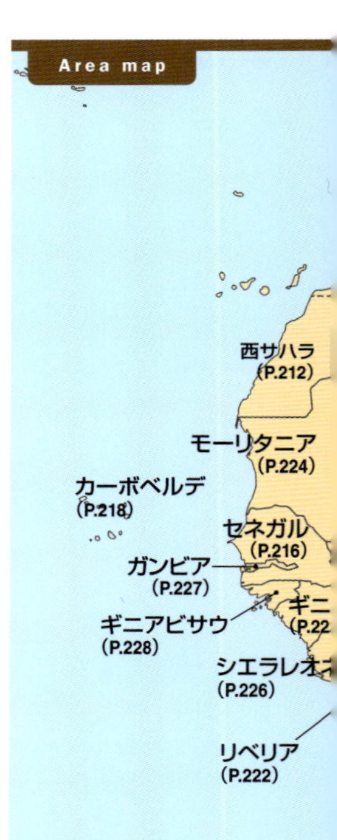

アフリカはアフリカ大陸と周辺の島々を指すエリア。人類発祥の地として知られ、南部アフリカや東アフリカなど、具体的な発祥の地をめぐる論争が起きている。最古の文明は約3300年前のエジプト文明。19世紀後半から西洋列強による分割が行われたが、1960年のいわゆる「アフリカの年」以降に多くの国が独立した。

アフリカで最大の領土をもつイスラム教国

アルジェリア民主人民共和国

People's Democratic Republic of Algeria

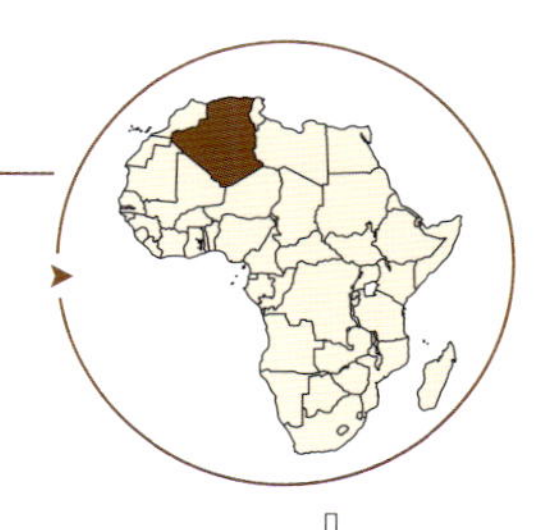

国旗の意味

新月と星はイスラム教と幸運のシンボル。緑はイスラム教、白は純粋さと平和、赤は自由を表す。

アラビア語でこんにちは

السلام عليكم !

（アッサラーム アレイクム）

アフリカ大陸では最大、世界でも第10位の面積がある大国。紀元前のカルタゴから、先住ベルベル人の王国、ローマ帝国、オスマン帝国と支配を受けてきたことで、多種多様な民族と文化が融合してきた。中世オアシス都市が点在するムザブの谷、タッシリ・ナジェールの古代の岩絵、ティムガッドのローマ遺跡など、訪れてみたい遺産は数多い。また、フランスの植民地下で発展をした町は、旧市街の入り組んだ独特な町並みで人気が高い。例えば首都アルジェは名画『望郷』、第2の都市オランはカミュの小説『ペスト』の舞台になるなど、ロマンにあふれた雰囲気が人々をひきつけている。

DATA

人口：約4220万人
面積：約238万㎢
政体：共和制
首都：アルジェ
言語：アラビア語とベルベル語が公用語。フランス語も広く通じる
民族：アラブ人80％、ベルベル人19％ほか
宗教：イスラム教（スンニ派）
通貨：アルジェリアン・ディナール
時差：日本より8時間遅れている
GNI：US$4060／人

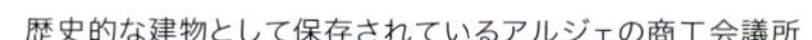

歴史的な建物として保存されているアルジェの商工会議所

COLUMN

名画の舞台となったアルジェ

首都アルジェの旧市街にあるカスバ(アラビア語で城壁の意)。中世の町並みが現在でも残され、世界遺産にも登録されている。エキゾチックな香り漂うカスバの町並みは、これまで数々の映画の舞台になってきた。1937年のフランス映画『望郷』では、パリで銀行強盗をして逃げてきた主人公ペペ・ル・モコの潜伏先としてその密集した町並みが効果的に使われている。これを見てカスバに憧れを抱いた人も多いだろう。1966年のイタリア映画『アルジェの戦い』では、カスバでの抵抗運動の様子など、フランスからの独立戦争の様子をすさまじくリアルに描き、ヴェネツィア映画祭で金獅子賞に輝いている。

カスバは複雑に入り組んでいる

COLUMN

埋もれていたローマ遺跡 ティムガッド

第3の都市コンスタンティーヌの南に位置するティムガッドのローマ遺跡は、紀元前100年頃にトラヤヌス帝により建設された植民都市跡だ。8世紀に大地震に見舞われ、砂に埋もれてしまうが、そのおかげで保存状態がよく、“アフリカのポンペイ”とも呼ばれている。

ティムガッドのローマ遺跡

上)ムザブの谷にあるベルベル人の集落
下)タッシリ・ナジェールの岩絵

明日誰かに教えたくなる

アルジェリアの雑学

▷ サッカー選手のジダンはアルジェリア人

数々の個人タイトルを獲得したジネディーヌ・ジダンはフランス生まれだが、両親はアルジェリア出身のカビール(ベルベル)人。

▷ カミュはアルジェリア出身

ノーベル賞を受賞した作家アルベール・カミュは1913年にフランス統治時代のアルジェリアで生まれた。代表作の『異邦人』や『ペスト』はアルジェリアが舞台となっている。アルジェリア大学のサッカーチームではゴールキーパーをしていた。

考古学公園に建てられたカミュの石碑

GUIDEBOOK

地球の歩き方
GEM STONE
美しきアルジェリア

5000年の歴史をもつピラミッドの国

エジプト・アラブ共和国

Arab Republic of Egypt

国旗の意味

赤はイギリス植民地だった王政時代、白は王制を終わらせた無血革命、黒は王制と植民地から解放を意味する。中央の鷲は「サラディンの鷲」と呼ばれる。

アラビア語でこんにちは

السلام عليكم !

（アッサラーム アレイクム）

アフリカ大陸の北東端にあり、古くから中東とヨーロッパを結ぶ要衝だった。現在はヨーロッパとアジアを結ぶスエズ運河をもつ国として重要な位置にある。5000年以上前には世界最長のナイル川に沿ってエジプト文明が生まれ、ピラミッドやスフィンクスなどの世界的に有名な遺産が数多いことはよく知られている。古代遺跡ばかりではなく、世界有数の美しい海中世界が広がり優雅なビーチリゾートがたくさんある紅海、太古は海底だったことを示すクジラの化石が出る砂漠ワディ・アル・ヒタン、モーセが十戒を授かった旧約聖書の舞台シナイ山など、多種多様な魅力をもつスポットがある。

DATA

人口：約9842万人
面積：約100万㎢
首都：カイロ
言語：アラビア語（公用語）。英語、フランス語も広く通じる
民族：おもにアラブ人。ほかにヌビア人、アルメニア人、ギリシア人など
宗教：イスラム教（おもにスンニ派）90%、キリスト教（コプト正教、アルメニア正教、カトリック、マロン派、東方正教、英国国教）10%
通貨：エジプト・ポンド
時差：日本より7時間遅れている
GNI：US$2800／人

ギザの3大ピラミッド

COLUMN

アラブのリーダー

長い歴史をもつエジプト。アラブ諸国に対し、政治、経済など、さまざまな面で影響力をもち、アラブのリーダーとして認識されている。首都カイロにはアラブ連盟の本部がおかれ、中東和平やアラブ諸国の外交に大きな役割を果たしている。人口も1億人の大台に迫り、BRICSの次に経済発展が期待されるNEXT11にも数えられている。政治の面では、近代、ナセルやサダトなどがリーダーシップを発揮した。また、文学や映画、テレビドラマなどの文化も広くアラブ諸国で受け入れられている。周辺国を旅していても、人々が楽しんでいるのは多くがエジプトのテレビ番組や音楽などだ。

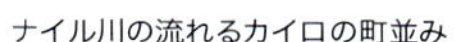
ナイル川の流れるカイロの町並み

COLUMN

ピラミッドを初めて見た日本人

ギザのピラミッドを初めて見た日本人は、1864年に江戸幕府が派遣した遣欧使節団だといわれている。上海やインドなどを経由し、スエズからは陸路でカイロに向かい、ピラミッドを見学し、再び船で地中海を通ってフランスのマルセイユに到着している。ちなみにかつては中国名の「金字塔」と呼ばれていた。

侍が訪れた頃のスフィンクス

アラビアンブルーの紅海は世界的に有名なダイビングスポット

明日誰かに教えたくなる

エジプトの雑学

▷クレオパトラはエジプト人ではない?

クレオパトラはプトレマイオス朝最後のファラオ。プトレマイオス朝はギリシア系の王朝で、クレオパトラは人種的にはギリシア系となる。ただし混血はしており、近親にアフリカ人もいた。

▷Facebookが大人気

エジプトは中東やアフリカで最大の約4000万人のFacebookユーザーがおり、2011年の革命でもFacebookは重要な役割を果たした。しかし、2018年に規制が厳しくなり、フォロワーの多いユーザーは報道機関として監督対象になっている。

携帯普及率も高い

GUIDEBOOK

地球の歩き方
エジプト

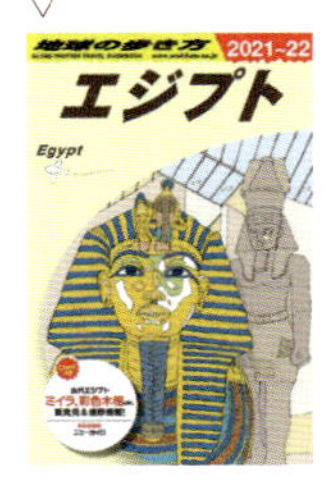

若さみなぎる観光大国

モロッコ王国

Kingdom of Morocco

国旗の意味

赤は預言者ムハンマドを象徴し、五芒星は「スレイマンの印章」を表す。

アラビア語でこんにちは

السلام عليكم !

(アッサラーム アレイクム)

ジブラルタル海峡を挟みスペインと向き合う。チュニジア、アルジェリアとマグレブ3国と呼ばれ、サハラ以南のアフリカ諸国とは文化や民族が異なるため、ともに広い意味での中東に含められる。国民はアラブ人が65%、先住ベルベル人が30%で、ほとんどがイスラム教徒。ベルベル人は先史から暮らしていたとされ、その後、カルタゴ、ローマが支配、ウマイヤ王朝でイスラム化し、いくつもの王朝の時代を経て、イベリア半島をも支配したことがある。20世紀初めにフランスの保護領となり、1956 年に独立。これらの歴史からベルベル、アラブ、ヨーロッパの文化が融合し、多様な自然とともに旅人を魅了する。

DATA

人口:約3603万人
面積:約44万6000㎢
首都:ラバト
言語:アラビア語とベルベル語が公用語。フランス語もよく通じる
民族:アラブ人65%、ベルベル人30%ほか
宗教:イスラム教スンニ派がほとんど
通貨:モロッコ・ディルハム
時差:日本より8時間遅れている
GNI:US$3090/人

日が暮れるとにぎわい始めるマラケシュのジャマ・エル・フナ広場

COLUMN

神秘的な青の町シャウエン

数年前から旅行者に絶大な人気を誇るのがシャウエンという山あいの町。地中海沿岸地方の山岳地帯にあり、ティスーカとメッグのふたつの峰に抱かれる秘境だ。人々を引き付けているのがその青い町並み。迷路のように入り組んだ旧市街すべてが真っ青に塗られているのだ。メルヘンチックとも形容される町には、昔ながらの伝統衣装を着た人々が暮らし、まるで童話の世界に迷い込んだかのよう。今ではパッケージツアーにも必ず含まれるほど定番の観光地となっている。点在するリヤドと呼ばれる邸宅ホテルでは、モロッコ人の伝統とホスピタリティに包まれた滞在ができる。

真っ青な町並みが続く

COLUMN

アフリカ初の高速鉄道が開通！

2018年、経済の中心地カサブランカと、地中海に面した港町タンジェを結ぶアフリカ初の高速鉄道が開通した。かつて4時間以上かかっていた同区間が2時間に短縮され、かなり便利になっている。最終的に、北はスペインを抜けフランスまで、南はマラケシュを経由してアガディールまで拡張予定。モロッコの旅はさらに快適になるだろう。

乗り心地も快適

上)モロッコはダマスクローズの産地としても知られる　下)古都フェズのタンネリ(皮なめし場)

明日誰かに教えたくなる

モロッコの雑学

▷ 世界最古の大学がある

古都フェズにあるカラウィン・モスクは859年建造。マドラサ(学校)を併設しており、歴史上初めて学位授与を行った教育機関、現存する世界最古の大学として知られる。フェズの旧市街の真ん中にあるが、ムスリム以外は中に入ることはできない。

▷ NGテーマに気をつけよう

モロッコでタブーとされるのがイスラム教の批判、王室の批判、西サハラ(→P.212)問題だ。特に西サハラ問題はかなりセンシティブなテーマ。軽はずみに発言するのは控えよう。

ムハンマド5世の霊廟(ラバト)

GUIDEBOOK

地球の歩き方
モロッコ

カダフィ亡きあと、混乱が続いた砂漠の国

リビア

Libya

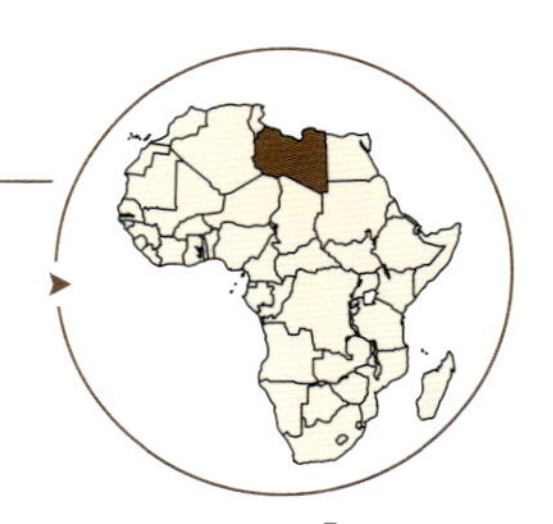

国旗の由来

カダフィ以前に使われていた王政時代の旗を再び採用。19世紀以降リビアを拠点としたサヌーシー教団を率いるサヌーシー家の旗を基にしたもの。

アラビア語でこんにちは

السلام عليكم !

（アッサラーム アレイクム）

古代より周辺諸国の支配を受け、7世紀のウマイヤ朝がイスラム教を広めた。オスマン帝国の支配の後、1911年にイタリア植民地化。1969年のクーデターでカダフィが政権を取り、反帝国主義のもと欧米と対立。“アラブの狂犬”とも呼ばれたが、石油収入を国民に分配、生活水準はアフリカ屈指だった。2011年の内戦で反政府勢力が殺害。その後は不安定な状態が続いた。

DATA

人口：約668万人　面積：約176万㎢　首都：トリポリ　言語：アラビア語　民族：アラブ人、ベルベル人　宗教：イスラム教（スンニ派）96.6%、キリスト教2.7%、仏教0.3%、ほかヒンドゥー教、ユダヤ教など　通貨：リビア・ディナール　時差：日本より7時間遅れている　GNI：US$6330／人

左）湖のほとりにたたずむトゥアレグ族の男性
右）レプティス・マグナに残るメデューサの彫刻

明日誰かに教えたくなる

リビアの雑学

▷飲み物といえばエスプレッソ

さまざまな場面で旧宗主国イタリアの影響が見られるが、なかでもリビア人の自慢となっているのがコーヒー文化。どんな田舎に行ってもエスプレッソマシーンが設置され、その洗練度は周辺国をしのぐ。

日本人には少し濃い

GUIDEBOOK

地球の歩き方
リビア

アラブの春の優等生

チュニジア共和国

Republic of Tunisia

国旗の由来

三日月と星はイスラム教のシンボル。デザインはオスマン帝国時代のものが基になっている。赤は殉教者の血、白は平和を表す。

アラビア語マグレブ方言でこんにちは

عسلامة!

（アスレマ）

アフリカ最北端に位置し、北は地中海、南はサハラ砂漠に面している。日本の5分の2ほどの国土だが、紀元前814年頃にはカルタゴが貿易で繁栄し、地中海を制覇してからの長い歴史をもつ。その遺産や風光明媚な自然、穏健なイスラム国家という要因で多くの観光客を集めていたが、2011年にここで始まったジャスミン革命が周辺国に波及し、アラブの春につながった。

DATA

人口：約1157万人　面積：約16万3610㎢　首都：チュニス　言語：アラビア語が公用語。フランス語も広く通じる　民族：アラブ人　宗教：おもにイスラム教スンニ派。ほかイスラム教シーア派など　通貨：チュニジア・ディナール　時差：日本より8時間遅れている　GNI：US$3500／人

左）カルタゴのローマ遺跡、アントニヌスの大浴場
右）サハラ砂漠でのアクティビティも人気

明日誰かに教えたくなる

チュニジアの雑学

▷アルコールが堂々と飲める

チュニジアはアルコールに関してはとても寛容な国。レストランやバーで簡単に飲むことができ、スーパーでも販売されている。イスラム教の国では珍しい。

開放的な雰囲気のシディ・ブ・サイド

GUIDEBOOK

地球の歩き方　チュニジア

<非自治地域>

アルジェリアで亡命政府を設立

西サハラ

Western Sahara

※サハラ・アラブ民主共和国の旗

旗の由来

もとはポリサリオ戦線の旗。黒、白、緑、赤は汎アラブ色で、真ん中にはイスラムの象徴である三日月と星。

アラビア語ハッサニア方言でこんにちは

(アッサラーム アレイクム)

モロッコが大部分を実効支配する一方、亡命政権サハラ・アラブ民主共和国も領有主張する。国連加盟国ではないが、アフリカ連合には加盟と、いわゆる国際係争地。モロッコ軍は南の国境に沿って防壁を築き地雷を敷設、砂の壁と呼ばれている。ほぼ全土が砂漠で住民の多くは遊牧民だが、豊富なリン鉱床が見つかっており、石油、天然ガス、鉄鉱石も存在するとみられている。

DATA

人口:約65万人　面積:約26万6000㎢　主都:ラーユーン(主張)、ティンドゥフ(事実上)　言語:アラビア語ハッサニア方言ほか　民族:アラブ人、ベルベル人　宗教:イスラム教スンニ派　通貨:サハラ・ペセタ(モロッコ実効支配地ではモロッコ・ディルハム)　時差:日本より8時間遅れている

左)ラーユーンの町並み
右)サギア・エル・ハムラ川と砂漠

明日誰かに教えたくなる

西サハラの雑学

▷難民キャンプで映画祭が開かれる

アルジェリア国境近くに位置する、サハラ・アラブ民主共和国の難民キャンプのひとつでは、毎年サハラ国際映画祭というイベントが開催される。難民キャンプで行われる世界で唯一の映画祭だ。独立国家建設を目指すポリサリオ戦線がバックアップしている。

アルジェリアで亡命政府を設立

清廉潔白な人々の国

ブルキナファソ

Burkina Faso

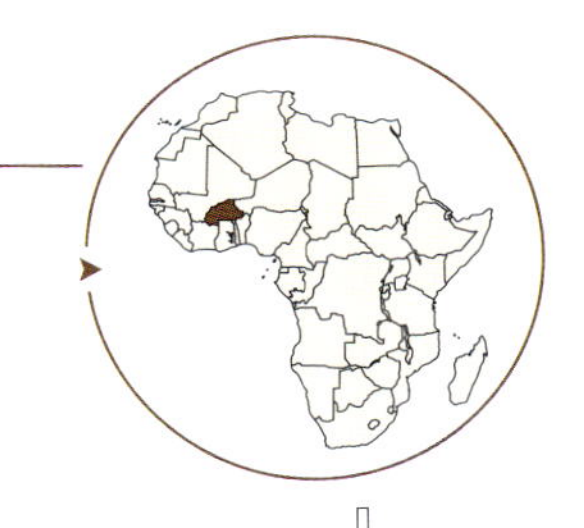

国旗の意味

赤は独立闘争、緑は希望と豊かさ、黄色の星は鉱物資源を表す。

モシ(モレ)語でこんにちは

Ne y windiga !

(ネウ ウィンディガ)

歴史は古く11世紀頃にはモシという連合王国があり、19世紀まで存在していた。1960年にオートボルタの名で独立し、1983年のクーデターで就任した社会主義路線を推進するサンカラ大統領が、“清廉潔白な人々の国”を意味する現国名に改称した。当時のサンカラはカリスマ性があり、アフリカのチェ・ゲバラと呼ばれていた。2015年には民政に復帰している。

DATA

人口:約1919万人　面積:約27万4200㎢　首都:ワガドゥグ　言語:フランス語が公用語。ほかにモシ語、ディウラ語など　民族:モシ族52%、フラニ族8.4%、グルマンチェ族7%ほか　宗教:イスラム教61.5%、キリスト教29.8%ほか　通貨:CFAフラン(新通貨→P.202)　時差:日本より9時間遅れている　GNI:US$660/人

左)首都ワガドゥグの町並み
右)ボボ・ディウラッソのモスク

明日誰かに教えたくなる

ブルキナファソの雑学

▷“アフリカのチェ・ゲバラ”と呼ばれる革命家がいた

チェ・ゲバラとともに描かれるサンカラ(真ん中)

国の名づけ親トマ・サンカラは、1983年に大統領になり、帝国主義、新植民地主義の打倒を掲げ、さまざまな革新的政策を断行。その革命的な理念から“アフリカのチェ・ゲバラ”とも呼ばれ絶大な人気を得た。1987年に暗殺されるが、死後もブルキナファソの人々に愛され続けている。

エネルギーに満ちあふれたアフリカの巨人

ナイジェリア連邦共和国

Federal Republic of Nigeria

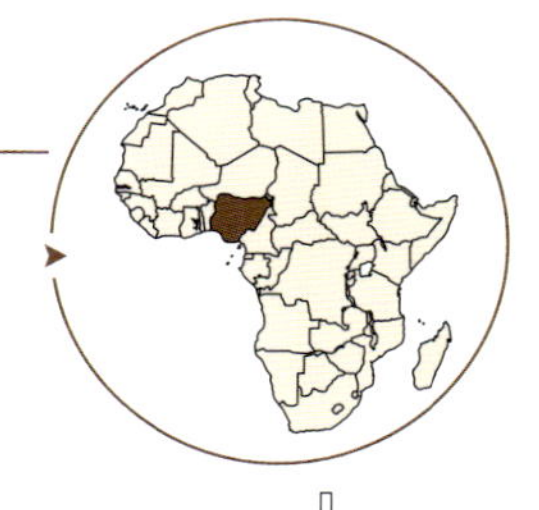

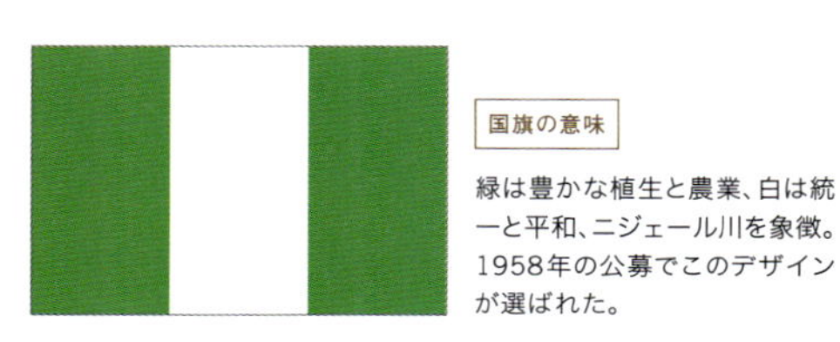

国旗の意味

緑は豊かな植生と農業、白は統一と平和、ニジェール川を象徴。1958年の公募でこのデザインが選ばれた。

ハウサ語／ヨルバ語でこんにちは

Sànnu/Bawo ni !

（サンヌ／バウォニ）

アフリカいちの人口を誇り、GDPと海外からの投資件数、投資額もアフリカでトップ。経済規模は世界第20位であり、南アフリカを上回る経済大国で、"アフリカの巨人"と呼ばれる。石油生産量、輸出量ともに世界有数の産油国だが、政府腐敗により国民に還元されず、石油収入の3分の2が使途不明で消えるとされる。1960年の独立後はクーデターで民政と軍政が何度も入れ替わり、1999年には民主化が行われたが安定にはいたっていない。日本の約2.5倍の国土は多様。南部は熱帯雨林が広がり多様な動植物の宝庫で、ドリルというサルの唯一の生息域。北部はサヘル（半砂漠）、それ以外にはサバンナが広がる。

DATA

人口：約1億9587万人
面積：約92万3773㎢
首都：アブジャ
言語：英語（公用語）、ハウサ語、ヨルバ語、イボ語など
民族：ハウサ族30%、ヨルバ族15.5%、イボ族15.2%など250以上の部族
宗教：イスラム教53.3%、キリスト教35.9%ほか
通貨：ナイラ
時差：日本より8時間遅れている
GNI：US$1960／人

慢性的な渋滞が問題となっている都市ラゴス

COLUMN

独自のアフリカンアート、ミュージックシーンに注目！

アフリカの大国ナイジェリアは、芸術、文化の面でもやはりアフリカを牽引している。大都市アブジャ、ラゴスではファッションウイークやアートフェアなどの国際的なイベントが開催されている。最近ではビヨンセのPVに起用されて話題になった、ラオル・センバンジョのボディペインティングが有名。語り継がれてきたヨルバ族の神話の世界を描き、一大センセーションを巻き起こした。

音楽では、まず60年代にアフロビートというジャンルを生み出したフェラ・クティ。“ブラックプレジデント”ともいわれ世界の音楽シーンにも大きな影響を与えた。世界の民族音楽のなかでもナイジェリア音楽は注目されることが多く、次々に新しいアーティストが現れている。

ところで、上記のラオル、フェラ・クティはどちらもヨルバ族。ヨルバ族はアフリカ有数の芸術民族と呼ばれ、染色工芸や陶芸など芸術全般の世界で活躍している。染色では藍染めが美しく、ぜひおみやげに持ち帰りたい一品だ。

ライブでボンゴをたたくミュージシャン

ヨルバの伝統的な布アディレで作った服を広げる男性

明日誰かに教えたくなる

ナイジェリアの雑学

▷オカダに乗って通勤!?

ナイジェリアでは渋滞が問題になっており、バイクタクシー「オカダ」が大活躍している。その名前の由来はかつて存在した現地の航空会社。信頼を失いすぐに倒産したが、バイクタクシーも同様の問題を抱えていることからこう呼ばれるようになった。

バイクタクシー、オカダ

▷感情表現の激しさにびっくり

一般的にナイジェリア人は感情表現が豊か、あるいは激しいといわれる。反対にあまり感情を表に出さない日本人からすれば、怒ったり叫んだりしているように見えるかもしれない。

▷「ナイジェリアがくしゃみをするとアフリカが風邪を引く」

アフリカいちの経済規模をもち、その影響力からこのように表現されることがある。

平和なテランガ(おもてなし)の国

セネガル共和国

Republic of Senegal

国旗の意味

緑はイスラム、豊かさ、希望、黄は富、赤は国のために流された血を表す。星はアフリカのシンボル。

ウォロフ語でこんにちは

Salaamaalekum !

(サラーマレークム)

15世紀にポルトガル艦隊が訪れ、アフリカで最初にヨーロッパが接触した国で、首都ダカールの沖に浮かぶゴレ島は奴隷貿易の拠点となった。1815年にフランス植民地化、1960年に独立した。初代大統領サンゴールは、黒人のアイデンティティを促す文学運動ネグリチュードを発展させたひとり。その精神は受け継がれ、アフリカンカルチャーの中心的存在で、人々はファッションセンスがよいことでも有名。民主化により政情は安定し、これまでクーデターや内戦はない。主要言語ウォロフ語でもてなしを意味する「テランガ」という言葉が有名。2008年まではパリ-ダカール・ラリーのゴールでもあった。

DATA

人口:約1585万人
面積:約19万7161㎢
首都:ダカール
言語:フランス語が公用語。ほかにウォロフ語など各民族語
民族:ウォロフ族37.1%、プル族26.2%、セレール族17%、マンディンカ族5.6%、ヨラ族4.5%、ソニンケ族1.4%、ほか8.3%
宗教:イスラム教95.9%、キリスト教4.1%ほか
通貨:CFAフラン(新通貨→P.202)
時差:日本より9時間遅れている
GNI:US$1410/人

アフリカ最大のモスクのひとつ、トゥバの大モスク

COLUMN

奴隷貿易の拠点からアートの島へ

ダカールからフェリーで20分の所に、かつて西アフリカ奴隷貿易の拠点として機能していたゴレ島がある。16 ～ 19世紀にかけて、周辺各国から集められた1500万もの奴隷がここから新大陸へ連れていかれた。セネガルにはジョロフ王国というウォロフ族の王国があったが、そこには厳格な社会カーストが存在し、その最下層の人々が奴隷として差し出されたというケースもあり、そのすべてが西洋人により強制的に連れ出されたわけではなかった。現在は負の遺産としてUNESCOの世界遺産に登録されているほか、アートの島としても知られている。

ゴレ島にある“奴隷の家”

島で売られている絵画

COLUMN

いわくつきの巨大な銅像

2010年、ダカールに「アフリカ・ルネッサンスの像」と呼ばれる巨大な像が建てられた。高さは約50m。この像の建設を受注したのは北朝鮮の国営企業。施工にあたったのも北朝鮮の労働者だ。政治腐敗と経済不振のなかで建てられたことや、像が半裸であることなどから、国内ではさまざまな論争が巻き起こった。

アフリカいち巨大な銅像

巨大なバオバブが各地で見られる

明日誰かに教えたくなる

セネガルの雑学

▷ジャズフェスティバルが開催される

文化・芸術面において西アフリカをリードするセネガル。音楽も盛んでサン・ルイ島で毎年5月に開催されるジャズフェスティバルはアフリカで最も重要なジャズフェスティバル。世界中からジャズの巨人が集まる。

サン・ルイ島の町並み

▷ヤギの毛で作ったしっぽを付けたタクシーがある

ヤギの毛で作ったしっぽを車に付けると幸運が訪れると信じられており、車の後部にしっぽを付けたタクシーが走っている。タクシーに乗ることがあったら、乗り込む前に車の後部を確認してみよう。

フレンドリーな人が多い

モルナが響く大西洋の島国

カーボベルデ共和国

Republic of Cabo Verde

国旗の意味

青は空と海、白は平和、赤は国民の努力、星は10の主要な島を象徴。

カーボベルデ・クレオール語でこんにちは

Boa tarde !

（ボア タルジ）

18の島々で構成される大西洋の島国。15世紀から支配をしていたポルトガル人とアフリカ人の混血が人口の7割を占め、両方のカルチャーが混ざり合ったクレオール文化が育まれた。奴隷貿易や植民地支配に対する悲しみなどを歌ったモルナと呼ばれる民族歌謡は有名。紙幣に描かれている国民的シンガー、セザリア・エヴォラはその代表で、世界的アーティストだ。

DATA

人口：約54.4万人　面積：約4033㎢　首都：プライア　言語：ポルトガル語が公用語。ほかクレオール語　民族：ポルトガルとアフリカの混血が70%　宗教：キリスト教（カトリック）　通貨：エスクード　時差：日本より10時間遅れている　GNI：US$3450／人

左）毎年2月に行われるカーニバル
右）美しいビーチが点在する

明日誰かに教えたくなる

カーボベルデの雑学

▷国の英雄は女性シンガー

国民的シンガーのセザリア・エヴォラ（→上記）は紙幣に描かれているほか、彼女が生まれたサン・ヴィンセンテ島の国際空港の名前にもなっている。空港には銅像も建てられ、彼女がいかに国民に愛されているかを実感する。

紙幣に描かれたセザリア・エヴォラ

近代化に成功したカカオの国

コートジボワール共和国

Republic of Cote d'Ivoire

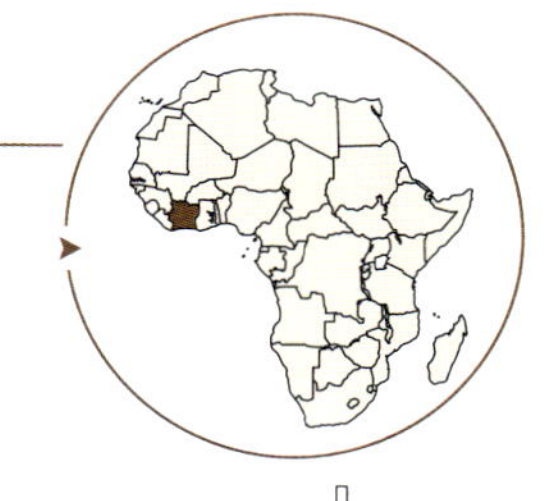

国旗の意味

オレンジは北部サバンナ、緑は南部処女林、白は平和と統合を表す。

ジュラ語でこんにちは

I ni tilé !

（イニティレ）

国名はフランス語で「象牙海岸」の意味。60以上の民族が暮らし、伝統文化は豊か。1960年のフランスからの独立以来率いてきたボワニー大統領が93年に死亡すると後継者争いが激化し9年間の内戦があった。経済的には西アフリカの優等生と呼ばれ、サハラ以南のアフリカでは第3位の経済大国で、周辺諸国からの労働者も多い。カカオは世界の生産の35%を占め第1位。

DATA

人口：約2507万人　面積：約32万2436㎢　首都：ヤムスクロ（実質的にはアビジャン）　言語：フランス語（公用語）、各民族語　民族：アカン系、クル系、ボルタ系、マンデ系など60以上の民族　宗教：キリスト教39.1%、イスラム教33.7%ほか　通貨：CFAフラン（新通貨→P.202）　時差：日本より9時間遅れている　GNI：US$1610／人

左）アビジャンのバス乗り場でバスを待つ人々
右）世界一のカカオ生産国

明日誰かに教えたくなる

コートジボワールの雑学

▷ 多民族なのでマナーには寛容

60以上の民族からなる多民族国家のため、寛容な精神をもつ人が多い。ただし、北部はイスラム教徒が多く、男性は女性に不用意に近づかない、握手や食事を左手で行わない、人前でアルコールを飲まないなどの注意が必要。

アビジャンのビル群

かつて黄金海岸と呼ばれたチョコレートの国

ガーナ共和国

Republic of Ghana

国旗の意味

汎アフリカ色である赤、黄、緑を取り入れている。黒い星はアフリカの統一と解放を表す。

※最も話者の多い土着の言語

トウィ語でこんにちは

Maaha !

（マーハ）

日本でガーナといえばチョコレート。世界では2位のカカオ生産を誇り、日本の輸入カカオは8割がガーナ産。黄熱病研究で知られる野口英世が最期を迎えた国でもあり、日本とのゆかりは深い。イギリス植民地時代はゴールド・コースト（黄金海岸）と呼ばれ、金の輸出で栄えたと同時に、奴隷貿易の拠点でもあった。初代大統領を務めたクワーメ・エンクルマは、その支配から独立を勝ち取った英雄。

DATA

人口：約2977万人　面積：約23万8537㎢　首都：アクラ　言語：英語が公用語。ほか各民族語　民族：アカン族、ガ族、エベ族、ダゴンバ族、マンプルシ族ほか　宗教：キリスト教徒70%、イスラム教17%、ほか伝統宗教など　通貨：セディ　時差：日本より9時間遅れている　GNI：US$2130／人

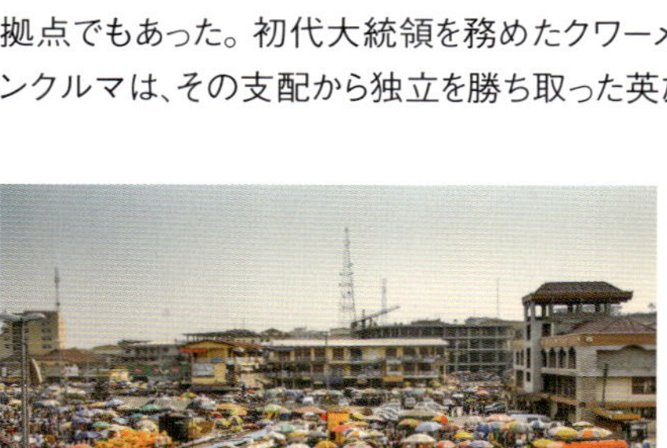

左）第2の都市クマシのセントラルマーケット
右）現地ではフルーツとしても食べられるカカオ

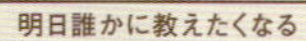

明日誰かに教えたくなる

ガーナの雑学

ヴォルタ湖で漁をするガーナ人

▷世界最大の人造湖がある

ヴォルタ川をアコソンボダムで堰き止めてできたヴォルタ湖は世界最大の人造湖。カカオ栽培のモノカルチャーからの脱却として造られた。ダムの発電で国の電力の多くを賄い、トーゴやベナンなどの周辺諸国に輸出して外貨を稼いでいる。

貧困ながらも自由を選んだジャンベ発祥の地

ギニア共和国

Republic of Guinea

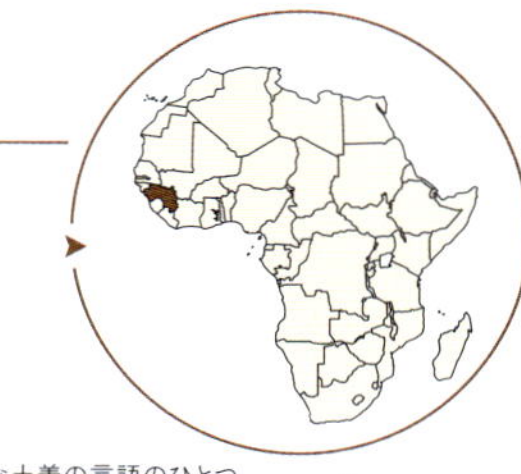

国旗の意味

3色は汎アフリカ色で、赤は犠牲者の血や人々の汗、黄は鉱物資源や太陽、緑は豊かな国土と繁栄を表す。

※主要な土着の言語のひとつ

スースー語でこんにちは

I fenyen !

（イ フェニェン）

工芸文化や伝統音楽が盛んで、世界的に人気がある打楽器ジャンベの発祥地として有名。隣国ギニアビサウとの混同を避けるため、現地では首都名を付けギニア・コナクリと呼ばれることが多い。周辺国で最も早く1958年に完全独立を果たし、その際、初代大統領セク・トゥーレは「隷属の下での豊かさよりも、自由の下での貧困を選ぶ」と語ったが、その道は困難を極めている。

DATA

人口：約1241万人　面積：約24万5857㎢　首都：コナクリ　言語：フランス語、各民族語（プル、マリンケ、スースーなど）　民族：プル族、マリンケ族、スースー族など約20部族　宗教：イスラム教89.1％、キリスト教6.8％ほか　通貨：ギニア・フラン　時差：日本より9時間遅れている　GNI：US$830／人

左）首都コナクリの港
右）多くの外国人がジャンベを習いに訪れる

明日誰かに教えたくなる

ギニアの雑学

コナクリの通学風景

▷アフリカには「ギニア」がつく国が3つある

ギニアとは、ギニア湾沿いのアフリカを表す伝統的な地域名で、ベルベル語で「黒人たちの土地」を意味する。この地域に含まれていたギニア、ギニアビサウ、赤道ギニアは現在でも国名に「ギニア」を残している。パプアニューギニアは、メラネシア人がギニアの人々に似ていることから名づけられた。

アメリカの解放奴隷により建国

リベリア共和国

Republic of Liberia

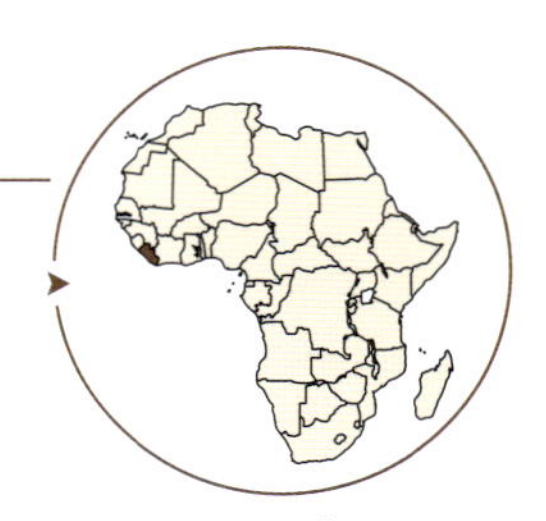

国旗の意味

青は自由、正義、忠誠、白は純潔、清潔、正直さ、赤は不動、勇気、熱情、星は元奴隷に与えられた自由を象徴。

リベリア英語でこんにちは

Ya-Helloo-oo ?

（ヤ ハロー オォ）

1847年にアメリカで解放された黒人奴隷が建国し、アフリカではエチオピアに次いで古い独立国。国名は英語のLiberty（自由）から。しかし、アメリコ・ライベリアンと呼ばれる解放奴隷の子孫は国民の2.5％ほどにすぎず、多くは先住民で16の部族がいる。政情は安定せず、内戦が続く世界でも最貧国のひとつ。安価に船舶国籍をおける便宜置籍国として登録数はパナマに次ぐ。

DATA

人口：約482万人　面積：約11万1370㎢　首都：モンロビア　言語：英語が公用語。ほか各部族語　民族：クペレ族、バサ族、グレボ族など　宗教：キリスト教85％、イスラム教12％ほか　通貨：リベリア・ドル　時差：日本より9時間遅れている　GNI：US$600／人

左）生きた化石と呼ばれるコビトカバがすむ
右）第2の都市バルンガのマーケット

明日誰かに教えたくなる

リベリアの雑学

▷初心者には難しい!?　リベリアの握手

リベリアの握手はちょっと特殊。握り直して何度か握手を繰り返したあと、互いに中指で音を立てる独特の作法がある。これは奴隷から解放されたアメリコ・ライベリアンらが自由の象徴として始めたものを起源としている。エボラ出血熱流行の際は多くの人が握手を自粛した。

リベリア人男性

かつて黄金の都と呼ばれたトゥンブクトゥの町が残る

マリ共和国

Republic of Mali

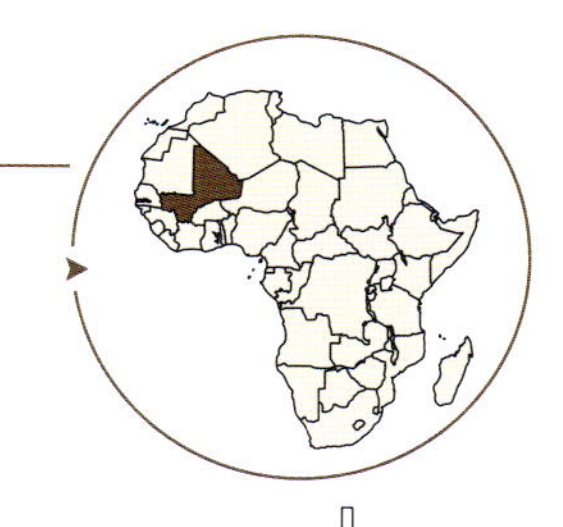

国旗の意味

旧宗主国フランスの国旗をモデルに汎アフリカ色を使用。緑は自然と農業、黄は鉱物資源、赤は独立のために流された血を表す。

バンバラ語でこんにちは

I ni tile !

（イニティレ）

北はサハラ砂漠、南はサバンナ、緑豊かなニジェール川が中央を流れ、国土は変化に富む。中世にはマリ王国が興り、金や岩塩の交易で繁栄、現在もある町トゥンブクトゥは“黄金の都”と呼ばれ16世紀前半には西アフリカ最大のイスラム都市となった。多くの歴史遺産と多民族国家ゆえの豊かな民俗文化で、旅人に人気がある。労働力が国内需要より多く、海外へ出稼ぎが盛ん。

DATA

人口：約1854万人　面積：約124万㎢　首都：バマコ　言語：フランス語が公用語。ほかにバンバラ語など　民族：バンバラ族、プル族、マリンケ族、トゥアレグ族など　宗教：イスラム教80%、ほか伝統的宗教、キリスト教など　通貨：CFAフラン（新通貨→P.202）　時差：日本より9時間遅れている　GNI：US$830／人

左）トゥンブクトゥ近郊にあるジェンネの大モスク
右）マスクをかぶったドゴン族のダンサーたち

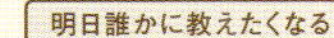

明日誰かに教えたくなる

マリの雑学

▷独特の泥文化をもつ

マリの主要都市はニジェール川沿いにあり、人々は乾季に川底からとれる泥を生活のさまざまな場面で利用してきた。住居はもちろん、モスクも泥で建てられ、発酵した泥で色をつける、バンバラ族の「ボゴラン」という名の伝統的な染め物もある。

ドゴン族の古代の村

砂漠に覆われたモール(ムーア)人の国

モーリタニア・イスラム共和国

Islamic Republic of Mauritania

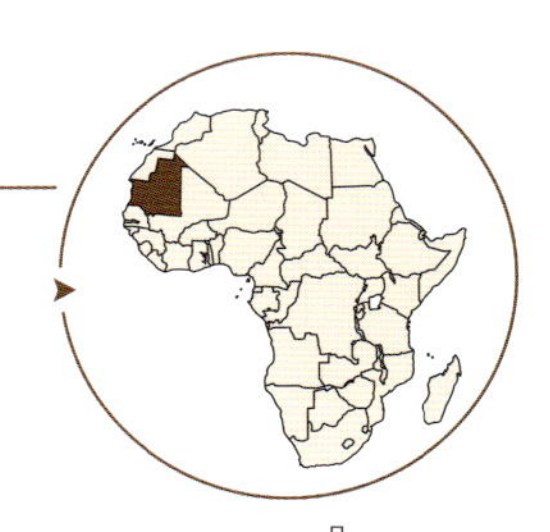

国旗の意味

星と三日月はイスラム教のシンボル。緑は明るい未来への希望、黄はサハラ砂漠、赤は独立までに流した血を表す。

アラビア語ハッサニア方言でこんにちは

السلام عليكم !

(アッサラーム アレイクム)

国土は日本の2.7倍あるが、90%以上が砂漠で、乾燥していないのは点在するオアシスと、南部のセネガル国境を流れるセネガル川流域だけ。主産業は鉱業で、北部のズエラットで採掘される鉄鉱石が経済を支える。2000年代に海上油田が発見されるが、生産量は伸び悩み国内需要も満たせていない。魚介類輸出が盛んで、日本で食べられているタコの全消費の3割を担っている。

DATA

人口:約430万人　面積:103万㎢　首都:ヌアクショット　言語:アラビア語(公用語)、プラール語、ソニンケ語、ウォロフ語(いずれも国語)ほか、実務言語としてフランス語　民族:モール人70%、フラニ、ウォロフ、バンバラ族など30%　宗教:イスラム教　通貨:ウギア　時差:日本より9時間遅れている　GNI:US$1190/人

左)国土の90%がサハラ砂漠という砂の国
右)ヌアクショットの町並みとグランド・モスク

明日誰かに教えたくなる

モーリタニアの雑学

民族衣装を着た女性

▷女性は結婚前に太らなければならない

モーリタニアには結婚式前の女性を強制的に太らせる「ガバージュ」という習慣がある。太った女性が美しいとされているため(特にモール系の遊牧民の間で)、あるいは経済的に豊かなことを示すためで、これが現代でも続けられている。

サハラ砂漠が国土の75%を占める

ニジェール共和国

Republic of Niger

国旗の意味

オレンジは北部のサハラ砂漠、緑は南・西部の肥沃で生産的な大地と希望、そしてニジェール川、白は純粋さと無垢、オレンジの丸は太陽と人々の犠牲を象徴。

※主要な土着言語のひとつ

ザルマ・ソンガイ語でこんにちは

Fofo !

(フォーフォー)

サハラ砂漠の南の半乾燥地帯サヘルに位置するが、本格的な砂漠化が深刻で、国土の75%を占める。隣国名ナイジェリアと語源は同じで、本来は同じ地域を指す。世界で一番高いとされる砂丘があり、隕石が多く見つかっている。多くが敬虔なイスラム教徒の国民は穏やかな気質で、周辺国と比べ治安もよい。農民が80%を占めるが耕作可能地は10%足らずと食糧不足が問題。

DATA

人口:約2148万人　面積:約126万6700㎢　首都:ニアメ　言語:フランス語(公用語)、ハウサ語ほか　民族:ハウサ族53.1%、ザルマ・ソンガイ族21.2%、トゥアレグ族11%ほか　宗教:イスラム教99.3%、ほかキリスト教など　通貨:CFAフラン(新通貨→P.202)　時差:日本より8時間遅れている　GNI:US$360/人

左)アガデスにある土で作られたモスク
右)ニジェール川に架かるJ.F.ケネディ橋(ニアメ)

明日誰かに教えたくなる

ニジェールの雑学

▷砂漠の美男子コンテストがある

化粧したウォダベ族の男たち

遊牧民であるウォダベ(ボロロ)の人々は、9月半ばに「最も美しい男」を選ぶ祭り、ゲレウォールを開催する。伝統的な衣装を身にまとい、化粧をして、男たちはヤーケと呼ばれるダンスを何時間も踊り続ける。そのなかから若い娘が最も美しい男をひとり選ぶ。できたカップルはひとときの恋愛を楽しむという。

ダイヤモンド内戦後、国の立て直しを図る

シエラレオネ共和国

Republic of Sierra Leone

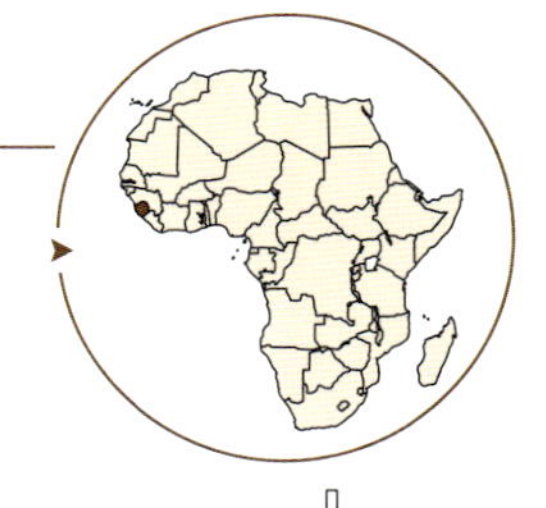

国旗の意味

緑は農業と山岳、白は正義と統一、青は首都フリータウンのハーバーを表す。

クリオ語でこんにちは

Kushɛ!

（クシェ）

奴隷解放された黒人たちの移住地として建国。1808年にはイギリスの植民地保護下で奴隷貿易が取り締まられ、1961年に独立。ダイヤモンドの産出国で、利権をめぐり、政府軍と反政府軍が1991年から2002年終結まで10年以上も内戦を続け、約7万人の市民が犠牲になり、インフラが破壊しつくされた。美しい海岸線やチンパンジー保護区などの観光資源に期待が集まる。

DATA

人口：約765万人　面積：約7万1740㎢　首都：フリータウン　言語：英語（公用語）、クリオ語、メンデ語、テムネ語ほか　民族：テムネ人、メンデ人、リンパ人、クレオール（黒人と白人との混血）など　宗教：イスラム教60%、キリスト教10%、アニミズム30%　通貨：レオン　時差：日本より9時間遅れている　GNI：US$500／人

左）首都フリータウンの町並み
右）サッカーをしていた子供たち

明日誰かに教えたくなる

シエラレオネの雑学

▷食事は黙って食べる

食事の際におしゃべりをすると、食べ物への敬意が足りないとみなされ無礼だと思われる。アフリカでは一般的な習慣だ。また、左手で体を支えるのもマナー違反。皿の上を通り越して手を伸ばすのもかなり行儀が悪いとされている。

フリータウンの市場

奴隷貿易の拠点があったブードゥー教発祥の地

ベナン共和国

Republic of Benin

ブードゥー教のフェスティバル

1960年のフランスからの独立当初はダホメ共和国、その後ベニン湾にちなんで1975年ベニン人民共和国へ。1990年社会主義政策の放棄にともない現在の国名になる。かつては日本でもベニンと表記されていたが現地発音に近いベナンに変更された。ブードゥー教発祥の地としても有名。ブードゥーとはフォン族の言葉で「精霊」を意味し、奴隷貿易とともにアメリカ大陸に伝わった。

DATA

人口：約1148万人　面積：約11万2622㎢　首都：ポルトノボ　言語：フランス語　民族：フォン族など46部族　宗教：キリスト教48.5、イスラム教27.7%、ブードゥー教11.6%など　通貨：CFAフラン（新通貨→P.202）　時差：日本より8時間遅れている　GNI：US$870／人

フォン語でこんにちは

A fon ganjia !

（ア フォン ガンジーヤ）

明日誰かに教えたくなる

ベナンの雑学

▷わき毛が美人の条件

ベナンでは、美人の条件のひとつがなんとわき毛。わき毛がふさふさであればあるほどセクシーだと思われる。

アフリカ大陸で最も小さな国

ガンビア共和国

Republic of The Gambia

フラニ族の女性

大西洋に面し、国土をセネガルに囲まれたアフリカの大陸部分ではいちばん小さな国。中央部を流れるガンビア川はマングローブ林が生い茂り、豊かな自然が育まれている。周辺には400～500種の鳥類が生息していてバードウオッチングも盛ん。大西洋岸には高級リゾートホテルや観光客向けのレストランが立ち並び、多くの欧米人が休暇を楽しんでいる。世界遺産はふたつある。

DATA

人口：約228万人　面積：約1万1300㎢　首都：バンジュール　言語：英語、マンディンゴ語、ウォロフ語など　民族：マンディンゴ族、ウォロフ族など　宗教：イスラム教90%、キリスト教など10%　通貨：ダラシ　時差：日本より9時間遅れている　GNI：US$700／人

※主要な土着言語のひとつ

ウォロフ語でこんにちは

Na'nga def ?

（ナンガデフ）※How are you ?

明日誰かに教えたくなる

ガンビアの雑学

▷あいさつをしっかり！

あいさつもなしにいきなり本題に入るのは失礼だとみなされる。軽く世間話をするぐらいが一般的。

政情不安のなかでも陽気に踊る人々

ギニアビサウ共和国

Republic of Guinea-Bissau

伝統的なカーニバル

15世紀ポルトガルが来航した後、奴隷貿易の中継地として栄え、19世紀後半にはポルトガルの植民地に。その後1973年に独立。国内には30以上の民族が共存し、現在でも奥地では貨幣が存在せず物々交換が行われている。おもな産業は農林水産業で、特にカシューナッツに関しては世界6位の生産量を誇り、国家収入の半分以上を占める。

DATA

人口:約180万人　面積:約3万6125㎢　首都:ビサウ　言語:ポルトガル語、クレオール語　民族:フラニ族、バランタ族ほか　宗教:イスラム教45%、キリスト教22%ほか　通貨:CFAフラン(新通貨→P.202)　時差:日本より9時間遅れている　GNI:US$750/人

ギニアビサウ・クレオール語でこんにちは

Bo tarde !

(ボ タルディ)

明日誰かに教えたくなる

ギニアビサウの雑学

▷ 村を訪れるなら手みやげを

地方の伝統的な村を訪問する際には、村の長にたばこや酒などを持参するのが礼儀とされる。

経済成長率の高い笑顔の国

トーゴ共和国

Republic of Togo

呪術に使う人形

南北約550km、東西約70kmの南北に細長い国土をもつ小国。トーゴ山脈以外の場所は平地が続く。南北地域においては民族構成、文化や習慣が異なり、明確に二分化されている。北部はカブレ族がおもでイスラム教徒が多く、南部はキリスト教を信仰するエヴェ族が暮らしている。旧宗主国は西アフリカでは珍しいドイツ。その名残でビールやソーセージがおいしい。

DATA

人口:約788万人　面積:約5万4390㎢　首都:ロメ　言語:フランス語、エヴェ語など　民族:エヴェ族42.4、カビエ族25.9%ほか　宗教:伝統宗教67%、キリスト教23%ほか　通貨:CFAフラン(新通貨→P.202)　時差:日本より9時間遅れている　GNI:US$650/人

エヴェ語でこんにちは

Efoa !

(エフォア)※How are you ?

明日誰かに教えたくなる

トーゴの雑学

▷ 呪術が生きている

ブードゥー教が根付き、呪術に使う動物の頭などを売る、少しおどろおどろしいマーケットがある。

サハラ以南で最大の産油国

アンゴラ共和国

Republic of Angola

ルアンダの近代的な町並み

※主要な土着言語のひとつ

キンブンドゥ語でこんにちは

Wazekele kyebi !

（ワゼケレ キェビ）

アフリカ大陸で7番目に大きな国で18の州をもつ。北に位置するカビンダ州はコンゴ民主共和国の領土を挟んで飛地となっている。石油や天然ガス、ダイヤモンドなど多くの鉱物資源に恵まれ、外国企業の進出も盛ん。また観光立国として力を入れ、2020年までに450万人の観光客達成を目指し、2018年以降観光を目的とした旅行者の査証発給を緩和した。

DATA

人口：約3080万人　面積：約124万㎢　首都：ルアンダ　言語：ポルトガル語、キンブンドゥ語ほか　民族：キンブンドゥ族25%ほか　宗教：伝統宗教50%、キリスト教55%ほか　通貨：クワンザ　時差：日本より8時間遅れている　GNI：US$3370／人

明日誰かに教えたくなる

アンゴラの雑学

▷世界一物価が高い

首都ルアンダは物価が高く、物価の高い世界の都市ランキングでたびたび1位になっている。特に家賃が高い。

アフリカ屈指の多様性をもつ

カメルーン共和国

Republic of Cameroon

さまざまな部族が暮らす

ピジン語でこんにちは

How na ?

（ハウナ）※How are you?

アフリカ中部、ギニア湾に面した国。270以上もの民族が暮らし、アフリカ大陸のほとんどの気候、海や山、川など地勢が揃っていることから“アフリカの縮図”とも呼ばれている。すなわち各地方によって、気候や文化、習慣など多岐にわたり観光名所が多い。政府は「Vision2035」を掲げ、2035年までに新興国入りを目指している。アフリカのサッカー大国としても知られた存在。

DATA

人口：約2521万人　面積：約47万5440㎢　首都：ヤウンデ　言語：フランス語、英語が公用語　民族：バミレケ族、ファン族など約270部族　宗教：キリスト教69.2%、イスラム教20.9%ほか　通貨：CFAフラン　時差：日本より8時間遅れている　GNI：US$1440／人

明日誰かに教えたくなる

カメルーンの雑学

▷仏語と英語がごちゃ混ぜ

南部ではフランス語、北部では英語が話され、新聞などでは両語が混ざり合っていることも。

見過ごされてきた人道危機

中央アフリカ共和国

Central African Republic

調理をする女性

アフリカ中央部の内陸に位置する。地下には金やダイヤモンドなどの資源、広大な未開の地にはアフリカゾウやライオン、サイやカバなどさまざまな野生動物が暮らす豊かな国だが、独立以来クーデターを繰り返し政情は常に不安定に。2019年AU(アフリカ連合)主導のもと、政府と14の武装勢力との交渉が行われ和平合意署名にいたる。しかし今なお混乱が続いている。

DATA

人口:約467万人　面積:約62万3000㎢　首都:バンギ　言語:フランス語、サンゴ語など　民族:バヤ族、バンダ族、ピグミー族など　宗教:キリスト教89.5%、ほかイスラム教など　通貨:CFAフラン　時差:日本より8時間遅れている　GNI:US$480/人

サンゴ語でこんにちは

Balaô !

(バラオ)

明日誰かに教えたくなる

中央アフリカの雑学

▷ 世界有数の磁気異常

中央アフリカは地球上で磁気が異常な数値を示す場所のひとつで、首都の名をとって「バンギ磁気異常」と呼ばれている。

大陸北部の中央にありアフリカの心臓と呼ばれる

チャド共和国

Republic of Chad

サハラ砂漠を渡る

アフリカの中央部に位置する内陸国で3分の2を砂漠地帯が占める。国名の由来にもなっているチャド湖は、雨季になると多様な動植物が生息し、湿地帯では農業が行われているが、近年干ばつや農業用水などにより、60年の間に95%の面積を失った。今世紀には消滅が危惧されているが、湖を再生させるため国際機関のプロジェクトが動いている。

DATA

人口:約1548万人　面積:約128万㎢　首都:ンジャメナ　言語:フランス語、アラビア語、ほか130以上の部族語　民族:サラ族、チャド・アラブ語ほか　宗教:イスラム教52%、キリスト教44%　通貨:CFAフラン　時差:日本より8時間遅れている　GNI:US$670/人

アラビア語チャド方言でこんにちは

Al-salâm alêk !

(アッサラーマレク)

明日誰かに教えたくなる

チャドの雑学

▷ 子供に卵を与えないで

子供に卵を与えると大人になってその子供が泥棒になると信じられている。アフリカではよくみられるタブーのひとつ。

かつてザイールと呼ばれていた国

コンゴ民主共和国

Democratic Republic of the Congo

コンゴにしか生息しない猿ボノボ

かつてはザイールと呼ばれていたアフリカ中部に位置する共和制国家。アフリカでは影響力のある国のひとつで、アフリカ第2位の面積を誇る。自然豊かな国土には国立公園や自然保護区が多く点在し、国内最大のサロンガ国立公園には固有種のボノボ(ピグミーチンパンジーとも呼ばれる)をはじめ、オカピ、ミズジャコウネコなど貴重な動物が生息している。

DATA

人口:約8407万人　面積:約234万5000km²　首都:キンシャサ　言語:フランス語、リンガラ語ほか　民族:バントゥー語族が過半数で、200を超える部族がいる　宗教:キリスト教80%ほか　通貨:コンゴ・フラン　時差:日本より8時間遅れている　GNI:US$490／人

リンガラ語でこんにちは

Mbote !

(ムボテ)

明日誰かに教えたくなる

コンゴ民主共和国の雑学

▷服装に注意!

コンゴ人は身なりにとても気を使うので、だらしない格好をしていると反感を買い、襲撃を受ける危険性すらある。

アフリカで最もファッショナブルといわれる

コンゴ共和国

Republic of Congo

ブラザビルの教会

隣国コンゴ民主共和国と区別するため「コンゴ・ブラザビル」とも呼ばれる。国土の中央を赤道が走り、約50%がコンゴ盆地になっている。“地上最後の楽園”とも呼ばれる北部ヌアバレ・ンドキ国立公園は、人類の影響がまったく及んでいない特別な場所として世界自然遺産に登録され、マルミミゾウやニシローランドゴリラなど絶滅の危機に瀕する野生動物が生息している。

DATA

人口:約524万人　面積:約34万2000km²　首都:ブラザビル　言語:フランス語、リンガラ語　民族:コンゴ族40.5%、テケ族16.9%ほか　宗教:キリスト教75.3%、イスラム教1.6%ほか　通貨:CFAフラン　時差:日本より8時間遅れている　GNI:US$1640／人

リンガラ語でこんにちは

Mbote !

(ムボテ)

明日誰かに教えたくなる

コンゴ共和国の雑学

▷世界一おしゃれな男たち

貧しいながらも年収の約4割を高級ブランドのスーツにつぎ込む「サプール」と呼ばれるファッショナブルな男たちがいる。

中央アフリカでは比較的豊かな産油国

ガボン共和国

Gabonese Republic

石油省の建物

世界有数の石油埋蔵量を誇る産油国で、国土の約9割が森林で人口密度が低いため、アフリカでは国民所得が比較的高い新興国という位置づけ。周辺国から出稼ぎにきた外国人を見かけるのはこのためだ。ドイツ人医者アルベルト・シュバイツァーが生涯をささげた地としても知られる。

ファン語でこんにちは

M'bolo !

（ウンボロ）

DATA　人口：約212万人　面積：約26.7㎢　首都：リーブルビル　言語：フランス語　民族：ファン族、プヌ族ほか　宗教：キリスト教82%ほか　通貨：CFAフラン　時差：日本−8時間　GNI：US$6800／人

小さな独裁国家

赤道ギニア共和国

Republic of Equatorial Guinea

バタ大聖堂

中央アフリカに位置し、沖に浮かぶ島々も領有。首都が置かれているのは、隣国カメルーンにより近いビオコ島という小さな島だ。1992年に油田が発見され、急激な経済成長を遂げているが、大統領一族による独裁が40年以上続き、石油に関わる富も彼らが独占している。

ファン語でこんにちは

M'bolo !

（ウンボロ）

DATA　人口：約131万人　面積：約2万8051㎢　首都：マラボ　言語：スペイン語、フランス語、ポルトガル語　民族：ファン族、ブビ族ほか　宗教：キリスト教がほとんど　通貨：CFAフラン　時差：日本−8時間　GNI：US$7050／人

旧ポルトガル植民地の島嶼国

サントメ・プリンシペ民主共和国

Democratic Republic of Sao Tome and Principe

カオ・グランデ峰

サントメ島とプリンシペ島からなる旧ポルトガル領の独立国。石油の埋蔵が期待されるギニア湾にあるものの開発は停滞し、カカオ豆の生産・輸出に依存したアフリカ最貧国のひとつとなっている。サントメ島のオボ国立公園内にそびえるカオ・グランデ峰は国のシンボル。

ポルトガル語でこんにちは

Boa tarde !

（ボア タルジ）

DATA　人口：約21万人　面積：約1001㎢　首都：サントメ　言語：ポルトガル語　民族：バントゥー系及びポルトガル人との混血　宗教：キリスト教　通貨：ドブラ　時差：日本−8時間　GNI：US$1890／人

世界で最も暑いといわれる灼熱の国

ジブチ共和国

Republic of Djibouti

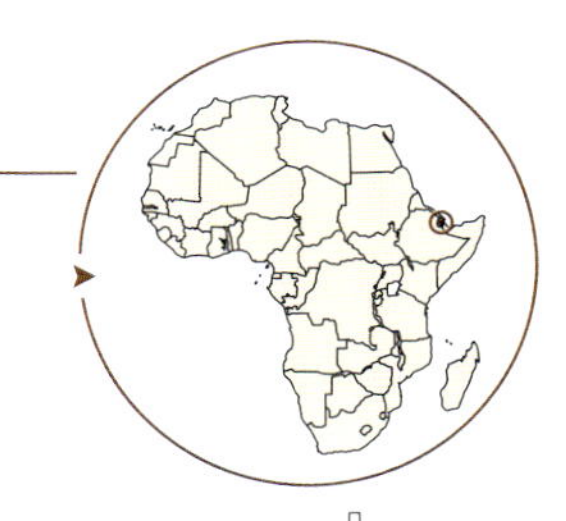

国旗の意味

白は平和、青は海と空、緑は地球、赤い星は統一を表す。

ソマリ語でこんにちは

Galab wanaagsan !

（ガラブ ワナークサン）

アラビア海の紅海入口に位置する小国。年間平均気温が約30℃、夏は50℃以上で湿度は80%以上になり、世界一暑い国と呼ばれる。世界で最も塩分濃度が高いアサル湖は、酷暑による蒸発により海抜はなんとマイナス157m。豊かな国ではないが、海洋的要衝の立地を生かした交易立国として港湾施設は充実。この海域の脅威である海賊の対処に日本の自衛隊が駐留する。

DATA

人口：約95万9000人　面積：約2万3200㎢　首都：ジブチ　言語：アラビア語、フランス語が公用語。ほかソマリ語、アファール語など　民族：ソマリア系イッサ族50%、エチオピア系アファール族37%ほか　宗教：イスラム教94%、キリスト教6%　通貨：ジブチ・フラン　時差：日本より6時間遅れている　GNI：US$2180／人

左）火星を思わせるアッベ湖の風景
右）ラクダに交易品をのせて運ぶ男性

明日誰かに教えたくなる

ジブチの雑学

▷雨が降るといい天気？

かつて71.5℃という信じがたい温度を記録したジブチ。昼間はほとんど人通りがなく、日が暮れるとようやく町はにぎわいだす。ステップ性気候で乾燥していてほとんど雨が降らず、雨が降ると人々は「いい天気」と言って喜ぶ。

暑いのでスイカが人気

世界最古の独立国のひとつ

エチオピア連邦民主共和国

Federal Democratic Republic of Ethiopia

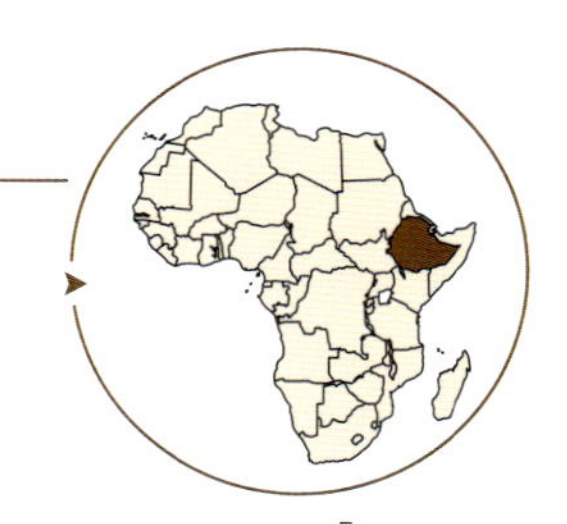

国旗の意味

緑は土地の希望と大地の豊かさ、黄色は正義と調和、赤は犠牲と英雄、青い円は平和、五芒星は国民の統一と平等を表す。

アムハラ語でこんにちは

ጤና ይስጥልኝ！

（テナ イストゥリン）

アフリカ大陸東端近くに位置する内陸国。国土の大部分が高地で、年平均気温は13℃と冷涼な気候。国のほぼ中央にある首都アディスアベバは標高2355mにある。さらには雨が多いため台地が激しく浸食され、深い谷や崖が多い。アフリカのほぼ全域がヨーロッパに支配された時代も、唯一独立を維持してきた国で、黒人の希望とも呼ばれたが、こうした地形が外国からの防衛には適し、植民地化されなかった理由のひとつとされる。古代文明から栄えてきた場所でもあり、多くの遺跡も残っている。周辺の多くはムスリム国だが、キリスト教が62.7%と最も多い。西暦の9月が新年で1年を13ヵ月とする暦が使われている。

DATA

人口：約1億922万人
面積：約109万7000㎢
首都：アディスアベバ
言語：アムハラ語、オロモ語、英語、ソマリ語、ティグリニャ語ほか
民族：オロモ人34.4%、アムハラ人27%、ソマリ人6.2%、ティグリニャ人6.1%、シダマ族4%、グラゲ族2.5%ほか約80民族
宗教：エチオピア正教43.5%、イスラム教33.9%、プロテスタント18.5%、伝統宗教2.7%、カトリック0.7%ほか
通貨：ブル
時差：日本より6時間遅れている
GNI：US$790／人

左）世界遺産に登録されているラリベラの聖ゲオルギウス教会　右）エチオピア正教の僧侶

COLUMN

茶道とも通じるコーヒーセレモニー

エチオピアは世界に名だたるコーヒーの名産地。現地では、茶道にも通じるコーヒーセレモニーという儀式が伝統的に行われている。通常女性が行うもので、母親から作法と一緒に茶道具も受け継ぐという。まずは豆を洗い、焙煎し、専用の器具ですりつぶす。次に粉をお湯の入った特殊なポットに入れて火にかける。コーヒーができあがると、取っ手のない小さなカップに注がれる。これを同じコーヒー豆を使って3回繰り返すため、1～2時間かかるのが普通だ。会場を清めるために乳香が焚かれ、ポップコーンやアンバシャというお菓子が供される。洗練された一連の作法には目を見張るばかりである。

コーヒーを入れる女性

COLUMN

失われたアークはエチオピアにある？

伝説によるとモーセの十戒が納められたといわれるアーク（契約の箱）は、エチオピアのアクスムにあるシオンの聖マリア教会にあるといわれている。エチオピアの口承伝説をまとめた『ケブラ・ナガスト』には、シバの女王とソロモン王の子供、メネリク1世がイスラエルより持ち帰ったと書かれているという。

シオンの聖マリア教会

ダナキル砂漠の硫黄泉

明日誰かに教えたくなる

エチオピアの雑学

▷コーヒーには砂糖ではなく塩

コーヒーセレモニーという独特の文化が残されているが、その飲み方もいっぷう変わっていて、コーヒーになんと塩を入れる。ひとつまみ入れるとおいしさが引き立つのだという。

▷高山病に注意

標高2355mにあるアディスアベバをはじめ、主要な町は高地にある。軽度の高山病にかかることもあるので、ゆっくりと高地に体を慣らす必要がある。一般的に高山病は高度2500mで25%の人に現れるといわれている。

アディスアベバにある教会

GUIDEBOOK

地球の歩き方
東アフリカ 収録

東アフリカ最大都市を擁する動物王国

ケニア共和国

Republic of Kenya

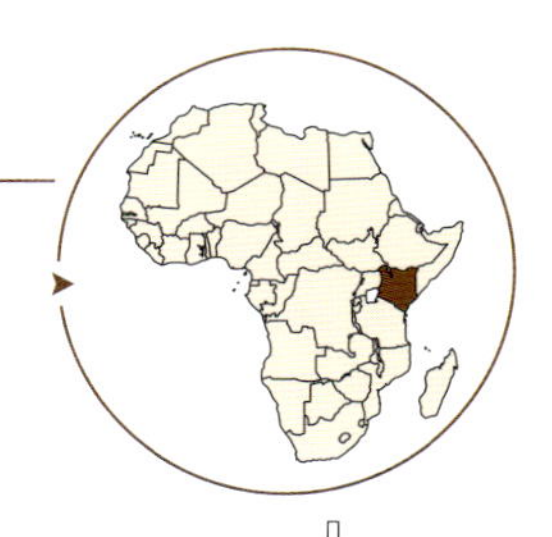

国旗の意味

黒は国民、赤は独立闘争、緑は農業、白は平和と統一を表す。中央のマークはマサイ族の盾と槍。

スワヒリ語でこんにちは

Hujambo !

（フジャンボ）

赤道に近いため暑いイメージがあるが、中央部はほとんどが標高1700m前後の高地で平均気温は10 ～ 28℃、首都ナイロビなどは1年中過ごしやすい気候だ。古くからアジアとアフリカの交易路として栄え、さまざまな文化が融合してきた。そのため、音楽やダンス、芸術などが伝統的に盛ん。約42の民族が暮らし、約60以上の言語や方言がある。国内には16の主要な動物生態系があり、約60の国立公園や保護区として管理されている。野生動物で有名なマサイマラ国立保護区や、広大なツァボ国立公園などが有名。一方で、実は手つかずの原生林はわずか2%しかなく、不毛な砂漠地帯は国土の約20%もある。

DATA

人口：約4970万人
面積：約58万3000㎢
首都：ナイロビ
言語：スワヒリ語、英語
民族：キクユ族17.1%、ルヒヤ族14.3%、カレンジン族13.4%、ルオ族10.7%、カンバ族9.8%、ソマリ族5.8%、キシイ族5.7%、ミジケンダ族5.2%、メル族4.2%、マサイ族2.5%、トゥルカナ族2.1%ほか
宗教：キリスト教85.5%、イスラム教10.9%ほか
通貨：ケニア・シリング
時差：日本より6時間遅れている
GNI：US$1620／人

サファリでキリンに遭遇。背景はアフリカ最高峰キリマンジャロ（タンザニア）

COLUMN

誇り高い“草原の貴族”マサイは今

ケニアの民族といえば必ず思い浮かぶのがマサイ族。高く跳ぶことができる男ほど尊いとされ、“マサイジャンプ”は世界的に有名。もともと牛や山羊を放牧する遊牧民だったが、彼らも近代化と伝統保存の間で板挟みになり、さまざまな問題を抱えている。ケニア、タンザニア両政府から定住化政策が進められているが、かたくなに拒否し、両国のサバンナを自由に行き来する権利を要求し続けている。しかし時代の流れには逆らえず、村に定住し観光ガイドなどの職に就くものも増えている。大都市ナイロビから伝統的なマサイの村に“通勤”する人も多いのだとか。また、伝統衣装を着ないで、ジーパンにTシャツという若者も多く、携帯電話の普及率も年々上がっている。

COLUMN

ビル群をバックにサファリが楽しめる国立公園

ナイロビ中心部から8kmしか離れていないナイロビ国立公園。アクセスが簡単で、首都ナイロビのビル群を背景にサファリが楽しめると人気がある。2～3時間で1周できる手軽さも魅力だ。ライオン、チーター、ヒョウ、シマウマ、キリンなど、サファリで人気の動物はゾウ以外ほとんど見られる。

ナイロビのビル群とシマウマ

“マサイジャンプ”を見せてくれるマサイ族の男性

明日誰かに教えたくなる

ケニアの雑学

▷相手の手につばを吐くあいさつがある

最大民族のキクユ族の風習で、あいさつの際に相手の手につばをかけるというものがある。つばによって悪いものから守られる、いわば魔除けとして考えられている。

▷料理は少し残したほうがていねい

自宅での食事に招かれたときは、少しだけ残すのが作法とされている。

▷人を指さすのは絶対禁止

人を指さす行為はわいせつな意味を表し、かなり侮辱的に受け取られる。

ケニアの伝統的な料理

GUIDEBOOK

地球の歩き方
東アフリカ 収録

タンガニーカとザンジバルからなる

タンザニア連合共和国

United Republic of Tanzania

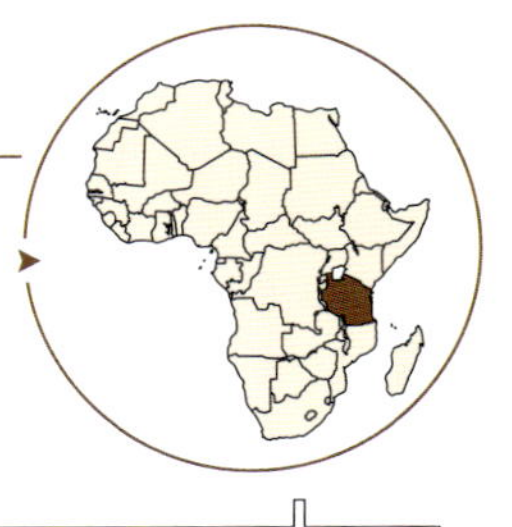

国旗の意味

タンガニーカとザンジバルが合併した際、両国の旗を組み合わせた。緑は国土と農業、黒は国民、青はインド洋の海、黄は豊かな資源を表している。

スワヒリ語でこんにちは

Hujambo !

（フジャンボ）

アフリカ大陸東部のタンガニーカと、強い自治権をもつインド洋の島々ザンジバルで構成される。日本の2.5倍もの広大な大地には、北東部にアフリカ最高峰のキリマンジャロ、北部にアフリカ最大のビクトリア湖、西部にアフリカ最深のタンガニーカ湖がある。国土の大半がサバンナで、ゾウ、ライオン、ヒョウ、バッファロー、サイをはじめとする野生動物が暮らす貴重な保護区が多い。これを生かした観光業が成長を続け、金の輸出に次ぐ外貨獲得産業となっている。人口は日本の3分の1ほどだが、平均年齢は17 ～ 18歳ととても若く将来が期待されている。スワヒリ語が国語で、在来の言語が指定されるアフリカでは貴重な国。

DATA

人口：約5632万人
面積：約94万5000㎢
首都：ドドマ（法律上の首都。事実上の首都はダル・エス・サラーム）
言語：スワヒリ語（国語）、英語（公用語）ほか
民族：スクマ族、ニャキュサ族、ハヤ族、チャガ族、ザラモ族など約130部族
宗教：イスラム教40%、キリスト教40%、土着宗教20%
通貨：タンザニア・シリング
時差：日本より6時間遅れている
GNI：US$1020／人

ンゴロンゴロ自然保護区のクレーターに集まるヌー

COLUMN

独自の歴史を歩んできたザンジバル

タンザニアは連合共和国であり、大陸部のタンガニーカとザンジバルから成り立つ。ザンジバル島は17 ～ 19世紀に海洋国家オマーンの支配下に入った歴史をもち、アラブの香り漂うノスタルジックな雰囲気が魅力だ。今でもアラブ人の砦跡や、スルタン(アラブの王)の宮殿などが残されており、主都ストーンタウンは世界遺産に登録されている。ちなみに日本ともゆかりがあり、からゆきさんが住んでいた家が今でも保存されている。当時は船員が集まる人気のバーもあったという。現在はアフリカ屈指のビーチリゾートとして人気を博している。

美しい海が広がる

COLUMN

アフリカ大陸最高峰 キリマンジャロ

ケニアとの国境近くにあるキリマンジャロは標高5895m。7大陸最高峰のなかでは、傾斜も緩く、ルートがよく整備され、比較的容易に登ることができる山として知られる。キリマンジャロコーヒーは、山の南に住む勤勉な民族チャガ人が1900年頃から栽培を始め、協同組合を組織するなどしてブランド化に成功した。

カランガ・キャンプに立つテント

アラブ風の立派な扉が残るザンジバルのストーンタウン

明日誰かに教えたくなる

タンザニアの雑学

▷コーヒーはあまり飲まない

タンザニアといえばキリマンジャロコーヒー。誰もが聞いたことのあるコーヒーの名産地だ。しかし現地ではコーヒーよりも甘い紅茶のほうがポピュラー。

▷「サファリ」という言葉はタンザニア発祥

サファリはスワヒリ語。さらに遡ると「長い旅」を意味するアラビア語が語源。

▷飛行機も鳥もンデゲ

スワヒリ語で鳥はンデゲNdege。そしてなんと飛行機もンデゲ。

東アフリカ有数のサファリ大国

GUIDEBOOK

地球の歩き方
東アフリカ 収録

エチオピアから分離した独裁国家

エリトリア国

State of Eritrea

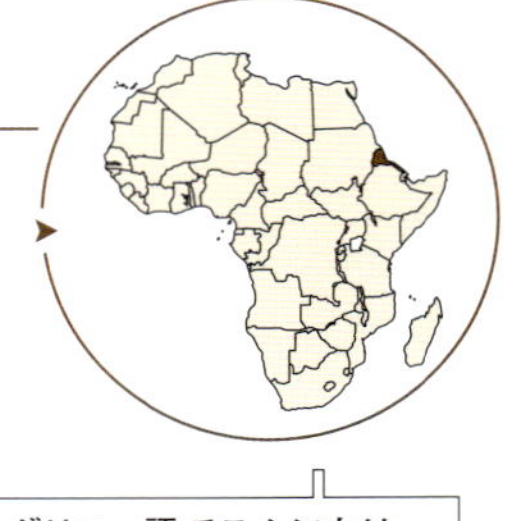

国旗の意味

緑は農業や牧畜による富、青は海洋資源、赤は独立戦争で流された血、黄色いオリーブの枝は鉱物資源を表す。

ティグリニャ語でこんにちは

ሰላም！

（サラム）

アフリカ大陸北東部、インド洋に突き出たアフリカの角と呼ばれる半島にある。1993年の独立以来、国の議会選挙は開かれていない独裁国家。国づくりはシンガポールが手本と主張するが、周辺諸国との紛争や兵役、抑圧的な政治により多くの難民を生み、"アフリカの北朝鮮"と揶揄されている。紀元前2〜3世紀に隣国エチオピア一帯とともに謎の王国アクスムが存在した。

DATA

人口：約550万人　面積：約11万7600㎢　首都：アスマラ　言語：ティグリニャ語、アラビア語、ほか諸民族語　民族：ティグライ族、アファール族など9民族　宗教：キリスト教、イスラム教ほか　通貨：ナクファ　時差：日本より6時間遅れている　GNI：US$720／人

左）モスクや教会が点在する首都アスマラ
右）ケレンで開かれる月曜マーケット

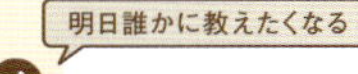

明日誰かに教えたくなる

エリトリアの雑学

▷名字の概念がない

エリトリアには名字の概念がない。生まれたときにファーストネームだけがつけられる。ほかの同名の人と区別するため、父、祖父の名前がそれに加えられる。エチオピアやアイスランド、ソマリア、モンゴルなども同様に名字がない。

第2の都市ケレンのムスリム男性

特異な生態系をもつ第7の大陸

マダガスカル共和国

Republic of Madagascar

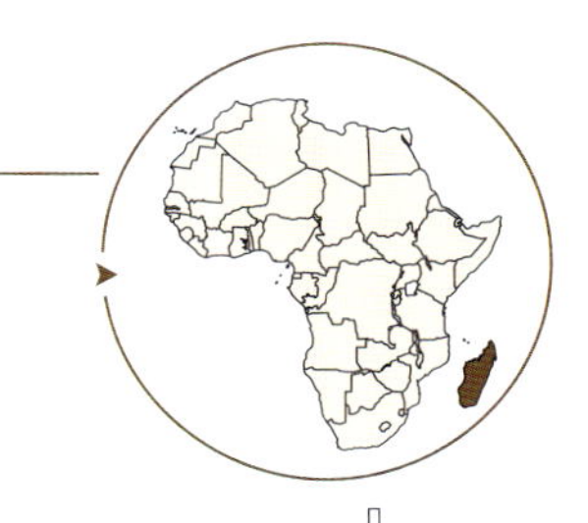

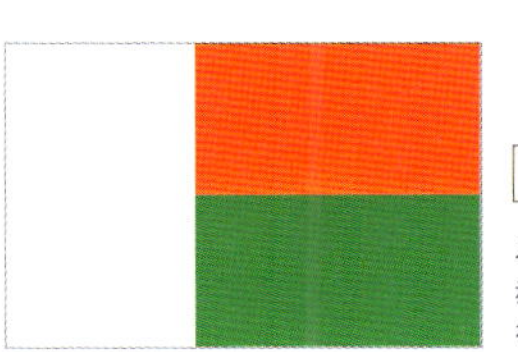

国旗の意味

メリナ王朝時代の旗に由来し、赤は情熱、白は純粋、緑は希望を表す。

マダガスカル語でこんにちは

Salama !

（サラーマ）

世界で4番目に大きな島。先史時代にゴンドワナ大陸から分裂したとされ、大陸からの孤立で野生生物種の90%が固有種という生態系が残った。先住民は紀元前にボルネオ島から渡ったとされ、稲作生活や言語などアフリカよりアジアに近い。19世紀にフランス植民地化、1960年に独立。2009年には憲法に基づかない政権交代が政治危機となり、観光業などに影響が続く。

DATA

人口：約2626万人　面積：約58万7295㎢　首都：アンタナナリボ　言語：マダガスカル語とフランス語が公用語　民族：メリナ、ベツィレウなど全18部族　宗教：キリスト教、伝統宗教、イスラム教　通貨：アリアリ　時差：日本より6時間遅れている　GNI：US$440／人

左）西部の町ムルンダヴァにあるバオバブの並木道
右）固有のキツネザルで一番人気のワオキツネザル

明日誰かに教えたくなる

マダガスカルの雑学

▷バオバブの実はスーパーフード

現地では神聖な木としてあがめられているバオバブ。近年、その実がアンチエイジング効果のあるスーパーフードとして注目を集めている。日本でも流通しているので試してみたい。

バオバブの実

GUIDEBOOK

地球の歩き方
マダガスカル

インド洋の貴婦人と呼ばれるリゾート地

モーリシャス共和国

Republic of Mauritius

国旗の意味

赤は独立闘争、青はインド洋、黄は自由への光、緑は農業を表す。

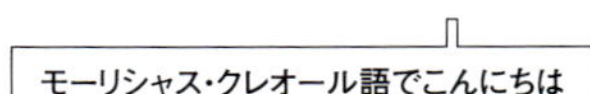

Bonzour !

（ボンズール）

インド洋に浮かぶ島国。その存在は10世紀以前からアラブ人には知られていたが、長く無人だった。17世紀にオランダ、18世紀にはフランス、19世紀にはイギリスの植民地になり、1968年に独立した。固有種の飛べない鳥ドードーが絶滅したのはオランダ時代。現在は世界有数のビーチリゾートとして知られ、観光は輸出型工業とともに経済を潤しGDPはアフリカで第2位。

DATA

人口：約126.5万人　面積：約2040㎢　首都：ポートルイス　言語：英語（公用語）、フランス語、クレオール語　民族：インド系、クレオール系が大部分。ほかフランス系、中国系など　宗教：ヒンドゥー教52%、キリスト教30%、イスラム教17%ほか　通貨：モーリシャス・ルピー　時差：日本より5時間遅れている　GNI：US$1万2050／人

左）クレオールの人々の伝統的なセガダンス
右）海中の滝と呼ばれる絶景

モーリシャスの雑学

洗練されたリゾートが揃う

▷1泊100万円の客室がある

世界のセレブリティが訪れるリゾートアイランドだけあって、ゴージャスな高級リゾートが勢揃い。なかには1泊100万円のスイートをもつリゾートもある。バカンス好きのヨーロピアンにとっても憧れの地で、“インド洋の貴婦人”という異名をもつ。

“アフリカのあたたかい心”と呼ばれる素朴な国

マラウイ共和国

Republic of Malawi

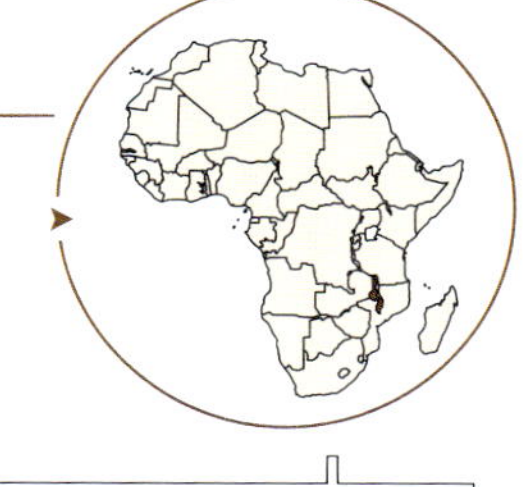

国旗の意味

黒は国民、赤は独立運動で流された血、緑は国土、赤い太陽は自由と希望の新しい夜明けを表す。

チェワ語でこんにちは

Moni !

（モニ）

マラウイ湖が国土の20％以上を占め、陸地は湖の西岸を縦断する大地溝帯の谷上の高地がほとんど。南北900km、東西90 ～ 161kmと細長い。湖には500種以上の魚類が生息し漁業も盛んだが、主要産業は農業で人口の85％近くが従事する。1964年にイギリスから独立以降、アフリカでは数少ない争いのない国で、“アフリカのあたたかい心”と呼ばれる。

DATA

人口：約1814万人　面積：約11.8㎢　首都：リロングウェ　言語：チェワ語、英語が公用語、ほか各民族語　民族：チェワ族、トゥンブーカ族などバントゥー語系　宗教：キリスト教75％、ほかイスラム教、伝統宗教　通貨：マラウイ・クワチャ　時差：日本より7時間遅れている　GNI：US$360／人

左）マラウイ湖に浮かぶ小さな島
右）リロングウェの学校で出会った子供たち

明日誰かに教えたくなる

マラウイの雑学

マラウイ湖のさまざまな魚

▷マラウイ湖の魚の種類は世界一

タンザニアとの国境、マラウイ、モザンビークにわたって広がる、2万9600平方km^{2}という広大なマラウイ湖。固有種が多く、生息する魚類の種数は世界一で、“湖のガラパゴス”ともいわれている。南端部は国立公園に指定され、世界遺産にも登録されている。

世界のセレブに愛されるインド洋の楽園

セイシェル共和国

Republic of Seychelles

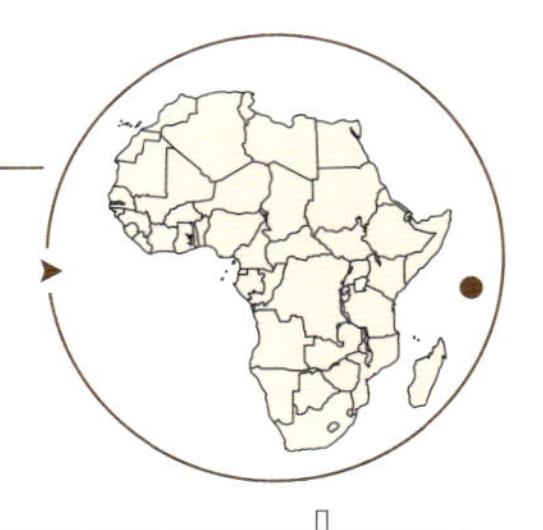

国旗の意味

青はインド洋と空、黄は太陽、赤は友愛と情熱、白は正義と調和、緑は国土を表す。

セイシェル・クレオール語でこんにちは

Bonzour !

（ボンズール）

東アフリカ沖のインド洋に浮かぶ115の島からなる。6800 ～ 6500万年前に孤島となったとされ、ほかからの生物の流入が少なく、アルダブラゾウガメのような希少な固有種が多く存在する。1977～ 1991年まではソ連型社会主義に基づく一党独裁が布かれ、インド洋の赤い星とも呼ばれたが、現在はリゾートとして開発が進み、欧米のセレブに人気のバカンス地となっている。

DATA

人口：約9万6762人　面積：約460㎢　首都：ビクトリア　言語：英語、フランス語、クレオール語　民族：クレオール（ヨーロッパ人とアフリカ人の混血）が多数　宗教：キリスト教90%ほか　通貨：セイシェル・ルピー　時差：日本より5時間遅れている　GNI：US$1万5600／人

左）固有種のアルダブラゾウガメ
右）プララン島の美しいビーチ

明日誰かに教えたくなる

セイシェルの雑学

▷世界最大の種子をもつヤシの木がある

世界でもセイシェルのプララン島にしか生えない双子ヤシというヤシの木があり、その実は世界最大の種子とされている。女性の腰のような独特の形をしており、セイシェルのシンボルとしても有名。ヴァレ・ド・メ自然保護区には双子ヤシが自生しており、多くの観光客が訪れる。

ココ・ド・メール

アフリカの角に位置するソマリ人の国

ソマリア連邦共和国

Federal Republic of Somalia

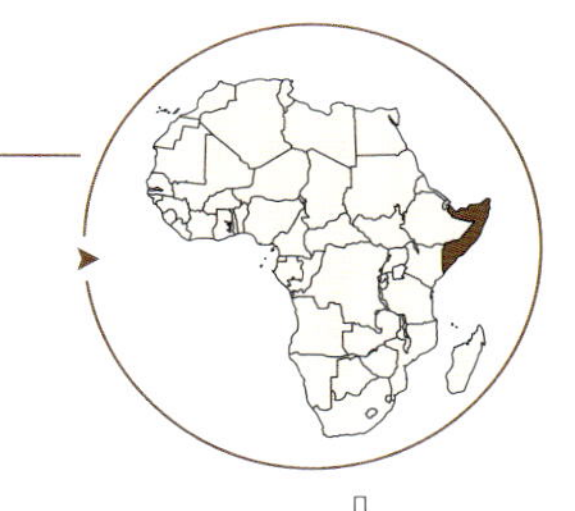

国旗の由来

独立の際、国連の貢献が大きかったため、国連旗の青を取り入れている。白い星は民族と国土の統一を表す。

ソマリ語でこんにちは

Galab wanaagsan !

（ガラブ ワナークサン）

インド洋に鋭く突き出た形の半島、通称"アフリカの角"にある国。1991年に政権が崩壊して以降、政府が存在しない無法地帯となっている。暫定政権は発足し、ソマリア連邦共和国を名乗るが統治は中南部に限られ、北部のソマリランドは別に選挙も行われる民主主義が実現し実質的に独立国化している。南部はイスラム急進派アッシャバーブが支配と3つに分断されている。

DATA

人口：約1400万人　面積：約63万8000㎢　首都：モガディシュ　言語：ソマリ語（第一）、アラビア語（第二）が公用語　民族：ソマリ族　宗教：イスラム教　通貨：ソマリア・シリング　時差：日本より6時間遅れている　GNI：US$102／人

左）ソマリアの首都モガディシュの港
右）ソマリランドの首都ハルゲイサの町並み

明日誰かに教えたくなる

ソマリアの雑学

▷ 寿司店の社長が海賊撲滅に貢献

近年ソマリア沖では、内戦で国を失った者たちが海賊となり、沖を通る船を襲撃するという事件が多発していた。もともとマグロがよく取れる漁場だったため、困った日本の寿司店の社長はソマリアに乗り込み、彼らにマグロ漁を教えることで海賊行為をやめさせ、自立の手助けをした。

内戦を超えて新たな一歩を踏み出す

ブルンジ共和国

Republic of Burundi

伝統的なドラムをたたく人々

国名は民族名の「ルンディ族」に由来。「ブ」は「国」、「ルンディ」は「ふくらはぎの人々」の意味をもつ。国旗の3つの星はフツ族、トゥワ族、ツチ族の3部族の「団結、努力、進歩」を表している。王家の冠婚葬祭時にカリェンダと呼ばれる伝統的な太鼓をたたきながら踊る伝統儀式が有名だが2014年にユネスコの世界無形文化遺産に登録された。

DATA

人口：約1117万人　面積：約2万7800㎢　首都：ブジュンブラ　言語：フランス語、ルンディ語が公用語　民族：フツ族、ツチ族、トゥワ族など　宗教：キリスト教　通貨：ブルンジ・フラン　時差：日本より7時間遅れている　GNI：US$280／人

ルンディ語でこんにちは

Bite！

（ビテ）※How are you ?

明日誰かに教えたくなる

ブルンジの雑学

▷ナイル川の源流がある

ブルンジのルヴィロンザ川は白ナイルの最南端、最上流とされ、源流のひとつといわれている。

知られざる南半球のイスラム教国

コモロ連合

Union of Comoros

グランド・コモロ島のビーチ

モザンビークとマダガスカルに挟まれたインド洋上に位置する島国でンジャジジャ島、ンズワニ島、ムワリ島の3島で構成されている(フランスの行政管理下にあるマイヨット島を含めるとコモロ諸島となる)。名物は“生きた化石”シーラカンスで、コモロ近海ではシーラカンスの現生が確認されている。首都モロニの国立博物館でシーラカンスの剥製を見ることができる。

DATA

人口：約83万2000人　面積：約2236㎢　首都：モロニ　言語：フランス語、アラビア語、コモロ語　民族：バントゥー系黒人がおも　宗教：イスラム教　通貨：コモロ・フラン　時差：日本より6時間遅れている　GNI：US$1320／人

コモロ語でこんにちは

Salama！

（サラマ）

明日誰かに教えたくなる

コモロの雑学

▷南半球唯一のアラブ連盟加盟国

サウジアラビアやレバノンなどが加盟するアラブ連盟では唯一南半球の国。

ゴリラの研究所がある

ルワンダ共和国

Republic of Rwanda

ヴォルカン国立公園のゴリラ

丘の多い地形から"千の丘の国"と呼ばれており、首都キガリは海抜1500mの高地にある。貴重なマウンテンゴリラの生息地としても有名で、5000ルワンダ・フランにはマウンテンゴリラが描かれている。また、政府は観光と国際会議誘致に力を入れており、2018年には英国のサッカークラブと巨額のスポンサー契約を結びユニホームに「VISIT RWANDA」のロゴを入れ話題となった。

DATA

人口：約1230万人　面積：約2万6300㎢　首都：キガリ　言語：ルワンダ語、英語、フランス語、スワヒリ語　民族：フツ族、ツチ族、トゥワ族ほか　宗教：キリスト教93%、イスラム教2%ほか　通貨：ルワンダ・フラン　時差：日本より7時間遅れている　GNI：US$780／人

ルワンダ語でこんにちは

Muraho !

（ムラホー）

明日誰かに教えたくなる

ルワンダの雑学

▷男同士でも手をつなぐ

たとえ恋愛関係になくとも、男同士で仲よく手をつないで歩くことが多い。異性が手をつなぐことのほうがまれ。

2011年に独立した新しい国

南スーダン共和国

The Republic of South Sudan

ジュバの難民キャンプ

アフリカ東部に位置する南スーダンは、2011年に独立した世界一新しい独立国であり193番目の国連加盟国。長きに及ぶ内戦の影響で保健や教育、水や電力、道路などの基礎的なインフラが不足している。2018年には国際通貨基金(IMF)が公表した世界で最も貧しい国トップに選ばれた。2020年現在も210万人以上が難民、200万人が国内避難民になっている。

DATA

人口：約1258万人　面積：約64万㎢　首都：ジュバ　言語：英語、アラビア語、ほか部族語　民族：ディンカ族、ヌエル族、シルク族、ムルレ族ほか　宗教：キリスト教、イスラム教、伝統宗教　通貨：南スーダン・ポンド　時差：日本より6時間遅れている　GNI：US$460／人

ジュバ・アラビア語でこんにちは

Salaam taki !

（サラーム タキ）

明日誰かに教えたくなる

南スーダンの雑学

▷アフリカ最大の湿地帯

スッドと呼ばれる白ナイル流域に広がる湿地帯はアフリカ最大。世界ではブラジルのパンタナールに次いで2位。

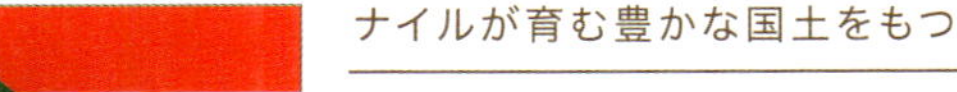

ナイルが育む豊かな国土をもつ

スーダン共和国

The Republic of the Sudan

メロエのピラミッド

アラビア語スーダン方言でこんにちは

سلام عليكم !

（サラーム アレイクム）

国名の語源は古代エジプト人が「黒人の国」と呼んだことに由来する。ナイル川はアフリカ最長級の大河で、首都ハルツームでビクトリア湖を水源とする白ナイルと、エチオピアのタナ湖を水源とする青ナイルが合流。合流地点では青と白にはっきりと色が分かれているのが見てとれる。また、広大な領土の地下には多くの鉱物資源があり金の世界3大産出国のひとつ。

DATA

人口：約4053万人　面積：約188万㎢　首都：ハルツーム　言語：アラビア語、英語、ほか部族語　民族：アラブ人70%。ほか200以上の部族　宗教：イスラム教が多数、ほかキリスト教　通貨：スーダン・ポンド　時差：日本より7時間遅れている　GNI：US$1560／人

明日誰かに教えたくなる

スーダンの雑学

▷エジプトよりもピラミッドの数が多い

エジプトのピラミッドの数は約140だが、スーダンには少なくとも200以上のピラミッドがある。

緑豊かな“アフリカの真珠”

ウガンダ共和国

Republic of Uganda

マウンテンゴリラが生息

ガンダ語でこんにちは

Gyebale ko !

（ジェバレ コ）

アフリカ大陸最大級のビクトリア湖をはじめとする多くの湖水群が国土のおよそ18%を占めるが大半は緑豊かな丘陵地帯。英国のチャーチル首相がウガンダを訪問した際、その美しさから「アフリカの真珠」と呼んだ。赤道直下に位置しているが平均気温が24℃と過ごしやすい気候。マウンテンゴリラが生息しているブウィンディ原生国立公園など3件が世界遺産に登録されている。

DATA

人口：約4286万人　面積：約24万1000㎢　首都：カンパラ　言語：英語、スワヒリ語、ガンダ語　民族：バガンダ族、ランゴ族など　宗教：キリスト教60%、伝統宗教30%、イスラム教10%　通貨：ウガンダ・シリング　時差：日本より9時間遅れている　GNI：US$620／人

明日誰かに教えたくなる

ウガンダの雑学

▷自国で車を生産している

アフリカで自国産の車をもつ数少ない国。政府と大学が共同で電気自動車やハイブリッド車を開発している。

<イギリス領インド洋地域>

住民を追い出し米軍基地を設置

チャゴス諸島

Chagos Archipelago

ホワイトサンドのビーチ

18世紀後半に仏領モーリシャスの一部として最大の島ディエゴ・ガルシア島への入植が始まり、"夢の島"といわれるほど豊かな島だった。しかし1966年に住民を追い出し、イギリスからアメリカに貸し出され米軍基地を設置。2020年現在、撤退を求める国連決議にイギリスは応じていない。

英語でこんにちは

Hello！

（ハロー）

DATA　人口：約3000人　面積：約60㎢　主都：イクリプス・ポイント・タウン　言語：英語　民族：イギリス政府職員、アメリカ軍関係者　通貨：アメリカ・ドル　時差：日本より3時間遅れている

<フランス海外県>

※非公式の旗

コモロと領有権を係争中

マイヨット島

Mayotte Island

ザウジという町がある小島

マダガスカルの北に浮かぶコモロ諸島のひとつ。1974年にコモロ全域においてフランスからの独立を問う住民投票が実施されたが、マイヨットだけは反対多数で、最終的にフランスの海外県となった。香水の原料となるイランイランや、バニラをはじめとするスパイス類が名産。

マオレ語でこんにちは

Habari za mtsana！

（ハバリ ザ ムツァナ）

DATA　人口：約27万9471人　面積：約374㎢　主都：マムーズ　言語：フランス語、マオレ語　民族：コモロ人がおも　宗教：イスラム教がほとんど　通貨：ユーロ　時差：日本より6時間遅れている

<フランス海外県>

独特の自然が世界遺産に登録されている

レユニオン

Réunion

保護区に指定されているマファト

ピトン・デ・ネージュ、ピトン・ドゥ・ラ・フルネーズというふたつの火山と大量の雨が独自の地形を造り出し、2010年に島の40%が世界遺産に登録。さまざまなハイキングコースが整備され、本国から多くのハイカーが訪れる。ブルボン種コーヒーの原産地としても有名。

レユニオン・クレオール語でこんにちは

Bonzour！

（ボンズール）

DATA　人口：約85万3659人　面積：約2511㎢　主都：サン・ドニ　言語：フランス語、クレオール語　民族：クレオール（混血）、インド系ほか　宗教：カトリックが約90%　通貨：ユーロ　時差：日本より5時間遅れている

アパルトヘイト後も格差に悩むアフリカ屈指の経済大国

南アフリカ共和国

Republic of South Africa

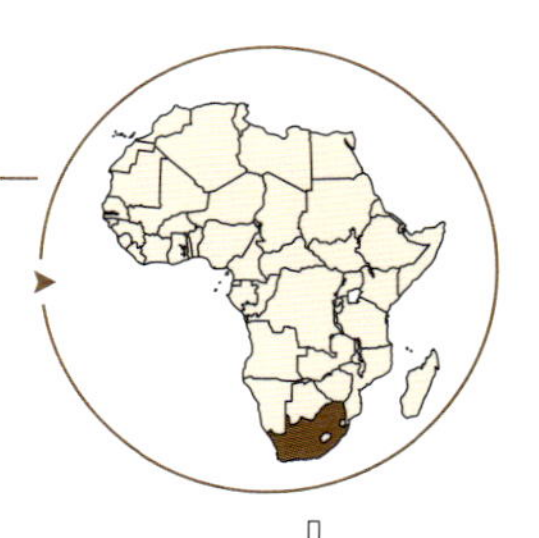

国旗の由来

歴史的に使用されてきた旗のデザインやカラーを取り入れており、6色の意味は各民族によって異なる。

アフリカーンス語でこんにちは

Goeie middag !

（フーイエ ミダッハ）

アフリカ大陸最南端にある。四季のある温暖な地域がほとんどで、年間を通じて晴天が多く、“太陽の国”と呼ばれる。その気候を生かしたワイン造りは有名。国土は山岳地から高原や平野、砂漠まで多様で、自然豊かな野生動植物の宝庫。17世紀半ばにオランダ、19世紀前半から英国の植民地となり、1910年に独立。白人の国として黒人のあらゆる権利を剥奪するアパルトヘイト(人種隔離政策)を推し進めた。1991年に撤廃され、1994年に黒人初の大統領マンデラ率いる民主政権が発足し、アフリカの平和の象徴的国家となった。金、クロム、プラチナ、バナジウム等の豊富な天然資源を有するアフリカの経済大国。

DATA

人口：約5778万人
面積：約122万㎢
首都：プレトリア（行政府）、ケープタウン（立法府）、ブルームフォンテン（司法府）
言語：英語、アフリカーンス語など11の公用語があるが、英語が最も通じる
民族：アフリカ先住民80.9%、ヨーロッパ系7.8%、カラード（混血）8.8%、アジア系2.5%
宗教：キリスト教が86%。ほかイスラム教、ヒンドゥー教、ユダヤ教など
通貨：ランド
時差：日本より7時間遅れている
GNI：US$5720／人

左）ケープタウンのウオーターフロントとテーブル・マウンテン
右）プレトリアのジャカランダ並木

COLUMN

アパルトヘイトと戦った英雄 ネルソン・マンデラ

ノーベル平和賞を受賞したネルソン・マンデラ。コーサ族の首長の子供として生まれたマンデラは、学生時代から反アパルトヘイト運動に関わり、1944年にはアフリカ民族会議（ANC）に入党。武力闘争に踏み切ったことで1962年に逮捕される。以後27年間、ロベン島などの監獄に収監。2007年の映画『マンデラの名もなき看守』では、投獄されてからのマンデラと、彼の担当となった白人看守の交流が描かれている。1990年、ついに釈放され、1994年には黒人初の大統領に就任。アパルトヘイトも完全に撤廃された。

紙幣に描かれたマンデラ

COLUMN

ゴージャスなロッジでサファリ体験

アフリカといえば、動物を求めてサバンナをドライブするサファリが有名。アフリカ随一の豊かさをもつ南アフリカでは、自然に溶け込むゴージャスなロッジに泊まり、サファリを楽しむことができる。また、国立公園のキャンプも公営とは思えないほど設備が充実している。快適にサファリがしたい人にはおすすめだ。

大自然を優雅に楽しむ

上）クルーガー国立公園で出合ったライオン
下）南アフリカワインはコスパがいいと評判

明日誰かに教えたくなる

南アフリカの雑学

▷ 都市の中心部ほど危険!?

ヨハネスブルグなどの大都市は、日本とは逆で、中央駅のある中心部ほど治安が悪い（昼間でも犯罪に遭う確率が高い）。観光客が歩けるのは郊外にある富裕層向けの商業エリアという場合が多い。

▷ 裏返しのピースサインはNG

裏返しのピースサインは侮辱と受け取られるので注意しよう。

▷ 家畜の数は財産に等しい

家畜の数を聞くことは貯金額を聞くことと同じなので、特に地方では気をつけよう。

ヨハネスブルグの中心部

GUIDEBOOK

地球の歩き方
南アフリカ

鉱物資源でアフリカ随一の経済力をもつ

ボツワナ共和国

Republic of Botswana

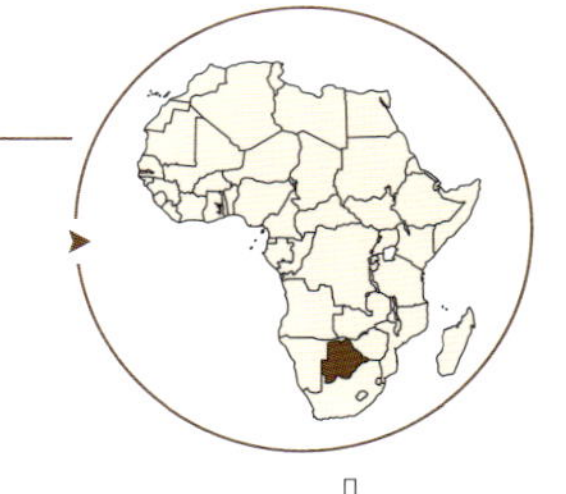

国旗の意味

青は空と水、黒白の縞は人種を超えて平等な社会を築くという決意を表す。

ツワナ語でこんにちは

Dumala !

(ドュメラ)

国土の17%は国立公園や保護区、20%が野生動物の管理地域で、砂漠やデルタ地帯など自然は変化も富んでいる。20以上もの部族が暮らし、文化も多様で豊か。ダイヤモンドなど鉱物資源が豊富で、アフリカ有数の経済力がある。世界一のデルタのオカバンゴ、世界一の塩湖マカディカディ・パン、世界一短いザンビアとの100mの国境の3つの世界一が有名。

DATA

人口:約225万人　面積:約56万7000㎢　首都:ハボロネ　言語:英語、ツワナ語　民族:ツワナ族79%、カランガ族11%、バサルワ族3%ほか　宗教:キリスト教、伝統宗教　通貨:プラ　時差:日本より7時間遅れている　GNI:US$7750/人

左)世界最大の内陸デルタ、オカバンゴ湿地帯
右)首都ハボロネ中心部の近代的なビル

明日誰かに教えたくなる

ボツワナの雑学

▷世界最大のダイヤモンド生産国

1967年にダイヤモンドが発見されて以来、取引額では世界最大の生産国で、国の歳入の約半分を占めている。この恩恵により世界でも有数の高度経済成長を遂げた。

ダイヤモンド鉱山

GUIDEBOOK

地球の歩き方
南アフリカ 収録

インド洋を望むポルトガル風の町並みが美しい

モザンビーク共和国

Republic of Mozambique

国旗の意味

赤は反植民地闘争、緑は大地の豊かさ、黒はアフリカ大陸、黄は鉱物資源、白は平和を象徴。

※主要な土着言語のひとつ

マクア語でこんにちは

Salama !

（サラーマ）

紀元前にはすでにギリシアやローマとの交易があり、以降、インド洋各国の交易拠点として栄え、6世紀にポルトガル植民地化。生活や文化にはそれらの影響が混在する。公用語はポルトガル語だが、40以上の言語がある。1975年の独立後、1992年の和平協定まで20年近く内戦が続いた。以降、政治は安定し経済成長率も高いが、まだまだ貧困を脱し切れていない。

DATA

人口：約2949万人　面積：約79万9000㎢　首都：マプト　言語：ポルトガル語、マクア語などのバントゥー語　民族：マクア、ロムウェ族など約40部族　宗教：キリスト教40%、イスラム教20%、ほか伝統宗教　通貨：メティカル　時差：日本より7時間遅れている　GNI：US$440／人

左）世界遺産に登録されているモザンビーク島
右）伝統的な帆船（バザルト諸島）

明日誰かに教えたくなる

モザンビークの雑学

▷信長の家来はモザンビーク人!?

戦国武将の織田信長の家臣には何と黒人がいた。彼は日本に渡来したイタリア人宣教師が奴隷として連れていたモザンビーク人。弥助と名づけられ、信長によって召し抱えられた。

ペンバで自転車に乗る男性

GUIDEBOOK

地球の歩き方 南アフリカ 収録

オレンジ色に輝くナミブ砂漠が広がる

ナミビア共和国

Republic of Namibia

国旗の意味

太陽は生命とエネルギー、ナミブ砂漠、青は空、大西洋や海洋資源、赤は国民、勇気、未来を築く決意、白は平和と統一、緑は植生と農業資源を象徴。

オシワンボ語でこんにちは

Uhalapo！

（ウハラポ）

1966年から独立戦争が起こり1990年にようやく独立を果たした若い国。国名は主要民族であるサン人の言葉で隠れ家を意味する。世界で2番目に人口密度が低いのは自然状況の厳しさゆえとされる。都市部以外をドライブするとすれ違う車はほとんどない。世界最古のナミブ砂漠で有名で、年間晴天日が300日を超え、澄み切った青空や星空が旅のフロンティアとして注目される。

DATA

人口：約244万8000人　面積：約82万4000㎢　首都：ヴィントフック　言語：英語（公用語）、アフリカーンス語、ドイツ語、オシワンボ語、ほか部族語　民族：オバンボ族、カバンゴ族、ダマラ族、ヘレロ族、白人など　宗教：キリスト教、伝統宗教　通貨：ナミビア・ドル　時差：日本より7時間遅れている　GNI：US$5250／人

左）立ち枯れた木が点在するデッドフレイ（ナミブ砂漠）
右）南部の港町リューデリッツに立つ教会

明日誰かに教えたくなる

ナミビアの雑学

▷ヒンバ族は一生風呂に入らない

ヒンバ族には水を使って体を洗う習慣がない。香草を焚いて香りを付けたり、赤い岩石をつぶした粉末とバターで作ったオーカと呼ばれるものを塗って肌の清潔を保っている。

ヒンバ族の親子

GUIDEBOOK

地球の歩き方
南アフリカ 収録

ビクトリアの滝があるショナ族の国

ジンバブエ共和国

Republic of Zimbabwe

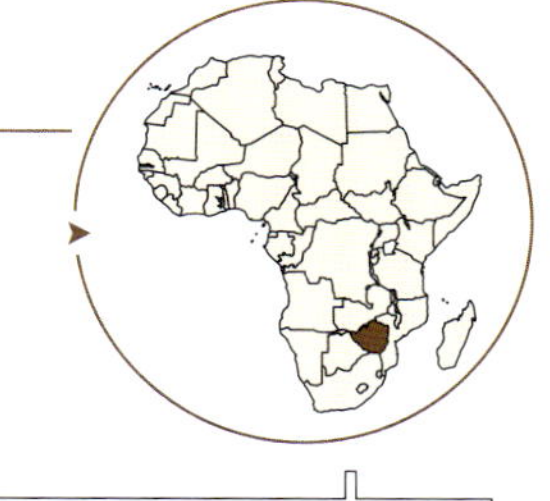

国旗の由来

左に描かれた鳥はグレート・ジンバブエ遺跡で発掘された彫像。

ショナ語でこんにちは

Masikati !

（マスカティ）

国名は現地のショナ語で「石の家」という意味。約900年前に建てられた石造建築大遺跡グレート・ジンバブエが由来だ。野生動物が暮らす森や乾燥地帯、ビクトリアの滝など雄大な自然を残す。アフリカが植民地化していくなか19世紀まで領地を守ったことでも知られる。2017年に失脚するまで独裁したムガベ大統領により、2008年には600%というハイパーインフレが起こった。

DATA

人口：約1444万人　面積：約38万6000㎢　首都：ハラレ　言語：英語、ショナ語、ンデベレ語　民族：アフリカ人（ショナ族、ンデベレ族など）99.4%　宗教：プロテスタント74.8%ほか　通貨：ジンバブエ・ドル　時差：日本より7時間遅れている　GNI：US$1790／人

左）ジンバブエとザンビアの国境にあるビクトリアの滝
右）グレート・ジンバブエ遺跡

明日誰かに教えたくなる

ジンバブエの雑学

▷とんでもない高額紙幣にびっくり！

2008年からハイパーインフレに陥り、2009年には100兆円紙幣なるものも登場。この古いジンバブエ・ドルは価値をなくし、現在は現地でおみやげとして売られている。

旧ジンバブエ・ドル紙幣

GUIDEBOOK

地球の歩き方
南アフリカ 収録

銅を産出する政情の安定した国

ザンビア共和国

Republic of Zambia

国旗の意味

緑は農業、赤は独立闘争、黒はアフリカ人、オレンジは特産の銅、鷲は自由と困難に打ち勝つ能力を象徴。

ニャンジャ語でこんにちは

Muli Bwanji ?

（ムリ ブヮンジ）

国土の大部分は高原で岩場が多く、いくつもの河川が谷を刻む。大自然がよく残され野生動物も多くすむ。隣国ジンバブエとの国境には、巨大なビクトリアの滝がある。国内には73もの部族が暮らすが、独立以来、争いは一度もなく、アフリカで最も平和な国のひとつといわれている。1964年の東京オリンピック開催中に独立し、開会式と閉会式で国旗が変わった。

DATA

人口：約1735万人　面積：約75万2610㎢　首都：ルサカ　言語：英語（公用語）、ベンバ語、ニャンジャ語、トンガ語　民族：トンガ系、ニャンジャ系、ベンバ系、ルンダ系など73部族　宗教：8割近くはキリスト教。ほかイスラム教、ヒンドゥー教、伝統宗教　通貨：クワチャ　時差：日本より7時間遅れている　GNI：US$1430／人

左）伝統的な家が並ぶ昔ながらの村
右）ビクトリアの滝のザンビア側の景色

明日誰かに教えたくなる

ザンビアの雑学

▷4ヵ国の国境が集まる場所がある

カズングラと呼ばれる地区は国境の町として知られるが、なんと川を隔ててザンビア、ジンバブエ、ナミビア、ボツワナの４ヵ国の国境が集まっている。

国境を渡る船

GUIDEBOOK

地球の歩き方
南アフリカ 収録

サファリが人気の古王国

エスワティニ王国

Kingdom of Eswatini

リード(葦)ダンスの様子

南アフリカに囲まれながらもスワジ族の世襲君主による伝統的政治が行われてきた。国王は絶大な権力を握り"アフリカ最後の古王国"と呼ばれる。その象徴として、未婚女性が集まってダンスを踊り、そのなかから王が妻を選ぶ「リードダンス」と呼ばれる儀式がよく知られている。手つかずの自然が残る国立公園が点在し、サファリスポットとしても注目されている。

DATA

人口:約113万人　面積:約1万7000㎢　首都:ムババーネ　言語:英語、スワジ語　民族:スワジ族、ズールー族、ツォンガ族、シャンガーン族　宗教:キリスト教、伝統宗教　通貨:リランゲニ　時差:日本より7時間遅れている　GNI:US$3850／人

スワジ語でこんにちは

Sawubona !

(サウボーナ)

明日誰かに教えたくなる

エスワティニの雑学

▷古い慣習が残っている

牛が神聖視され、女性が牛の頭や舌、足を食べると男性と並ぶ力をもつといわれ禁止されている。

南アフリカに囲まれた"天空の王国"

レソト王国

Kingdom of Lesotho

ソト語でこんにちは

Dumela !

(ドゥメラ)

国名は「ソト族の国」という意味。南アフリカとの国境に立ちはだかるドラケンスバーグ山脈に囲まれ"天空の王国"ともいわれる。アフリカとは思えない、山と谷の壮大な風景が広がり、自然を楽しむポニートレッキングが人気だ。3000m級の山が連なる高地のため、冬には降雪もあり、バソトブランケットという毛布が伝統衣装。

DATA

人口:約210万人　面積:約3万㎢　首都:マセル　言語:英語とソト語が公用語　民族:おもにソト族　宗教:大部分がキリスト教　通貨:ロティ　時差:日本より7時間遅れている　GNI:US$1380／人

<イギリス海外領土>

※セントヘレナの旗

アフリカの西に浮かぶ絶海の孤島群

セントヘレナ・アセンション及びトリスタンダクーニャ

Saint Helena, Ascension and Tristan da Cunha

英語でこんにちは

Hello !

(ハロー)

大西洋の絶海のふたつの孤島と、小さな諸島群でなる。セントヘレナ島はナポレオンが最期を過ごした地で、2017年に空港ができるまでは、南アフリカのケープタウンから3週間に一度の船で5日かかった。トリスタンダクーニャ島は現在も世界でいちばん孤立した有人島としてギネス認定されている。

DATA

人口:約7862人　面積:約394㎢　主都:ジェームズタウン　言語:英語　民族:アフリカ系50%、白人25%、中国系25%　宗教:おもにキリスト教　通貨:イギリス・ポンド、セントヘレナ・ポンド　時差:日本より9時間遅れている

Oceania

大洋州

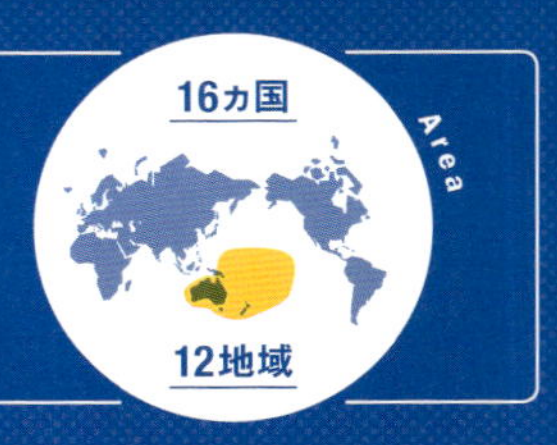

オーストラリア、ニュージーランド、そして南太平洋に散らばる島々からなる。オーストラリア以外の島々は、文化的に北マリアナ諸島やマーシャル諸島などのミクロネシア、フィジー、パプアニューギニアなどのメラネシア、サモアやトンガ、仏領ポリネシアなどのポリネシアに分類される。

地域共同体

APEC（エイペック）■ Asia Pacific Economic Cooperation
（アジア太平洋経済協力）

21の国と地域が参加する経済協力の枠組み。より開放的な自由貿易圏を作ることを目指す。日本の呼びかけ、オーストラリアの提唱で発足した。

〈参加国〉オーストラリア、日本、フィリピン、ブルネイ、アメリカ、シンガポール、カナダ、マレーシア、タイ、インドネシア、ニュージーランド、韓国、台湾、中国、香港、メキシコ、パプアニューギニア、チリ、ペルー、ロシア、ベトナム

地域共同体

PIF ■ Pacific Island Forum

（太平洋諸島フォーラム）

太平洋にあるほとんどすべての国と地域が参加（16ヵ国、2地域）。もともとフランスの核実験などに反対して結成されたもの。旧宗主国主導の南太平洋委員会（→右記）に対して、主体性の堅持と結束強化を目的としている。本部はフィジーのスバ。

〈参加国〉オーストラリア、ニュージーランド、パプアニューギニア、フィジー、サモア、ソロモン諸島、バヌアツ、トンガ、ナウル、キリバス、ツバル、ミクロネシア連邦、マーシャル諸島、パラオ、クック諸島、ニウエ、仏領ポリネシア、ニューカレドニア

SPC ■ Pacific Community

（太平洋共同体）

南太平洋に植民地をもつイギリス、フランス、オランダ、オーストラリア、ニュージーランドが、1947年に創設した南太平洋委員会を拡大。科学、技術分野で主導的な役割を果たしている。本部はニューカレドニアのヌメア。

〈参加国〉アメリカ、フランス、オーストラリア、ニュージーランド、ミクロネシア連邦、マーシャル諸島、パラオ、グアム、北マリアナ諸島、ナウル、キリバス、ツバル、パプアニューギニア、ソロモン諸島、バヌアツ、ニューカレドニア、フィジー、トンガ、ウォリス&フトゥナ、トケラウ、サモア、米領サモア、ニウエ、クック諸島、仏領ポリネシア、ピトケアン諸島

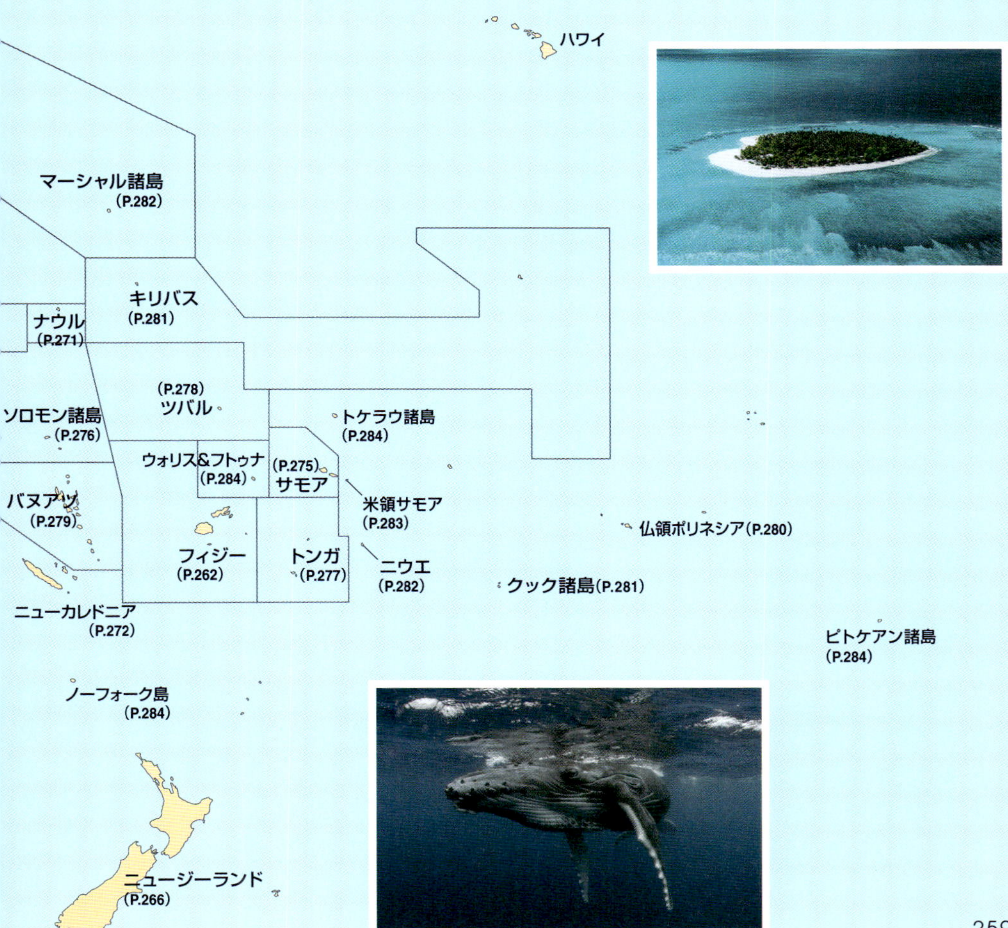

世界6大陸のひとつ

オーストラリア連邦

Australia

国旗の意味

左上はユニオンジャック。白い星は左が「連邦の星」、右は南十字星。

英語でこんにちは

Hello !

（ハロー）

日本の約22倍もの面積をもつ大陸がひとつの国。広大ゆえ、過ごしやすい温帯や亜熱帯もあれば、熱帯から砂漠まで気候は変化に富んでいて、自然もそれぞれに異なる。独立した大陸のため特有の生態系をもち、コアラやカンガルーなどは有名。南半球なので季節は日本とは逆。クリスマスに真夏の海をサンタクロースがサーフィンで現れるビジュアルに代表される。200以上の国籍の人々が暮らしているとされ、多様な文化が共存する国でもある。19世紀後半から 20世紀半ばまでの白人最優先の白豪主義により、アボリジニや有色人種への迫害もあったが、現在は移民も多い。

DATA

人口：約2499万人
面積：約769万2024㎢
首都：キャンベラ
言語：英語
民族：オーストラリア人25.4%、イギリス系25.9%、アイルランド系7.5%、スコットランド系6.4%、イタリア系3.3%、ドイツ系3.2%、中国系3.1%、インド系1.4%、ギリシア系1.4%、オランダ系1.2%、原住民0.5%
宗教：キリスト教52%、無宗教30%
通貨：オーストラリア・ドル
時差：日本より1時間進んでいる（キャンベラ。ほか3つのタイムゾーンがあり、エリアによってはサマータイムも導入されている）
GNI：US$5万3190／人

2019年に登山禁止となったアボリジニの聖地ウルル

COLUMN

独自の世界観をもつ先住民族 アボリジニ

4万年以上も前からオーストラリアで暮らしていたというアボリジニの人々。多くの部族に分かれ、それぞれ一定の範囲内で狩猟、採集をしながら洞窟で暮らしていた。「ドリーミング」と呼ばれる独自の世界観をもち、神話の時代から存在する精霊が自然界のすべてを創造し、生きるものすべての祖先であるという信仰をもっている。歌や踊り、絵画などを通してそれを表現するが、これは現在のアートシーンにおいても世界的に注目されている。18世紀後半にイギリスの植民地支配が本格化すると、白人によりひどい迫害を受け、人口も激減。1967年にようやく国民として認められた。

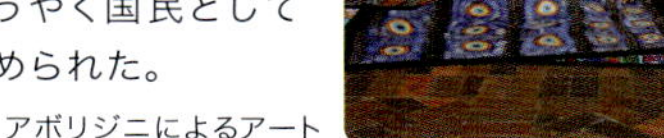

アボリジニによるアート

COLUMN

希少種の宝庫 タスマニア島

オーストラリアの州のひとつであるタスマニア島は独特の自然や動植物が魅力。世界遺産に登録されている「タスマニア原生地域」には、タスマニアンデビルやウォンバット、カモノハシなど希少動物が生息している。ほかにも国内最大の流刑植民地があったポート・アーサーやワイングラス・ベイなど見どころが多い。

かわいらしいカモノハシ

シドニーのシンボル、オペラハウス

明日誰かに教えたくなる

オーストラリアの雑学

▷水道水にフッ素が入っている

オーストラリアではほとんどの地域の水道にフッ素が添加されている。虫歯予防のために水道業者がフッ素を添加することを認めているのだという。フッ素は歯にはいいといわれているが、大量に摂取すると人体に悪影響を及ぼすことでも知られている。

水道を避ける人もいる

▷大陸が毎年北へ7cm移動している

プレートは本来わずかに動いているものだが、オーストラリアプレートは最も動きが速いといわれ、1994年から22年間で北方向へ1.5mも移動した。

GUIDEBOOK

地球の歩き方
オーストラリア

素朴で幸せな人々が暮らすリゾート大国

フィジー共和国

Republic of Fiji

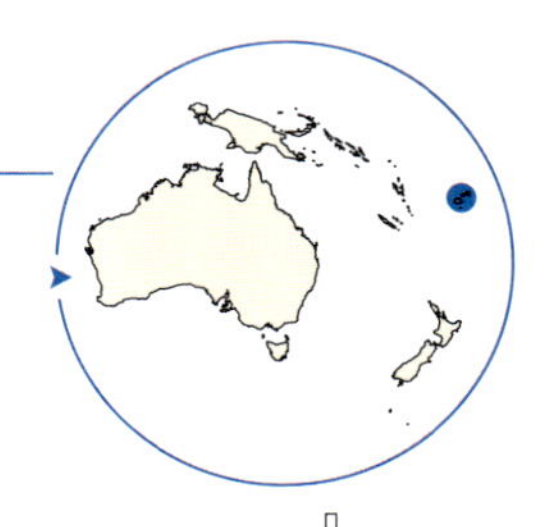

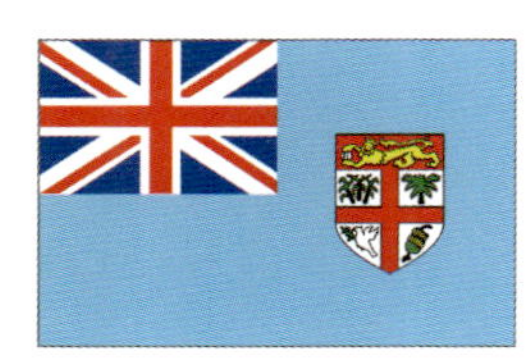

国旗の意味

左上はユニオン・ジャック。右の紋章はイギリス王室を示すライオンの下にフィジー諸島を象徴するヤシの木、サトウキビ、バナナ、オリーブをくわえたハトが配されている。

フィジー語でこんにちは

Bula !

（ブラ）

約330もの島々で構成される国。南太平洋のほぼど真ん中に位置し、メラネシアながらポリネシアの影響も見られ、現在も交通の要衝であること、周辺島嶼諸国の政治的、経済的なリーダーでもあることから"南太平洋の十字路"と呼ばれる。国民は先住フィジー人と、イギリス植民地時代に渡ったインド系住民が主要民族。その軋轢からクーデターも経験しているが、少しずつ融和が進んでいる。19世紀からサトウキビ栽培が行われており、今も労働力の4分の1を雇用している。近年は美しい海を生かした観光業が盛ん。ラグビーの強豪国であり、特に7人制では世界をリードし続けている。

DATA

人口：約89万人
面積：約1万8270㎢
首都：スバ
言語：英語（公用語）、フィジー語、ヒンディー語
民族：フィジー系57%、インド系38%ほか
宗教：キリスト教52.9%、ヒンドゥー教38.2%、イスラム教7.8%
通貨：フィジー・ドル
時差：日本より3時間進んでいる（サマータイムあり）
GNI：US$5860／人

本島沖に浮かぶママヌザ諸島のリゾート

COLUMN

世界有数のリゾート大国

フィジーといえば、やはりリゾート。美しい珊瑚礁に囲まれた島々に、個性豊かなリゾートが点在している。欧米系ホテルグループの大規模なものから小さな隠れ家リゾートまで。世界広しといえども、ここまでバリエーション豊富に揃っているのはフィジーだけだ。なかには1泊60万円という超高級リゾートもある。成熟したリゾートパラダイスで最高の休日を過ごしたい。また、ホテルで楽しそうに働くフィジアンとの触れ合いも旅の楽しみ。“世界で一番幸福な国”に暮らす彼らと過ごして、幸福になるためのヒントを探してみよう。

離島のほうが海はきれい

COLUMN

フィジー人とインド人

フィジーについてまず驚くのがインド人の多さ。その数は全人口の38%にも上る。彼らが来島したのはサトウキビプランテーションで働くため。労働力として同じイギリス植民地のインドから多くの人々が来島したのが始まりだ。今では政治・経済の中枢を握るなど、フィジー人を脅かす影響力をもつ。

ナンディにあるヒンドゥー教寺院

フィジーの人々はいつも笑顔で迎えてくれる

明日誰かに教えたくなる

フィジーの雑学

▷独特の共有文化「ケレケレ」

フィジーのキーワードのひとつにケレケレという言葉がある。「分け合う、共有する」などの意味で、要は助け合いの精神。日用品はもちろん、なんと家族まで共有するというから驚き。別の家族が産んだ子供を育てることもよくある。

▷村に入るときは帽子を脱いで

伝統的な村におじゃまするとき、帽子は必ず脱がなければならない。フィジーの習慣では村の長だけが帽子をかぶることを許されている。昔ながらの村を訪れるときは注意しよう。

伝統的なフィジー人の村

GUIDEBOOK

地球の歩き方
フィジー

<アメリカ海外領土>

日本から一番近いアメリカ

グアム

Guam

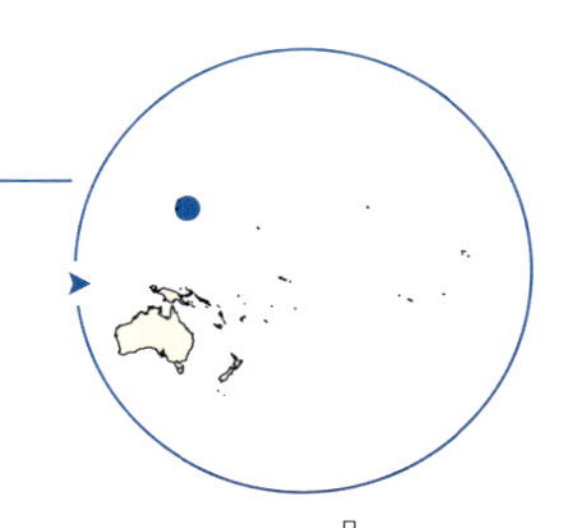

旗の意味

米海軍の将校夫人であるヘレン・ポールのスケッチを元にデザインされたもの。恋人岬と海を背景に椰子の木、カヌーが描かれている。

チャモロ語でこんにちは

Hafa Adai !

（ハファ ダイ）

太平洋にあるアメリカの海外領土。米軍の島として知られ、基地が土地の約34%も占める。人口の半数はミクロネシア系先住民のチャモロ人。独自の言語チャモロ語をもつが、単語の多くは植民地時代のスペイン語由来。一時日本軍が占領統治したため、白菜をナッパと呼ぶなど日本語由来の単語もある。飛行機で3〜4時間で行ける海外として、1960年代から多くの日本人が訪れていたが、1990年代をピークに減少。韓国、台湾、中国からの観光客が増えた。しかし、海の美しさや近さで再注目されている。観光施設はタモン地区に集中し、ホテル、レストラン、免税店やショップがコンパクトにまとまっているのも魅力。

DATA

人口：約16万8485人
面積：約544㎢
主都：ハガニア
言語：英語とチャモロ語が公用語
民族：チャモロ人37.3%、フィリピン系26.3、白人7.1%、チューク人7%、そのほかの太平洋諸島人2%、中国系1.6%、パラオ人1.6%、日本人1.5%、そのほかのアジア系2%、ポンペイ人1.4%、混血9.4%ほか
宗教：カトリック85%ほか
通貨：アメリカ・ドル
時差：日本より1時間進んでいる

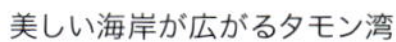

美しい海岸が広がるタモン湾

COLUMN

フィリピン人が多いのはなぜ?

グアムの人口の約4分の1はフィリピン人。町ではさまざまなフィリピン文化に出合うことになる。なぜグアムにフィリピン人がいるのか？その歴史は戦前にまで遡る。グアムとフィリピンはかつて同じスペインの統治下で宗教や風習などを共有し、この頃からすでにフィリピン人の移住者がいたという。1899年の米西戦争で両国の支配権はスペインからアメリカへと移り、フィリピンで反米運動が起こると、アメリカは忠誠を誓わないフィリピン人をグアム島に送り込んだ。町にはフィリピン料理レストランも多く、いわゆるチャモロ料理と呼ばれるもののなかにはフィリピン料理の影響を受けたものもある。2019年にはフィリピンで絶大なる人気を誇るファストフード「ジョリビー」が初出店し、大きな話題となった。

COLUMN

暮らしながら楽しむ旅

グアムで楽しめることといえば、きれいなビーチで遊ぶ、モールやアウトレットでのショッピング、アメリカングルメを味わうなどがあるが、近年は、キッチン、洗濯機、ジムなどを完備した高級コンドミニアムを借りて、暮らすように滞在するスタイルも人気。大人数でシェアすればお得に利用できる。

暮らすように過ごしたい

カラバオ(水牛)とチャモロの男性

明日誰かに教えたくなる

グアムの雑学

▷ニホンウナギはグアム生まれ

ニホンウナギの産卵場所は長らく謎だったが、長年の研究でグアムやマリアナ諸島の西側沖であることが判明した。ちなみにニホンウナギは絶滅危惧種に指定されている。

▷終戦を知らずに28年間ジャングルに潜伏

1972年、グアムから帰国した横井庄一さんの姿に日本は騒然となった。終戦を知らず、なんと28年間もジャングルに潜伏していたという。帰国時の発言をもとに生まれた「恥ずかしながら帰って参りました」はその年の流行語となり、特別報道番組は高視聴率を記録した。

第2次世界大戦で使われた日本軍の航空機関銃

GUIDEBOOK

地球の歩き方
グアム

先住民マオリが暮らす自然保護先進国

ニュージーランド

New Zealand

国旗の意味

左上は英連邦加盟国であることを示すユニオンジャック。4つの星は南十字星。

マオリ語でこんにちは

Kia ora !

（キアオラ）

南半球に浮かぶ北島と南島の主島と、周辺の小さな島々で構成される。原生林が豊かな山々や活火山、深いフィヨルドなどの変化に富んだ海岸線と、多様な大自然で知られ、14もの国立公園がある。約1000年前に南太平洋のポリネシアから、マオリ族がカヌーで来て最初に定住したとされ、その後1769年にイギリス人航海者ジェームス・クックが訪れたのをきっかけに、西洋人が移り住むようになった。1907年にイギリス連邦内自治領として独立。国民は自らをキウイと呼び、マイペースに暮らしを楽しむ傾向がある。自己主義的でありながら、もてなしは大切にし、キウイ・ホスピタリティと呼ばれる。

DATA

人口：約495万人
面積：約27万534㎢
首都：ウェリントン
言語：英語、マオリ語、手話（2006年以降）
民族：ヨーロッパ系74％、マオリ系14.9％、太平洋島嶼国系7.4％、アジア系11.8％ほか
宗教：キリスト教53.5％、無宗教26％ほか
通貨：ニュージーランド・ドル
時差：日本より3時間進んでいる（サマータイムあり。チャタム島は本土+45分）
GNI：US$4万820／人

人間よりも羊の数のほうが多い

COLUMN

世界遺産の絶景 ミルフォード・サウンド

南島の南端近くに位置するミルフォード・サウンドは、気の遠くなるような時間をかけ、氷河の活動が大地を削って生まれたフィヨルドだ。15kmもの奥行きがあり、両岸は1200mを超える断崖。波静かな海面に映し出されるその緑の岩肌はとても美しい。1年の3分の2は雨が降り、それによって出現する海に落ちる幾筋もの滝はカスケードと呼ばれ、なかには1000mを超えるものもある。岩肌を脆くし、木々を巻き込んで海へと崩れる光景は日常のもの。それでも緑が失われないのは、一般的な森の再生速度の何倍も速いためだという。

ミルフォード・サウンドのフィヨルド

COLUMN

ラグビーのニュージーランド代表チーム

ニュージーランド代表チームは"オールブラックス"の異名をもつ世界ランキング第2位(2020)の強豪。ワールドカップでは世界最多タイの3度の優勝を経験し、試合前に踊るマオリの伝統舞踊「ハカ」の力強いダンスが有名だ。ハカを先導するリードの役は伝統的にマオリ族の血筋を引く選手が行っている。

マオリ族のハカ

ニュージーランドの国鳥に定められているキウイ

明日誰かに教えたくなる

ニュージーランドの雑学

▷ 全85文字の長い地名がある

北島にある丘はギネスブックにも載る世界で一番長い地名をもつ。その名も「Taumatawhakatangihangakoauauotamateaturipukakapikimaungahoronukupokaiwhenuakitanatahu」。略して「タウマタ」と呼ばれている。マオリ語で「タマテアという、大きなひざをもち、山々を登り、陸地を飲み込むように旅歩く男が、愛する者のために鼻笛を吹いた頂 」という意味。

▷ 川に人格を認める法案を可決

2017年、ニュージーランド議会はマオリ族が崇拝するワンガヌイ川に法律上の人格を与える法案を可決した。マオリ族は1870年代から川をめぐる権利を主張していた。

GUIDEBOOK

地球の歩き方
ニュージーランド

伝統的な部族社会が残る多民族国家

パプアニューギニア独立国

Independent State of Papua New Guinea

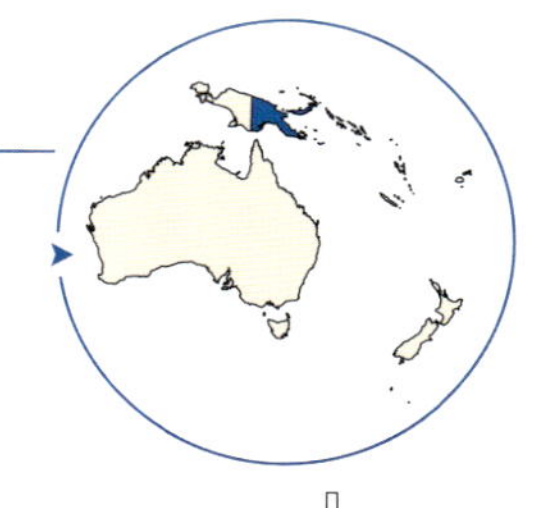

国旗の意味

赤と黒は伝統的に使用されてきた色。左下には南十字星、右上には国鳥の極楽鳥が描かれている。

トク・ピシン語でこんにちは

Apinun !

（アピヌン）

ニューギニア島の東半分（西はインドネシア領）と、周辺の大小700の島からなる。住民はメラネシア系がほとんどだが、本島内は標高4000mを超える山脈が東西に縦断しており、長い間交流もなかった。そのため各地が独自の文化をもち、部族の言語は800もあるとされる。開発が困難な地形は豊かな生態系も残し、熱帯雨林の中には9000種の植物、250種の動物、700種の鳥が暮らす。海の自然もほぼ手つかずで、2000種もの魚や海洋動物がいるとされている。第2次世界大戦の日本軍の激戦地のひとつ。原油・天然ガス生産には日本も開発にたずさわり、経済の押し上げが図られている。

DATA

人口：約861万人
面積：約46万㎢
首都：ポートモレスビー
言語：英語（公用語）、トク・ピシン語、モツ語など
民族：メラネシア系、パプア系、ネグリト系、ミクロネシア系、ポリネシア系など
宗教：プロテスタント64.3%、カトリック26%、そのほかのキリスト教5.3%、キリスト教以外1.4%ほか
通貨：キナ
時差：日本より1時間進んでいる
GNI：US$2530／人

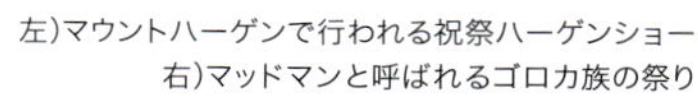

左）マウントハーゲンで行われる祝祭ハーゲンショー
右）マッドマンと呼ばれるゴロカ族の祭り

COLUMN

奇妙で魅力的な少数部族

各地に残る少数部族の数は800以上にのぼるといわれているが、ひときわユニークなのがマッドマン。その独特のマスクはアサロ渓谷に住む部族が泥を塗って別の部族に戦いを挑んだ際、相手が亡霊と間違えて逃げたことが起源。ニューブリテン島のトーライ族は、トゥブアンと呼ばれる奇妙な姿をした精霊の被り物で知られる。ほかにもさまざまな部族がおり、彼らの伝統文化に触れたいなら彼らの祭りに参加するのがおすすめ。マウントハーゲンで行われるハーゲンショー、イーストニューブリテン島のマスク文化が見られるマスクフェスティバルなどが有名。

カラフルなペイントをするフリ族の男性

COLUMN

知る人ぞ知るダイビング天国

パプアニューギニアは知る人ぞ知るダイビング天国。500種以上のサンゴが生息する"コーラルトライアングル"の中心に位置している。サンゴが生きいきしており、バラエティ豊かな海洋生物が見られるのが特徴だ。拠点となる町はマダンやトゥフィ、キンベ、ポートモレスビー、ラバウルなど。世界中のダイバーから熱い視線を浴びている。

スクーバダイビングの聖地

ヒクイドリ。鳥もカラフルだ

明日誰かに教えたくなる

パプアニューギニアの雑学

ワタム村で出会った親子

▷パプアは「縮れ毛」という意味

パプアはマレー語で「縮れ毛」を意味し、ニューギニアはアフリカのギニア(国)の人々に似ているということからつけられたといわれている。ちなみに縮れ毛とつけたのはポルトガル人。政府ではこの名前で本当によいのかという議論がなされたという。

▷魔女狩りが横行!?

隔絶された部族社会には黒魔術の風習が残っており、さまざまな事件を魔女の黒魔術のせいにして、女性が暴行を受けるという事件が多発している。2013年までは、黒魔術を理由とした暴力や殺人の場合は刑を軽減するという「黒魔術法」なるものもあった。

アメリカと自由連合協定を結ぶ

ミクロネシア連邦

Federated States of Micronesia

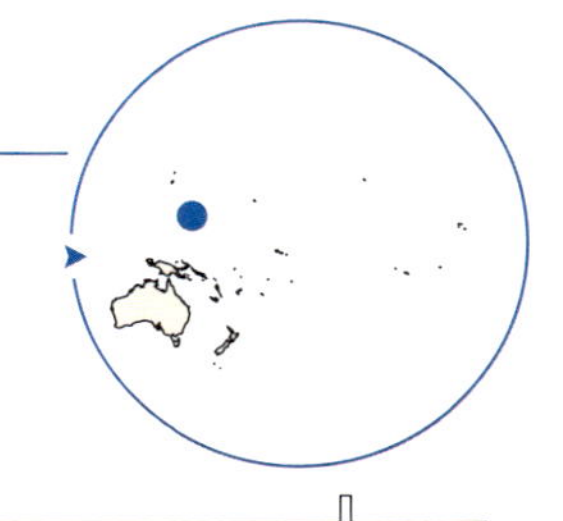

星は4つの州と南十字座を表す。青は太平洋の海と信託統治領だった国際連合旗の青を表している。

チューク語でこんにちは

Ran allim !

（ラランニム）

赤道に沿った広大な海域に散らばる607の島々と環礁からなる。西から東へヤップ、チューク、ポンペイ、コスラエと、独自の自治権をもつ4つの州がある。それぞれに独特の自然環境、固有の文化があり、8つの言語が使われている。1986年にアメリカの信託統治から独立。現在も国家予算の約5割がアメリカからの援助だが、漁業、農業、観光での自立経済を模索している。

DATA

人口：約11万2640人　面積：約700万㎢　首都：パリキール　言語：英語のほか現地の8言語　民族：ミクロネシア系　宗教：キリスト教　通貨：アメリカ・ドル　時差：日本より1時間進んでいる（ポンペイ州、コスラエ州は−1時間）　GNI：US$3580／人

左）第2次世界大戦時に沈んだ日本軍の飛行機
右）ポンペイ島にあるナンマドール遺跡

明日誰かに教えたくなる

ミクロネシアの雑学

▷巨大な石の貨幣が使用されていた

ヤップ島では石の貨幣「石貨」が使用されていた。大きさは小さくても直径30cmはあり、大きいものでは直径3mにも及ぶ。1931年まで実際に製造されていたという。通常、儀礼での贈答品として用いられていた。

石貨が転がる昔ながらの村

リン鉱石による富に揺れたミニ国家

ナウル共和国

Republic of Nauru

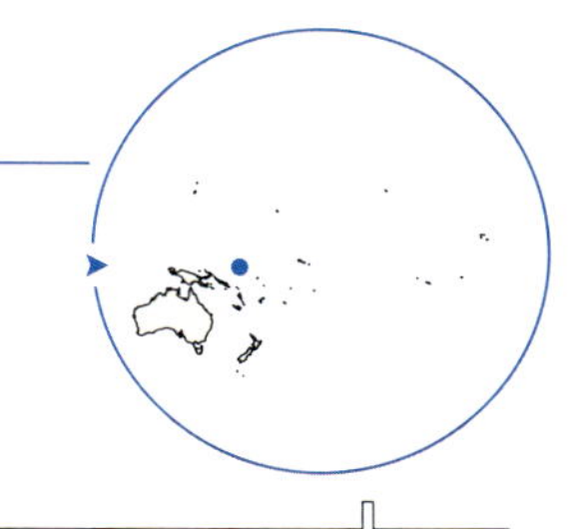

国旗の意味

青は太平洋、黄色は赤道、白い星は12の部族を表す。

ナウル語でこんにちは

Ekamowir omo !

（エカモウィール オモ）

品川区ほどの小さな孤島。19世紀の植民地下に島全体がリン鉱石であることが判明。1968年の独立後は大規模な採掘を続け、その莫大な収入で1980年代にはGNPが世界トップに。税金はなく、生活費や家屋まで支給された。しかし、枯渇により1990年代後半から経済が破綻、オーストラリアの不法入国者を受け入れ見返りに経済援助を受けていたことが問題になった。

DATA

人口：約1万3000人　面積：約21.1万㎢　首都：ヤレン　言語：英語、ナウル語　民族：ミクロネシア系　宗教：キリスト教　通貨：オーストラリア・ドル　時差：日本より3時間進んでいる　GNI：US$1万1240／人

左）ナウル航空の機体
右）リン鉱石採掘の痕跡が残る

明日誰かに教えたくなる

ナウルの雑学

▷ 世界で3番目に小さな国&肥満度が世界一

ナウルはモナコ、バチカンに次いで世界で3番目に小さな国でミニ国家とも呼ばれている。また、肥満度を示すボディマス指数（体重と身長の関係から算出される体格指数）は世界一高く、国民の60～70%が肥満、30～40%が糖尿病という憂慮すべき事態になっている。

島の東にあるアニバレの小さな港

<フランス海外領土>

フランスの香り漂う天国にいちばん近い島

ニューカレドニア

New Caledonia

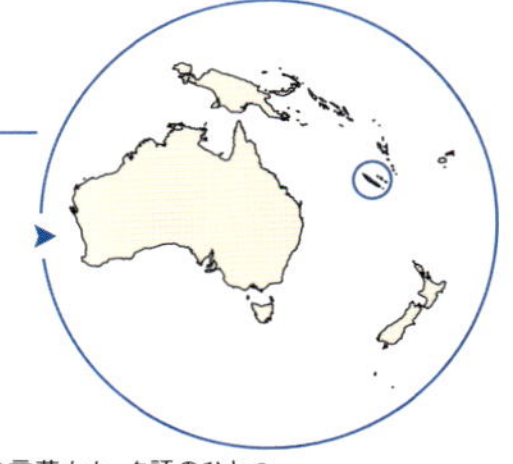

旗の意味

黄色の太陽のなかには伝統家屋に施される装飾。青は空と太平洋、赤は独立運動で流された血、緑は自然を表す。

※原住民の言葉カナック語のひとつ

ドレウ語でこんにちは

Bozu !

（ボズ）

天国にいちばん近い島と呼ばれ、人気のビーチリゾート。世界のニッケル埋蔵量の4分の1を有する主島グランドテールのほか、大小数十の島で構成される。島の周りには世界最大規模の珊瑚礁が広がっている。フランスの海外領土だが独立運動はあり、たびたび住民投票が行われ、現在のところフランスに残留。中心都市ヌメアには南太平洋のプチ・パリの愛称がある。

DATA

人口：約29万人　面積：約1万8575㎢　主都：ヌメア　言語：フランス語（公用語）、ほか33のカナック（先住民族）語　民族：カナック39.1%、ヨーロッパ系27.1%、ウォリス&フトゥナ人8.2%ほか　宗教：キリスト教90%ほか　通貨：CFPフラン　時差：日本より2時間進んでいる

左）ナンヨウスギが茂る離島イルデパンの入江
右）高台から見たヌメアの町並み

明日誰かに教えたくなる

ニューカレドニアの雑学

▷ハート型のマングローブ林がある

グランドテール東北部、ボーと呼ばれる町の近くにハート型のマングローブ林がある。塩分を含んだ土壌が固まり、そこに植物が生育し、ハート型になったといわれている。

遊覧飛行で見ることができる

GUIDEBOOK

地球の歩き方
ニューカレドニア

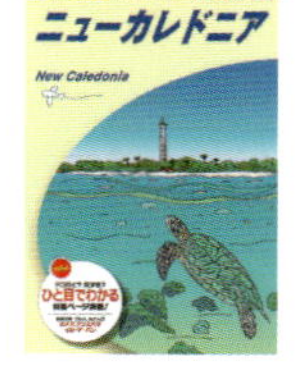

<アメリカ自治領>

日本人に人気の南洋のビーチリゾート

北マリアナ諸島自治連邦区

Commonwealth of the Northern Mariana Islands

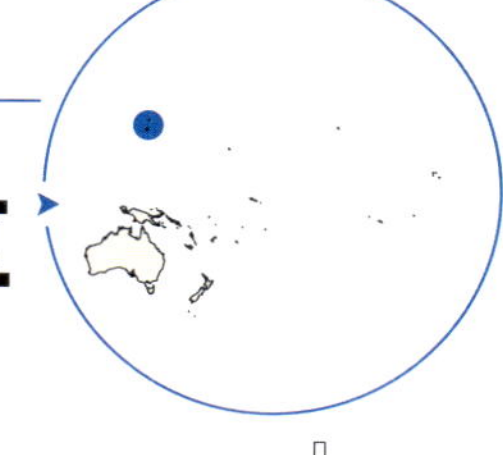

旗の由来

ブルー地の中心にグレーのタガ(ラッテ)ストーンと白い星が描かれ、その周りにリースが施されている。

チャモロ語でこんにちは

Hafa Adai !

(ハファ ダイ)

マリアナ諸島のうちのグアム島を除いた14の島々からなり、サイパン島はビーチリゾートとして有名。アメリカ領土の自治領で、住民はアメリカの市民権を有す。主産業は観光で日本人観光客がメインだが、収益性の悪さで日本との航空便が減少から廃止へ進み、経済は大きく落ち込んだ。韓国や中国へマーケットを移したが停滞、2019年復活の成田〜サイパン便に期待が大きい。

DATA

人口:約5万1433人　面積:464㎢　主都:サイパン島ススペ(事実上キャピトル・ヒル)　言語:チャモロ語(公用語)、タガログ語、英語、そのほかの太平洋諸島の言葉など　民族:チャモロを含む太平洋諸島人34.9%、アジア系50%ほか　宗教:キリスト教(カトリックがほとんど)　通貨:アメリカ・ドル　時差:日本より1時間進んでいる

左)サイパン沖に浮かぶマニャガハ島
右)第2次世界大戦時、日本人が自決したサイパン島のバンザイクリフ

明日誰かに教えたくなる

北マリアナ諸島の雑学

▷平均気温が年間を通して変わらない

北マリアナの平均気温は年間を通してほぼ変わらないことで知られる。ギネスブックにも世界で最も気温の変わらない地域として認定されている。

サイパンのマイクロビーチ

GUIDEBOOK

地球の歩き方
サイパン ロタ & テニアン

かつて日本の統治下にあった南洋の島々

パラオ共和国

Republic of Palau

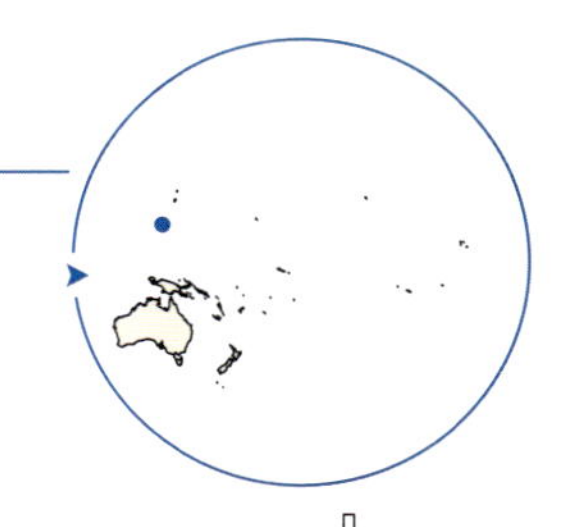

国旗の由来

珊瑚礁の海を表す青地に満月という簡素なデザインは、平和と静寂、そして海の豊かさを表す。満月は旗の中央よりやや左寄り。

パラオ語でこんにちは

Alii！

（アリー）

日本の南、約3000kmの洋上に浮かぶ約200の熱帯の島々からなるが、有人島はわずか9島。第2次世界大戦後は国連委託によりアメリカの信託統治下にあったが、1994年に世界の信託統治領として最後の独立をした。アメリカからの無償援助でGDPは高いが、脱却のため美しい海を資源に観光に力を入れている。親日的で、日本軍の戦跡もあることから日本への期待も大きい。

DATA

人口：約1万7907人　面積：約488㎢　首都：マルキョク　言語：パラオ語、英語　民族：パラオ人（ミクロネシア系）73%、カロライナ人2%、アジア人21.7%、白人1.2%ほか　宗教：キリスト教80.2%、モデクゲイ5.7%、イスラム教3%ほか　通貨：アメリカ・ドル　時差：日本との時差はない

左）世界遺産に登録されているロックアイランド
右）第2次世界大戦時の痕跡が残る

明日誰かに教えたくなる

パラオの雑学

▷パラオ語の2割は日本語由来

パラオはかつて日本の委任統治領だった。日本語教育が行われ、現在でも日本語を話す年配の方がいる。日本語がパラオ語の一部として現在でも使われており、アジダイジョウブ（おいしい）、ツカレナオース（ビールを飲む）などがある。

GUIDEBOOK

地球の歩き方 Resort Style パラオ

ポリネシアの伝統を色濃く残す

サモア独立国

Independent State of Samoa

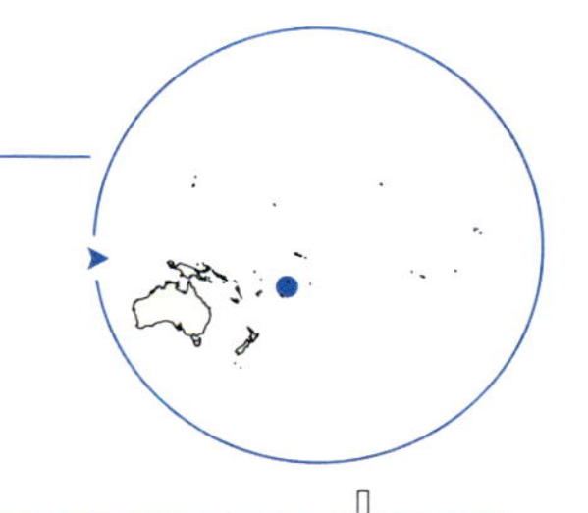

国旗の意味

赤は忠誠と勇気、白は純潔、青は愛国心を表す。星は南十字星。

サモア語でこんにちは

Talofa !

(タロファ)

南太平洋上に浮かぶ大小9つの島からなる。東側のアメリカ領と合わせ、ひとつのサモア諸島だったが1899年に分断された。紀元前1000年頃には人が暮らしていたとされ、ポリネシアの島々でも歴史が古い。多くは火山性の島で、峰々を熱帯の深い緑が覆い、周囲を青い珊瑚礁が囲む。小説『宝島』で知られる英国人作家ロバート・ルイス・スティーヴンソンが晩年を過ごした。

DATA

人口:約20万人　面積:約2830㎢　首都:アピア　言語:サモア語、英語が公用語　民族:サモア人90%、ほか欧州系混血、メラネシア系、中国系、欧州系など　宗教:キリスト教(カトリック、メソジスト、モルモン教など)　通貨:タラ　時差:日本より4時間進んでいる(サマータイムあり)　GNI:US$4190/人

左)美しいビーチが点在する
右)トゥ・スア・オーシャン・トレンチと呼ばれる天然のプール

明日誰かに教えたくなる

サモアの雑学

▷ 知らない人のひざの上にのる

バスが満員のとき、サモアでは座っている人のひざの上にのっていくのが習慣。一応断るが、知らない人のひざでも特に気にしない。のんびりした南国サモアならではの光景だ。体の大きな人が乗ってきたら、体の小さな人が席を譲って大きな人のひざに座る。

外見もかわいらしいバス

ユダヤの賢王の名を冠した群島国家

ソロモン諸島

Solomon Islands

国旗の意味

星は制定時の5つの地方、青は空と海、黄は太陽と砂浜、緑は豊かな国土を象徴。

ピジン語でこんにちは

Halo !

（ハロ）

南太平洋のパプアニューギニア東側に列をなす大小1000を超える島々からなる。住民の9割以上がメラネシア系だが、87ともいわれる異なる言語を使用し、島や氏族によるアイデンティティが大きく異なり、19世紀後半にイギリス領の植民地の行政区分にまとめられるまで単一の国家だったことはなかった。そのため一体化が大きな課題。美しい海は今後の観光資源として注目される。

DATA

人口：約65万人　面積：約2万8900㎢　首都：ホニアラ　言語：英語、ピジン語が公用語　民族：メラネシア系94%、ほかポリネシア系、ミクロネシア系、ヨーロッパ系、中国系　宗教：キリスト教　通貨：ソロモン・ドル　時差：日本より2時間進んでいる　GNI：US$2000／人

左）サンタ・アナ島の伝統衣装を着て旅行者を歓迎する人々　右）第2次世界大戦時の沈船を見ることのできるダイビングスポットが多い

明日誰かに教えたくなる

ソロモン諸島の雑学

▷貝のお金が使われている

昔から貝を加工したお金「貝貨（シェルマネー）」が使われていたが、現在でも結納など冠婚葬祭の機会に使用されている。貝をそのまま使うわけではなく、同じサイズの小さな断片に加工して穴をあけ、ひもを通してまとめたものを使用する。装飾品としても使われる。

シェルマネーを作る女性たち

南太平洋で唯一独立を守った伝統の王国

トンガ王国

Kingdom of Tonga

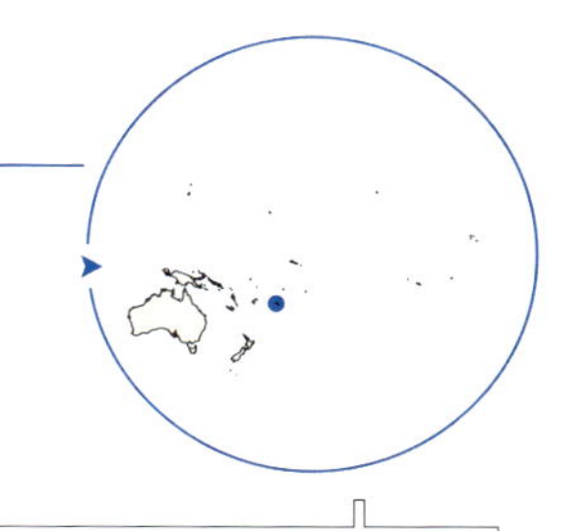

国旗の意味

左上の赤い十字架は信仰を、白は純潔を、赤はキリストの聖なる血を表している。

トンガ語でこんにちは

Malo e lelei !

（マロエレレイ）

南太平洋の約170の島からなる。立憲君主制で国王が統治し、日本の皇室との縁も深い。イギリス保護領になったことはあるが、植民地化されなかったことが国民の誇り。2018年平昌オリンピックの開会式では、寒さの中、旗手が上半身裸の民族衣装で登場し話題となった。大きな体格を生かしたラグビーが盛んで、日本代表にも出身者がおり、相撲界でも力士が活躍していた。

DATA

人口：約10万3000人　面積：約720㎢　首都：ヌクァロファ　言語：トンガ語と英語が公用語　民族：ポリネシア系（若干ミクロネシア系が混合）　宗教：キリスト教（カトリック、モルモン教など）　通貨：パアンガ　時差：日本より4時間進んでいる　GNI：US$4300／人

左）ババウ諸島ではホエールウオッチングが盛ん
右）日曜日、教会でミサを終えた人々

明日誰かに教えたくなる

トンガの雑学

▷トンガ王室は日本好き？

現国王の父ツポウ4世はたいへん親日家で、日本の皇室との親交も深かった。昭和天皇崩御の際にはツポウ4世自ら大喪に参加している。日本の大相撲にトンガの若者6人を送り込んだことも。晩年は太り過ぎを気にして、日本製の自転車で王宮の周りを走っていたという。

ヌクァロファにある王宮

水没の危機に瀕する珊瑚礁の島々

ツバル

Tuvalu

国旗の意味

左上はユニオンジャック。9つの星は主要な9つの環礁を表す。

ツバル語でこんにちは

Talofa !

（タロファ）

9つの環礁からなる世界で4番目に小さく、人口も2番目に少ない国。海抜は最も高いところでも5メートルほどしかなく、温暖化の海面上昇で消滅する可能性がある。資源がなく、トップレベルドメインの「.tv」をアメリカの会社に売却し、これを元に2000年に国連に加盟した。国際空港の滑走路は便数が少ないため普段は運動場。航空機の離着陸時にサイレンが鳴らされる。

DATA

人口：約1万1000人　面積：約25.9㎢　首都：フナフチ　言語：英語、ツバル語　民族：ポリネシア系　宗教：ほとんどがツバル教会（キリスト教プロテスタント系）　通貨：オーストラリア・ドル　時差：日本より3時間進んでいる　GNI：US$5430／人

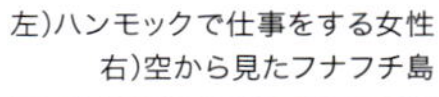

左）ハンモックで仕事をする女性
右）空から見たフナフチ島

明日誰かに教えたくなる

ツバルの雑学

▷島が沈むのはある生物のせい？

温暖化で沈みゆく国としてメディアで言及されるツバル。しかし、海面上昇だけが原因ではない。ツバルの島々は有孔虫と呼ばれる生物の抜け殻（いわゆる星の砂）でできており、人的ストレスによって島の形成が妨げられているのも一因だ。

ごみ処理問題もある

世界有数の幸福度指数を誇る

バヌアツ共和国

Republic of Vanuatu

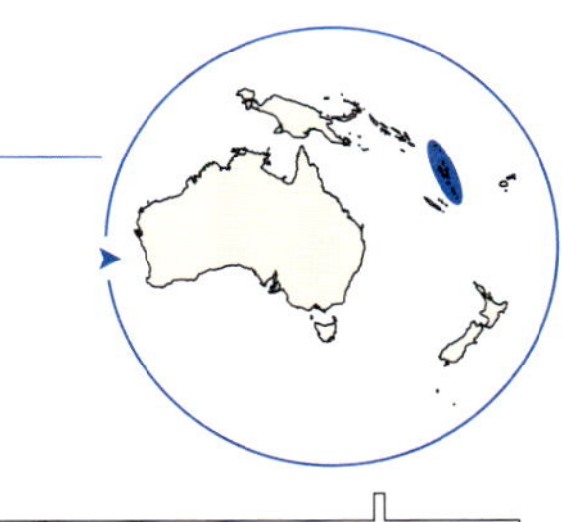

国旗の意味

緑は国土の豊さ、赤は豚と人間の血や太陽、黒はメラネシア人、黄色のY字形の線はゴスペルの光を表す。紋章は豚の牙とナメーレというシダ植物。

ビスラマ語でこんにちは

Halo !

（ハロ）

南北約1200kmにわたって連なる83の島で成り立つ。うち有人島は約70島。欧米の調査会社に世界一幸せな国に選ばれたことがあり、生活は質素だが満足度が高いためとされる。フランスとイギリス統治の歴史から両国の言語教育がされ、ビスラマ語と各民族の言葉を合わせマルチリンガルが多い。珊瑚礁の海や活火山、メラネシアの文化と魅力的な観光素材も多い。

DATA

人口：約29万3000人　面積：約1万2190㎢　首都：ポートビラ　言語：ビスラマ語、英語、フランス語が公用語　民族：メラネシア系93%、ほか中国、ベトナム、英仏人など　宗教：おもにキリスト教　通貨：バツ　時差：日本より2時間進んでいる　GNI：US$2970／人

左）エスピリッツサント島のビーチ
右）タンナ島のヤスール火山は世界で最も火口に近づける火山

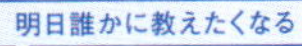

明日誰かに教えたくなる

バヌアツの雑学

▷ バンジージャンプはバヌアツ発祥

バンジージャンプの起源といわれているのが、バヌアツの「ナゴール」と呼ばれる儀式。木を組んで作ったやぐらの上から植物の蔓を付けて飛び降りるというペンテコスト島の男子の成人通過儀礼で、豊作を祈願する儀式でもある。1988年、ニュージーランドで、初のスポーツとしてのバンジージャンプが行われた。

ヤムイモの収穫を祝う儀式でもある

<フランス海外共同体>

南太平洋に浮かぶ地上の楽園

仏領ポリネシア

French Polynesia

旗の意味

中央の紋章には、青い海と黄色い太陽、伝統的なアウトリガーカヌーが描かれている。カヌーに乗っている5人の人々は、5つの諸島を表す。

タヒチ語でこんにちは

Iaorana !

（イアオラナ）

日本では主島タヒチの名で知られるが、観光地として有名なボラボラ、モーレア、ランギロアなど118の島で構成される。各島はそれほど大きくはなく、総面積は石川県ほどだが、海域は日本の6.5倍以上。5～8世紀頃にはほかのポリネシアの島々から航海カヌーでやってきた人々が定住していたとされる。かつて画家ゴーギャンも愛した美しい海のリゾート地として世界の憧れの的だ。

DATA

人口：約29万5121人　面積：約4167㎢　主都：パペーテ　言語：フランス語とタヒチ語が公用語　民族：ポリネシア系78%、中国系12%、フランス系10%　宗教：キリスト教84%ほか　通貨：CFPフラン　時差：日本より19時間遅れている

左）海に直接アクセスできる水上バンガロー
右）フラダンスの原型ともいわれるタヒチアンダンス

明日誰かに教えたくなる

仏領ポリネシアの雑学

▷水上バンガローの発祥地

今や世界のビーチリゾートでおなじみとなった憧れの水上バンガロー。1967年にライアテア島の「バリハイ」と呼ばれるホテルで造られたものが世界初だといわれている。

ボラボラ島のオテマヌ山と水上バンガロー

GUIDEBOOK

地球の歩き方
タヒチ

大冒険家の名を冠する美しい島々

クック諸島

Cook Islands

アイツタキ島のラグーン

南太平洋のサモアとタヒチの間に浮かぶ15の島々からなるが、総面積は日本の徳之島ほどしかない。多くは火山島の周囲に珊瑚礁が発達したものだが、北方の島々は環礁で、土地が低くて小さい。南方にあるラロトンガ島が行政と観光の中心地で、その北に浮かぶアイツタキ島は南太平洋で最も美しいラグーンをもつといわれる。名前は海洋冒険家キャプテン・クックにちなむ。

DATA

人口：約1万8600人　面積：約237万㎢　首都：アバルア　言語：クック諸島マオリ語と英語が公用語　民族：ポリネシア系81%、混血ポリネシア系15.4%　宗教：キリスト教97.8%　通貨：ニュージーランド・ドル　時差：日本より19時間進んでいる

クック諸島マオリ語でこんにちは

Kia Orana !

（キア オラナ）

明日誰かに教えたくなる

クック諸島の雑学

▷ヤシの木より高い建物はNG

クック諸島ではヤシの木より高い建物を建てることを法律で禁止している。建物は多くが平屋になっている。

世界で最も早く日が昇る環礁

キリバス共和国

Republic of Kiribati

クリスマス島の子供たち

国名は英国海軍大佐ギルバートに由来。太平洋戦争の激戦地であり、今も日本軍の大砲などが残っている。日付変更線を大きく東へ複雑に変えている国で、これはいずれも最大で東西約3800km、南北約2000kmという、世界第3位の広大な排他的経済水域を有しているため。そこにわずか33の環礁が散在。土地の大部分は平坦な小島で、温暖化による水位の上昇が深刻な問題。

DATA

人口：約11万6000人　面積：約730㎢　首都：タラワ　言語：ギルバート語と英語が公用語　民族：ミクロネシア系98%　宗教：キリスト教　通貨：オーストラリア・ドル　時差：日本より3時間進んでいる（ほか2つのタイムゾーンあり）　GNI：US$3140／人

ギルバート語でこんにちは

Mauri !

（マウリ）

明日誰かに教えたくなる

キリバスの雑学

▷温暖化の影響で国が沈む!?

あまり知られていないが、ツバルと同様、キリバスも温暖化による海面上昇で海水の浸食が進んでいる国のひとつ。

海面上昇の影響を受ける“真珠の首飾り”

マーシャル諸島共和国

Republic of Marshall Islands

空から見た環礁

赤道のすぐ北側、日付変更線のすぐ西側の広大な海域に、5つの主島と小さな島が連なる29の環礁が点在し、合わせて1200以上もの島がある。環礁の規模は比較的大きく、大海原に美しい輪を描く姿から太平洋の真珠の首飾りと呼ばれる。東側の環礁列をラタック（日の出）、西側をラリック（日の入り）と呼ぶ。ビキニ環礁とエヌエタック環礁はアメリカが核実験を行ったことで有名。

DATA

人口：約5万8413人　面積：約180㎢　首都：マジュロ　言語：マーシャル語、英語　民族：ミクロネシア系　宗教：キリスト教（おもにプロテスタント）　通貨：アメリカ・ドル　時差：日本より3時間進んでいる　GNI：US$4740／人

マーシャル語でこんにちは

Iọkwe !

（ヤークウェ）

明日誰かに教えたくなる

マーシャル諸島の雑学

▷1歳の誕生日は盛大に

かつて乳児死亡率が高かったため、子供が1歳の誕生日を迎えると村人総出で盛大に祝われる。

<ニュージーランド構成国>

2015年に日本政府が独立国として承認

ニウエ

Niue

人が少なく海も美しい

南太平洋に浮かぶ絶海の孤島ひとつの独立国。1974年に内政自治権を獲得し、ニュージーランドとの自由連合に移行した。珊瑚礁が隆起したごつごつとした岩場の海岸線に囲まれ、ポリネシアの岩と呼ばれている。島を一周する道路は67kmほど。ビーチには恵まれていないが、海中世界は世界のダイバーの憧れとなっており、それを軸とした観光産業の育成に力を入れている。

人口：約1520人　面積：約259㎢　首都：アロフィ　言語：ニウエ語（ポリネシア語系）、英語　民族：ポリネシア系ニウエ人90%、ほかヨーロッパ系やアジア系など　宗教：キリスト教90%　通貨：ニュージーランド・ドル　時差：日本より20時間進んでいる

ニウエ語でこんにちは

Fakaalofa lahi atu !

（ファカロファ ラヒ アトゥ）

明日誰かに教えたくなる

ニウエの雑学

▷人口の9割が外国に住む

ニウエ人の9割以上が、出稼ぎなどのためニュージーランドに住んでおり、彼らからの送金で経済が成り立つ。

<アメリカ自治領>

天然の良港をもつ静かな島々

米領サモア

American Samoa

サモア語で こんにちは

Talofa !
（タロファ）

南太平洋のサモア諸島の東側。西側は同一民族の独立国だが、1900年の植民地時代に分断されて以来アメリカ領であり、グアムと同様の準州扱い。かつては米海軍の要衝だったが、現在はその価値はほとんど失っている。主産業は漁業。アメリカ本土で消費されるマグロ缶詰の約2割が島の工場で生産されている。

DATA

人口：約4万9437人　面積：約224㎢　主都：パゴパゴ　言語：サモア語、英語　民族：サモア人88.9%、トンガ人2.9%、アジア系3.6%ほか　宗教：キリスト教　通貨：アメリカ・ドル　時差：日本より20時間遅れている

<アメリカ領有>

太平洋とカリブ海に浮かぶ島々

米領有小離島

United States Minor Outlying Islands

英語で こんにちは

Hello !
（ハロー）

北太平洋、中央太平洋、カリブ海に散らばる11の島や環礁の統計上の総称。第2次世界大戦時に日本とアメリカの戦場となったウェーク島（旧大鳥島）やミッドウェー環礁などが含まれる。なかには無人島も多い。合衆国憲法が定める市民の権利や義務が適用される合衆国編入領域となっているのはパルミラ環礁のみ。

DATA

人口：約300人　面積：約34.2㎢　言語：英語　民族：原住民はおらず、アメリカ海軍や政府職員、研究者など。一般人の立ち入りは許されていない　宗教：キリスト教　通貨：アメリカ・ドル　時差：日本より20時間遅れている（ミッドウェー環礁）

<オーストラリア連邦領>

地面を埋め尽くすカニで有名

クリスマス島

Christmas Island

英語で こんにちは

Hello !
（ハロー）

インドネシア、ジャワ島の南に浮かぶ、本土からは1500kmも離れたオーストラリア領の島。リン鉱石が豊富で、第2次世界大戦時には日本軍が占領したことも。戦後はシンガポールやマレーシアから労働者が訪れ、その名残で現在も華人が人口の7割を占める。独自の生態系により“インド洋のガラパゴス”と呼ばれ、特に産卵するアカガニの行進は有名。

DATA

人口：約2205人　面積：約135㎢　主都：フライング・フィッシュ・コーブ　言語：英語　民族：中国系70%、白人20%、マレー人10%　宗教：イスラム教19.4%、仏教18.3%ほか　通貨：オーストラリア・ドル　時差：日本より2時間遅れている

<オーストラリア連邦領>

マレー系住民が暮らす島

ココス諸島

Cocos Island

ココス・マレー語で こんにちは

Selamat siang !
（スラマッ シアン）

オーストラリア領ながら、人口の多くがマレー系という特殊な島々。1826年に東インド会社のアレキサンダー・ヘアがマレー人奴隷100人とともに来島したのがその由来だ。翌年に上陸した同会社のクルーニーズ・ロスとその一族により、諸島は150年間統治される。コプラの生産で繁栄するが、1978年、オーストラリア政府に売却された。

DATA

人口：596人　面積：約14㎢　主都：ウェスト島　言語：英語、ココス・マレー語　民族：白人、ココス・マレー人　宗教：イスラム教75%、キリスト教5.7%ほか　通貨：オーストラリア・ドル　時差：日本より2時間30分遅れている

<オーストラリア連邦領>

かつて流刑地として使われた

ノーフォーク島

Norfolk Island

ノーフォーク語でこんにちは

Watawieh yorlyi !

（ウトゥウェア ヨーリィ）

オーストラリア本土とニュージーランドの間、ニューカレドニアの南に浮かぶ唯一有人のノーフォーク島と、その周囲の小さな島や岩礁からなる。自治政府はオーストラリアとの往来にも入国や税関の審査を課している。流刑地として発展したが、現在は固有の鳥や杉などの自然を生かした観光が盛んで、孤島ながら生活水準も高い。

DATA

人口：約1748人　面積：約36㎢　主都：キングストン　言語：英語、ノーフォーク語ほか　民族：オーストラリア系、イギリス系、ピトケアン系ほか　宗教：おもにキリスト教　通貨：オーストラリア・ドル　時差：日本より2時間進んでいる

<イギリス海外領土>

バウンティ号の反乱の子孫が暮らす

ピトケアン諸島

Pitcairn Islands

ピトケアン語でこんにちは

Wut-a-way ye ?

（ワタウェイユ）

18世紀末にイギリス海軍の武装船バウンティで起きた艦長に対する反乱事件で、島に残った水兵の子孫五十数人ほどが住民。タヒチの離島からの年8往復ほどの船が唯一の交通で、漁業と農作物による物々交換が経済の中心。1999年に発覚した閉鎖性を起因とする集団性犯罪事件以降、再発防止にイギリスが投資を行いインフラが整う。

DATA

人口：約50人　面積：約47㎢　主都：アダムスタウン　言語：英語、ピトケアン語　民族：バウンティ反乱軍の子孫、タヒチ人　宗教：キリスト教　通貨：ニュージーランド・ドル　時差：日本より17時間遅れている

<ニュージーランド領島嶼群及び自治領>

ドメイン名を貸し出し外貨獲得

トケラウ諸島

Tokelau Islands

トケラウ語でこんにちは

Talofâ !

（タロファ）

サモアの北に浮かぶ3つの小さな環礁。温暖化による今世紀中の消滅が危惧される島々のひとつ。空港はなく、サモアから月1回ほど貨物船が立ち寄る程度。経済は自給自足に近く、外貨獲得は海外出稼ぎ者からの送金と、国別ドメイン「.tk」の貸し出しで行っている。2012年に太陽光システムが導入され、全電力を賄えるようになった。

DATA

人口：約1647人　面積：約12㎢　主都：－　言語：トケラウ語、英語ほか　民族：トケラウ人77%、ツバル人7.5%、サモア人5.8%ほか　宗教：おもにキリスト教　通貨：ニュージーランド・ドル　時差：日本より4時間進んでいる

<フランス海外準県>

3人のマタイ（酋長）が治める

ウォリス&フトゥナ

Wallis and Futuna

ウォリス語でこんにちは

Malo te mauli !

（マロ テ マウリ）

ウォリスとフトゥナの諸島からなる。ポリネシア文化圏のオリジンともされる音楽や民族舞踊などの伝統を残し、99%がカトリック教徒で、離島とは思えないほど立派な教会が多い。伝統的に3つの地域に分かれ、それぞれを3人のマタイ（酋長）が治める。経済活動は乏しく、フランスの助成金、漁業権、出稼ぎ者の仕送りに依存。

DATA

人口：約1万5854人　面積：約142㎢　主都：マタウツ　言語：フランス語（公用語）、ウォリス語、フトゥナ語　民族：おもにポリネシア系　宗教：カトリック　通貨：CFPフラン　時差：日本より3時間進んでいる

Column

南極 Antarctica

南極ってどんなところ?

南極とは、南極点を中心とする南極大陸(7大陸のひとつ)と周辺の島々、海域を含む地域。大陸とはいっても、その98%は厚い氷雪(氷床)に覆われており、世界の氷の9割が南極にあるといわれている。地球上で最も寒冷な地域で、2018年7月には−97.8°を記録した。世界各国が研究チームを派遣し、日本を含む複数の国の基地が点在しているが、南極はどこの国にも属さない。1961年に南極条約が発効し、領有権の凍結、平和的利用、科学調査の自由と国際協力、核実験の禁止などが定められた。しかしアルゼンチン、チリ、オーストラリアなど数ヵ国による領有権の主張がいまだ行われている。

日本の昭和基地

日本の昭和基地は、1956年、12ヵ国による共同観測に参加した際に建設が開始された。現在は天体、気象、地球科学、生物学の観測を行う基地として機能している。ちなみに日本からの郵便も届くし、インターネットもつながる。

ネコ湾を航行するクルーズ船。アルゼンチンやチリ、ニュージーランドから船や航空機で行くことができる

南極半島で見られるジェンツーペンギン

INDEX

ア

カ

サ

タ

ナ

ハ

マ

ヤ

ラ

世界244の国と地域
197ヵ国と47地域を旅の雑学とともに解説

2020年7月29日　初版発行
2020年8月21日　初版第2刷発行

著作　『地球の歩き方』編集室

編集　アナパ・パシフィック(梅原トシカヅ・井脇直希)
写真　©iStock
デザイン　浜田真二郎
表紙　日出嶋昭男
地図　高棟博(ムネプロ)
校正　トップキャット
監修　倉林元気(P.270)
調査　秋元里緒
制作　宮田崇

発行所　株式会社ダイヤモンド・ビッグ社
〒104-0032 東京都中央区八丁堀2-9-1
「地球の歩き方」編集室　TEL (03)3553-6667

発売元　株式会社ダイヤモンド社
〒150-8409 東京都渋谷区神宮前6-12-17
販売　TEL (03)5778-7240

印刷・製本　株式会社ダイヤモンド・グラフィック社

ISBN978-4-478-82495-5